文化自信，从阅读开始

"百部好书"扶持项目
GUANGDONG PUBLISHING

文化自信与中国现当代文学·中学生读本

一片冰心在玉壶

陈剑晖 季丰◎主编

青少年
品质阅读精选
语言·思维
审美·文化

广东高等教育出版社
Guangdong Higher Education Press
·广州·

图书在版编目（CIP）数据

一片冰心在玉壶/陈剑晖，季丰主编．—广州：广东高等教育出版社，2020.5

（文化自信与中国现当代文学：中学生读本/蒋述卓，陈剑晖，贺仲明主编）

ISBN 978－7－5361－6463－5

Ⅰ.①一…　Ⅱ.①陈…②季…　Ⅲ.①阅读课－中学－课外读物

Ⅳ.①G634.333

中国版本图书馆CIP数据核字（2019）第086010号

书　　名　一片冰心在玉壶

YIPIAN BINGXIN ZAI YUHU

出版发行　广东高等教育出版社

地址：广州市天河区林和西横路　电话：（020）87554153

http://www.gdgjs.com.cn

印　　刷　佛山市浩文彩色印刷有限公司

开　　本　787毫米×1 091毫米　16开

印　　张　13.75

字　　数　228千

版　　次　2020年5月第1版　2020年5月第1次印刷

定　　价　36.00元

如发现印装质量问题，请直接与印刷厂联系调换。

写在前面

作为一个编辑，我经常感叹文学的世界浩瀚如大海，书太多，而时间太少。作为一个母亲，我又经常困惑这么多书，该怎么选，读哪些书，才能让孩子在繁重课业之外挤出的阅读时间，读得有品质；怎么读，才能对他的阅读和写作能力提升有所帮助。同时我还非常苦恼，如何与处于叛逆期的孩子对话，建立沟通。众所周知，中学阶段是人的人生观、世界观、价值观以及思维方式、创造能力和审美能力形成的关键时期，而这些能力却绝非朝夕可成。很多家长即使意识到其重要性，但多半也不知从何入手，如何引导。

基于以上，我们尝试从中华文化精神的角度来做一套适合这一年龄段孩子阅读的书。

怎么选？我们遵循“循序渐进”、由浅到深、从近到远的原则。按照情感发展规律，即个人—家庭—国家（民族）—世界的思路精选12个专题。先侧重从中学生的日常生活、身边事物、自信自尊自强、诚实守信，以及文化人格塑造，如何对待爱情友谊，如何增强忧患意识，将个人的“小家”与国家的“大家”统一起来等方面着手。后由“小”到“大”，由“内”及“外”，由“近”及“远”，从个人、自我、家庭延伸到信仰、理想主义与英雄主义、天人合一、人类共同价值观，以及汉语文化、逻辑思维和创造性思维等。

我们首创“学术主编+教学主编”的编写模式，由知名高校学术主编与中学一线教研员、中学语文名师组成的教学主编，以现当代作家名作名篇为基础，围绕自尊自信自强、亲情与爱情等12个专题选择篇目，并以“中华文化精神”贯穿之，精挑细选，匠心打造，体裁涵盖散文、小说、杂文、诗歌、报告文学等文学样式。同时以入选的各篇目的通用版本为底本，撰写导读和作品赏读。编者悉心解读，所撰写的细腻、隽永的文字，引领我们步进文学的殿堂，领略文学之美，值得珍藏。

阅读是一种力量，在这里有300多位中国现当代名家，跨越时空，通过文学的形式，与我们的孩子对话，以想象性、形象性和情感性的文学作品深入孩子内心，通过共鸣，因感受而唤醒孩子自身的精神诉求，进而有意识地构建精神家园。这些作品一旦进入孩子的生命，就会成为其情感和审美结构的一部分，并在最深的意义上构成“自我”。在这纷扰的世界上，孩子无论是认识世界还是面对人生，都能保持正确的世界观、价值观、人生观，以及看问题的大局观。

同时我们特地邀请了各地几十所学校广播站的同学朗读选文作品。不一定是字正腔圆的专业朗读，但这些有感情、有温度的同龄人的声音一定能打动内心，扫码即可用耳朵“悦”读。

在编辑过程中，我们针对青少年的阅读心理和阅读习惯，按照现代出版规范对选文进行了处理，对部分选文做了删减。

在此还要向各选文的作者致以诚挚的敬意，是他们用自己伟大的思想和精湛的文字，为青少年一代提供了思想的源泉和振翅的境界。我们已委托中国文字著作权协会代理稿酬事宜，一并致谢。

希望这套书能够让我们的孩子从繁重的课业和纷杂的电子游戏中走出来，在文学的港湾憩息，感受到文学的力量并得到丰厚的滋养，从中获得面对未知的好奇、追逐梦想的激情、拥抱生活的热情、直面坎坷的勇气和击败困难的力量。

目录

一花一叶总关情

此情可待成追忆

桃花潭水深千尺

曾经沧海难为水

一花一叶总关情

导读

“手中线，身上衣，密密缝，迟迟归……”一说到亲情，人们眼中总会浮现出一些温馨的画面：母亲伸着双手，跟着蹒跚学步的孩子，满脸的喜悦，露出甜蜜的紧张；风雨中父亲用雨伞呵护着孩子，身子虽被雨水淋湿仍笑声朗朗；月夜下奶奶教孙子数天上永远也数不清的星星，讲总也讲不完的神话传说……

亲情没有华丽的外表，亲情像一棵大树，它只是在你身边默默地守候。在这个现实的社会里，爱情的真谛已被金钱名利所掺杂，早已不是最初的模样。友情的纯度也跌入世俗的陷阱，不知哪一日就遭遇背叛、反目成仇。唯有那血脉相连的亲情，在岁月长河的风雨中渗透蔓延。不过，由于亲情像平淡无奇的水一般，它往往微不足道，所以在这个世界上，有许多人并不看重亲情，甚至践踏亲情。但是，请你记住：在人生的旅途中，亲情永远是最重要的，你永远与它有扯不断的关系，这种关系就像一根永不断的线，把亲人间的一切连接起来。所以，亲情是人间最温暖的阳光，是世界上最美的情感，也是一股温暖我们心灵的力量。而我们身处的这个世界，因为有着这一份温馨祥和的亲情而变得更为美好。

“一花一叶总关情”侧重从“亲情”的层面，展现情感的美好和人性的复杂丰富。在林非的《离别》中，作者描述的场景只有候机大厅和往返路上。情节并不曲折，经过也不复杂，但在短篇中，写出了父母对儿子牵心、连心、揪心、挂心的至爱亲情。感人至深，令人生敬。余秋雨素以宏大的文化大散文知名，但这篇写著名导演谢晋的《门孔》，却从细微处写出了一个父亲的大爱和儿子对父亲的依恋。在余光中的《我的四个假想敌》中，作者在幽默风趣的叙写中让读者感受到一种挥之不去的亲情。在琦君的《髻》

中，她以一贯仁慈与宽厚的胸怀，悲悯着母亲，悲悯着姨娘，更在悲悯着仍在爱、恨、贪、痴中执迷的芸芸众生。王兆胜的《与姐姐永别》，在朴素真切的叙述和日常生活的细节描写中，表达了一种痛苦而温暖的惦念之情。而海子的著名诗歌《日记》，通过对“姐姐”的倾诉，表达了一种孤独、寂寞和美丽的人生境界。

作品

离别[①]

林　非

一个高昂和挺拔的背影，一个被抚摸着长得这么大的背影，终于消失在匆匆奔走的人群中间，消失在候机大厅的尽头。真可惜自己的眼睛无法跟着他拐弯，要不然的话，就能够瞧着他登上飞机了；更遗憾的是自己这双眼睛，无法看见地球的那一边，要不然的话，就能够瞧着他在芝加哥走下飞机了。

当我正忧郁地陷入沉思时，肖凤轻轻拉着我手腕，我们的眼睛默默对视着，我怕她会哭起来，她却在凄婉的神情中，勉强地露出了笑容，像是自言自语地摇着头说："为什么不再回头瞧我们一眼？"

不算太大的候机厅，跨过去几十步路，就迈到了那一端，其实他已经有多少次回过头来。除非不远行，永远厮守在我们身边，否则总会有今天的离别，我们度过了多么闭塞和单调的青年时代，当儿子在吮吸着肖凤的乳汁时，我们甚至连做梦都不敢想象，这逗人喜爱的婴儿，能有远渡重洋去负笈留学的机会。

---

① 选自《当代名家散文精品：离别》（文化艺术出版社，1997 年版）。林非，1931 年生于江苏海门，散文家，学者，主要作品学术论著有《鲁迅和中国文化》《中国现代散文史稿》；散文选集《林非散文选》《令人神往》等。

肖凤说过多少回，我们早已失掉这样走向世界的机会，应该让儿子去外面闯荡一番，认识整个的人类，是如何打发自己日子的。大概是因为志向高的缘故，才出乎我的意料，止住了应该会流出的眼泪。

我们身旁有个也在送行的母亲，瞧着她儿子匆匆离去的背影，呜呜地哭了起来，我的心变得沉甸甸的，猜测着自己的儿子，此时已经坐在飞机上了吗？我突然回想起几十年前，自己比儿子还要年轻得多，最心疼我的母亲，希望我赶快离开令人忧伤的家乡，去上海的中学念书，于是在一个阳光明媚的早晨，当我跟她告别上路时，她眼睛里也闪烁着像肖凤这样痛楚的光芒，强打着精神嘱咐我："用功念书，别想念家里。"我当时丝毫也没有觉察，她这颗疼爱我的心，已经沉甸甸地坠落下去，只有在今天我才懂得了，因为我这颗沉甸甸的心，刚在往下坠落啊！可是我已经无法向她倾诉了，只有默默地祝愿她，在泉壤底下静静地安息。

肖凤怎么会变得如此坚强，竟还劝这位哭泣的母亲说："儿子去留学，多好的事儿，干吗要哭呢？"

我觉得自己的眼眶里，正在涌着泪水，绝对不敢开口说话，怕这轻轻的震颤，泪水会掉下来，我默默地拉着肖凤，悄悄地走开了。

回家的路上，望着一棵棵碧绿的大树。在车窗外慌张地往后退去，像是很忙乱地跟我们挥手告别。我们轻轻地说话，回想儿子刚学会走路的那一阵，左手紧紧地拉住我，右手紧紧地拉住肖凤，也在绿茵茵的草地上迈步，也望着高耸的大树，望着天空里飘浮的白云，那一双乌黑的眼睛，闪烁着神往而又奇异的光芒，还老在咯咯地笑，我们一起瞧着他又大又亮的眼睛，想问他为什么笑？他当然还不会回答这样深奥的问题。

一个混混沌沌的儿童，怎么在霎时间就变成聪明和潇洒的大学生了？怪不得我的头发全都花白了。

儿子有一回去天津讲课，询问我柏拉图和西塞罗的掌故，虽然都读过一点儿，却还是回答得不好，而且他的许多兴趣和爱好，也已经跟我们迥然不同了，譬如说他就否定了我们在十多年前，教他如何欣赏音乐的见解，认为这不是为了陶醉在迷人的旋律中，而是要宣泄人世间的烦恼和痛苦。肖凤曾背着儿子，悄悄地跟我说："大人这么爱他，他有什么痛苦？"

"每一代人总会有自己的痛苦。"我迷惘地摇着头，顿时觉得儿子已经长大，已经走出了父母悉心给他营造的小天地。

在深夜里，三个人海阔天空地闲谈，是全家最欢乐的时辰。肖凤提起了儿子的婚姻大事，这已经在她心里翻滚了许久。

想不到平时总乐呵呵的儿子，竟带着点儿伤感，带着点儿嘲讽的口气说："你们两位教授的工资，加起来都不及一个卖菜的小贩挣得多，能有漂亮的女孩儿，看得上生在这种家庭里的儿子？"

肖凤忿忿地说："人总得看本身的价值！"

"妈，收起你高雅的理想主义吧，它已经过时了。"儿子轻轻拍着肖凤的肩膀，阻止她再往下说，装得很深沉的样子笑了。

好胜的肖凤，却不愿跟儿子辩论，隔了一阵才悄悄地跟我说："克林顿够了不起了吧，可是在他母亲的眼里，永远是个小孩儿。"

就是在那天夜里，儿子说要去考"托福"和"GRE"。很快考完了，还考得真好，而且得到了芝加哥一所大学的奖学金。这时候我才清醒地意识到，儿子快要离开我们了。不是吗？他正坐在那一架远航的飞机上。

回家的路上，我们回忆着儿子的多少往事，刚开了个头，就到达了家中，推开门，觉得阴凄凄的，冷飕飕的，尽管外面正是晴朗和灼热的盛夏天气，往日的欢乐都到哪儿去了？哦，在那一架刚离开地面的飞机上。我顿时又想起母亲送自己远行前的话儿："大丈夫志在四方！"是啊，总得这样一代代地活下去，总得让年长的一代，去咀嚼人世间这苦涩的滋味。

肖凤走进儿子的小屋里，轻轻抚摸着他写字的桌子，抚摸着他今天早晨还睡过的被褥，眼泪终于掉了下来，从今以后她会天天关心着芝加哥这陌生的城市，思念着儿子正在那儿干什么？她会永远悬着一颗心，祝福着那像谜一样遥远的地方。

赏读

《离别》记述了作者林非与夫人肖凤，前往机场送子出国留学的情景以及由此引起的回忆。

此文展现在读者面前的场景，只有候机大厅和往返路上。情节并不曲折，经过也不复杂。然而，作者林非先生却以神来之笔，在一千六百多字的短篇里，写出了父子两代不同的处境、不同的际遇、不同的命运、不同的价值观；写出了儿子从吮吸母亲肖凤的乳汁到牵手学步，从大学到负笈留学的成长过程；写出了父母对儿子牵心、连心、揪心、挂心的至爱亲情。感人至深，令人生敬。

《离别》开篇，不着一字闲言，没有一句铺垫。映入读者眼帘的是“一个高昂和挺拔的背影，一个被抚摸着长得这么大的背影，终于消失在匆匆奔走的人群中间，消失在候机大厅的尽头”。接着，作者又满怀深情地写道：“真可惜自己的眼睛无法跟着他拐弯，要不然的话，就能够瞧着他登上飞机了……”父亲对儿子那怀恋之心、眷念之情，跃然纸上，萦绕入怀，令人回味。

儿子远走高飞了。作者与夫人，神情凄婉，默默对视。作者说：“我觉得自己的眼眶里，正在涌着泪水，绝对不敢开口说话，怕这轻轻的震颤，泪水会掉下来……”此时此刻，作者“我突然回想起几十年前，自己比儿子还要年轻得多，最心疼我的母亲，希望我赶快离开令人忧伤的家乡，去上海的中学念书，于是在一个阳光明媚的早晨，当我跟她告别上路时，她眼睛里也闪烁着像肖凤这样痛楚的光芒，强打着精神嘱咐我：‘用功念书，别想念家里……’”此情此景，真可谓，人同此心，心同此理。两代人相送，依依惜别的动人场面，在作者笔下，就这样跨越时空，感人肺腑地叠印在一起、交融在一起、回旋在一起。读着这样的情节，我的心久久难以平静。

林非这篇《离别》，使我很自然地想起了朱自清那篇久负盛名的散文《背影》。朱自清的《背影》和林非的《离别》，内容都是父送子别。前者子写父，后者父写子。两篇散文都写出了动人心魄的父子亲情。但是，由于时代不同，两篇散文的意境与格调，却悲欢有别。朱自清的《背影》，叙述父亲失业，家庭破产，祖母谢世，无资送葬，父子二人又各自东西，全篇情调凄凉，给读者以沉重悲切之感。林非的《离别》，则书写国门打开，年轻一代胜过父辈，有了出国深造、闯荡世界的机会。文章基调应该是愉悦与欢快。正如肖凤在候机大厅，劝说另一位因送走儿子出国留学而哭泣的母亲所说：“儿子去留学，多好的事儿，干吗要哭呢?”

是啊，儿子留学，前程似锦，是令父母特别高兴的好事。肖凤嘴里虽然这样劝说别人，自己心里却抑止不住送走儿子的孤楚，她的眼泪似乎是吞咽入腹了；林非的泪水，则在眼眶里涌动着。对于林非夫妇来说，这是他们喜极生悲的眼泪，望子成龙的眼泪，愉悦幸福的眼泪，它决不同于朱自清看见父亲背影那种悲哀凄凉的眼泪。

优美的散文，无不“为情而造文”，情采并茂。国学大师王国维先生说：

“文学者，不外知识与感情交待之结果而已。苟无敏锐之知识与深邃之感情者，不足与于文学之事。”诚哉斯言。散文创作尤为重情。没有深刻独到的真情实感，是难以为文的，更写不出好作品。身为散文作家与散文史研究者的林非先生，自是娴熟此道。他以一个“情”字，统揽全篇，首尾贯通，前后照应。时空跨度之大，内容涵盖之广，为散文短章所罕有，很值得有志于散文创作的同道效法。

作品

门孔[①]

余秋雨

一

直到今天，谢晋的小儿子阿四，还不知道“死亡”是什么。

大家觉得，这次该让他知道了。但是，不管怎么解释，他诚实的眼神告诉你，他还是不知道。

这情景，很像一群哲学家在讨论死亡，而最后，评判者没有让他们及格。

在人类一些最本原的问题上，最低智能和最高智能，首尾相衔。

是啊，还能说话的人谁也未曾抵达过死亡，那又怎么说得清呢？既然说不清，那就与弱智的阿四没有太大的差别。

十几年前，同样弱智的阿三走了，阿四不知道这位小哥到哪里去了，爸爸对大家说，别给阿四解释死亡；

两个月前，阿四的大哥谢衍走了，阿四不知道他到哪里去

① 选自《中国最佳散文》（辽宁人民出版社，2010 年版），有改动。余秋雨，1946 年出生于浙江省余姚县，当代文化学者。主要代表作有散文集《文化苦旅》。

了，爸爸对大家说，别给阿四解释死亡；

现在，爸爸自己走了，阿四不知道他到哪里去了，家里只剩下了他和八十三岁的妈妈，阿四已经不想听解释。谁解释，就是谁把小哥、大哥、爸爸弄走了。他就一定跟着走，去找。

二

阿三还在的时候，谢晋对我说："你看他的眉毛，稀稀落落，是整天扒在门孔上磨的。只要我出门，他就离不开门了，分分秒秒等我回来。"

谢晋说的门孔，俗称"猫眼"，谁都知道是大门中央张望外面世界的一个小装置。平日听到敲门或电铃，先在这里看一眼，认出是谁，再决定开门还是不开门。但对阿三来说，这个闪着亮光的玻璃小孔，是一种永远的等待。他不允许自己有一丝一毫的松懈，因为爸爸每时每刻都可能会在那里出现，他不能漏掉第一时间。除了睡觉、吃饭，他都在那里看。双脚麻木了，脖子酸痛了，眼睛迷糊了，眉毛脱落了，他都没有撤退。

爸爸在外面做什么？他不知道，也不会想。

有一次，谢晋与我长谈，说起在封闭的时代要在电影中加入一点人性的光亮是多么不容易。我突然产生联想，说："谢导，你就是阿三！"

"什么？"他奇怪地看着我。

我说："你就像你家阿三，在关闭着的大门上找到一个孔，便目不转睛地盯着，看亮光，等亲情，除了睡觉、吃饭，你都没有放过。"

他听了一震，目光炯炯地看着我，不说话。

我又说："你的门孔，也成了全国观众的门孔。不管什么时节，一个玻璃亮眼，大家从那里看到了很多风景，很多人性。你的优点也与阿三一样，那就是无休无止地坚持。"

三

谢晋在六十岁的时候对我说"现在，我总算和全国人民一起成熟了！"那时，"文革"结束不久。

"成熟"了的他，拍了《牧马人》《天云山传奇》《芙蓉镇》《清凉寺的钟声》《高山下的花环》《最后的贵族》《鸦片战争》……那么，他的艺术历程也就大致可以分为两段。前一段为探寻期，后一段为成熟期。探寻期更多地依附于时代，成熟期更多地依附于人性。

一切依附于时代的作品，往往会以普遍流行的时代话语，笼罩艺术家自身的主体话语。谢晋的可贵在于，即使被笼罩，他的主体话语还在顽皮地扑闪腾跃。其中最顽皮之处，就是集中表现女性。不管外在题材是什么，只要抓住了女性命题，艺术也就有了刚中有柔的功能，人性也就有了悄然渗透的理由。在这方面，《舞台姐妹》就是很好的例证，“文革”中批判它的最大罪名，就是“人性论”。

谢晋说，当时针对这部作品，批判会开了不少，造反派怕文艺界批判“人性论”不力，就拿到“阶级立场最坚定”的工人中去放映，然后批判。没想到，在放映时，纺织厂的女工已经哭成一片，她们被深深感染了。“人性论”和“阶级论”的对峙，就在这一片哭声中见出了分晓。

但是，在谢晋看来，这样的作品还不成熟。让纺织女工哭成一片，很多民间戏曲也能做到。他觉得自己应该做更大的事。“文革”以后的他，不再是在时代话语的缝隙中捕捉人性，而是反过来，以人性的标准来拷问时代了。

对于一个电影艺术家来说，“成熟”在六十岁，确实是晚了一点。但是，到了六十岁还有勇气“成熟”，这正是二三十年前中国最优秀知识分子的良知闪现。当然，也有不少人一直表白自己“成熟”得很早，不仅早过谢晋，而且几乎没有不成熟的阶段。这也可能吧，但全国民众都未曾在当时看到。谢晋是永远让大家看到的，因此大家与他相陪相伴地不成熟，然后一起成熟。

这让我想起云南丽江雪山上的一种桃子，由于气温太低，成熟期拖得特别长，因此收获时的果实也特别大，大到让人欢呼。

“成熟”后的谢晋让全国观众眼睛一亮。他成了万人瞩目的思想者，每天在大量的文学作品中寻找着火苗，然后思考着如何让它们真正燃烧起来，点亮全民族的心灵。于是，由于他，整个民族在电影院的黑暗空间里经历了一个艰难而美丽的苏醒过程，就像罗丹雕塑《青铜时代》所传达的那种象征气氛。

那些年的谢晋，大作品一部接着一部，部部深入人心，真可谓手挥五弦，目送归鸿，云蒸霞蔚。

就在这时，他礼贤下士，竟然破例聘请了一个艺术顾问，那就是比他小二十多岁的我。他与我的父亲同龄，我又与他的女儿同龄。这种辈分错乱的礼聘，只能是他，也只能在上海。

那时节，连萧伯纳的嫡传弟子黄佐临先生也在与我们一起玩布莱希特、贫困戏剧、环境戏剧，他应该是我祖父一辈。而我的学生们，也已成果累累。80 年代“四世同堂”的上海文化，实在让人怀念。而在这“四世同堂”的热闹中，成果最为显赫的，还是谢晋。他让上海，维持了一段为时不短的文化骄傲。

从更广阔的视角来看，谢晋最大的成果在于用自己的生命接通了中国电影在 1949 年之后的曲折逻辑。不管是幼稚、青涩、豪情，还是深思、严峻、浩叹，他全都经历了，摸索了，梳理了。他不是散落在岩边的一片美景，而是一条完整的大河，使沿途所有的景观都可依着他而定位。

当代年轻的电影艺术家即便有再高的成就，也不能轻忽“谢晋”这两个字。因为进入今天这个高台的那条崎岖山路，是他跌跌绊绊走下来的。年轻艺术家的长辈，都从他那里汲取过美，并构成遗传。在这个意义上，谢晋不朽。

四

谢晋聘请我做艺术顾问，旁人以为他会要我介绍当代世界艺术的新思潮，其实并不。他与我最谈得拢的，是具体的艺术感觉。他是文化创造者，要的是现场设计，而不是云端高论。我们也曾开过一些研讨会，有的理论家在会上高谈阔论，又明显地缺少艺术感觉。谢晋一听就知道邀请错了，他会偷偷地摘下耳机，出神地看着发言者。发言者还以为他在专心听讲，其实他很可能只是在观察发言者脸部的肌肉运动状态和可以划分的角色类型。

谢晋特别想说又不愿多说的，是作为文化创造者的苦恼。

我曾经问他：“你在创作过程中遇到的最大苦恼是什么？是剧作的等级，演员的悟性，还是摄影师的能力？”他说：“不，不，这些都有办法解决。我最大的苦恼，是遇到了不懂艺术的审查者和评论者。而且，他们的数量又那么庞大。”

他所说的“不懂艺术”，我想很多官员和学者是不太明白其中含义的。他们总觉得自己既有名校学历又看过很多中外电影，还啃过几本艺术理论著作，怎么能说“不懂艺术”呢？其实，真正的艺术家都知道，这种“懂”，是指创造而不是概念。那是对每一个感性细节的小心捧持，是对每一个未明意涵的恭敬尊重，是对作品肌理不可稍有割划的万千敏感，是对转瞬即逝的一个眼神、一道光束的震颤性品咂，是对那绵长多变的镜头语汇的感同身受、神驰心飞。用中国传统美学概念来说，这种“懂”，不“隔”。而一切审视性的目光，都恰恰是从“隔”开始的。

平心而论，在这一点上，谢晋的观点比我宽得多。他不喜欢被审查却也不反对，一直希望有夏衍、田汉这样真正懂艺术的人来审查。而我认为，即使夏衍、田汉再世，也没有权利要谢晋这样的艺术家在艺术上服从自己。

谢晋那些最重要的作品，上映前后都遇到过不少麻烦。那些比他年轻得多的审查者和评论者总是不想让他“成熟”。他明明已从黑暗中发现人性的光亮，但他们还是拿着放大镜盘桓在黑暗间，或把他推入概念棍棒的威胁之中。

有趣的是，有的审查者和评论者一旦投身创作，立场就会发生天翻地覆的变化。我认识两位职业的审查者和评论者，年老退休后常常被一些电视剧聘为顾问，参与构思。作品拍出来后，交给他们当年退休时物色的徒弟们评审，他们才发现，这些徒弟太不像话了。他们愤怒地说：“文化领域那么多诽谤、伪造、低劣都不管，却总是盯着一些好作品不依不饶！”后来他们扪心自问，才明白自己大半辈子也在这么做。

他们不知道，年迈谢晋眼睛深处的一半忧郁，与他们有关。

五

能成为谢晋的朋友，非常愉快。

他总是充满古意地反复怀念一个个久不见面的老友，怀念得一点儿也不像一个名人；同时，他又无限兴奋地结识一个个刚刚发现的新知，兴奋得一点儿也不像一个老者。他的工作性质和从业时间，使他的“老友”和“新知”的范围非常之大，但他一个也不会忘记，一个也不会怠慢。

因此，只要他有召唤，或者，只是以他的名义召唤，再有名的艺术家也没有拒绝的。有时，他别出心裁，要让这些艺术家都到他出生的老家去聚合，大家也都乖乖地依次抵达。就在他去世前几天，上海电视台准备拍摄一个纪念他八十五岁生日的节目，开出了一个响亮的名单，逐一邀请。这些人中的任何一个，在一般情况下是“八抬大轿也抬不动”的，因为有的也已年老，有的非常繁忙，有的片约在身，有的身患重病。但是，一听是谢晋的事，都满口答应。当然，他们没有料到，生日之前，会有一个追悼会……

我从旁观察，发觉谢晋交友，有两个原则。一是抵拒小人，二是不求实用。这就使他身边的热闹中有一种干净。相比之下，有些同样著名的老艺术家却很难摆出他这样的友情阵仗，不是他们缺少魅力，而是本来要来参加的人想到同时还有几双忽闪的眼睛也会到场，借故推托了。有时，好人也会利用小人，但谢晋不利用。

他对小人的办法，不是争吵，不是驱逐，而是在最早的时间冷落。他的冷落，是炬灭烟消，完全不予互动。听对方说了几句话，他就明白是什么人了，便突然变成了一座石山，邪不可侵。转身，眼角扫到一个朋友，石山又变成了一尊活佛。

他一点儿也不势利。再高的官，在他眼中只是他的观众，与天下千万观众没有区别。但因为他们是官，他会特别严厉一点。我多次看到，他与官员讲话的声调，远远高于他平日讲话，主要是在批评。他还会把自己对于某个文化高官的批评到处讲，反复讲，希望能传到那个高官的耳朵里，一点儿不担心自己会不会遇到麻烦。有时，他也会发现，对那个高官的批评搞错了，于是又到处大声讲："那其实是个好人，我过去搞错了!"

对于受到挫折的人，他特别关心，包括官员。有一年，我认识的一个官员，因事入狱。我以前与这位官员倒也没有什么交往，这时却想安慰他几句。正好上海市监狱邀请我去给几千个犯人讲课，我就向监狱长提出要与那个人谈一次话。监狱长说，与那个人谈话是不被允许的。我就问能不能写个条子，监狱长说可以。我就在一张纸上写道："平日大家都忙，没有时间把外语再推进一步，祝贺你有了这个机会。"写完，托监狱长交给那个人。

谢晋听我说了这个过程，笑眯眯地动了一会脑筋，然后兴奋地拍了一下桌子说："有了！你能送条子，那么，我可以进一步，送月饼！过几天就是中秋节，你告诉监狱长，我谢晋要为犯人讲一次课!"

就这样，他为了让那个官员在监狱里过一个像样的中秋节，居然主动去向犯人讲了一次课。提篮桥监狱的犯人，有幸一睹他们心中的艺术偶像。那个入狱的官员，其实与他也没有什么关系。

四年以后，那个人刑满释放，第一个电话打给我，说他听了我的话，在里边学外语，现在带出来一部五十万字的翻译稿。然后，他说，急于要请谢晋导演吃饭。谢晋的那次中秋节行动，实在把他感动了，使他的狱中四年，不再有一日沮丧。

六

我一直有一个错误的想法，觉得拍电影是一个力气活，谢晋已经年迈，不必站在第一线上了。我提议他在拍完《芙蓉镇》后就可以收山，然后以自己的信誉、影响和经验，办一个电影公司，再建一个影视学院。简单说来，让他从一个电影导演变成一个“电影导师”。

有这个想法的，可能不止我一个人。

我过了很久才知道，他对我们的这种想法，深感痛苦。他想拍电影，他想自己天天拿着话筒指挥现场，然后猫着腰在摄影机后面调度一切。他早已不在乎名利，也不想证明自己依然还保持着艺术创造能力。他只是饥渴，没完没了地饥渴。在这一点上他像一个最单纯、最执着的孩子，一定要做一件事，骂他，损他，毁他，都可以，只要让他做这件事，他立即可以破涕为笑。

他越来越要在我们面前表现出他的精力充沛、步履轻健。他由于耳朵不好，本来说话就很大声，现在更大声了。他原来就喜欢喝酒，现在更要与别人频频比赛酒量了。

有一次，他跨着大步走在火车站的月台上，不知怎么突然踉跄了。他想摆脱踉跄，挣扎了一下，谁知更是朝前一冲，被人扶住，脸色发青。这让人们突然想起他的皮夹克、红围巾所包裹着的年龄。不久后一次吃饭，我又委婉地说起了老话题。

他知道月台上的踉跄被我们看到了，因此也知道我说这些话的原因。他朝我举起酒杯，我以为他要用干杯的方式来接受我的建议，没想到他对我说：“秋雨，你知道什么样的人是真正善饮的吗？我告诉你，第一，端杯稳；第二，双眉平；第三，下口深。”

说着，他又稳又平又深地一连喝了好几杯。

是在证明自己的酒量吗？不，我觉得其中似乎又包含着某种宣示。

即使毫无宣示的意思，那么，只要他拿起酒杯，便立即显得大气磅礴，说什么都难以反驳。

后来，有一位热心的农民企业家想给他资助，开了一个会。这位企业家站起来讲话，意思是大家要把谢晋看作一个珍贵的品牌，进行文化产业的运作。但他不太会讲话，说成了这样一句："谢晋这两个字，不仅仅是一个人名，而且还是一种有待开发的东西。"

"东西?"在场的文化人听了都觉得不是味道。

一位喜剧演员突然有了念头，便大声地在座位上说："你说错了，谢晋不是东西!"他又重复了一句："谢晋不是东西!"

这是一个毫无恶意的喜剧花招，全场都笑了。

我连忙扭头看谢晋导演，不知他是怏怏不乐，还是蔼然而笑。没想到，他似乎完全没有听到这句话，只是像木头一样呆坐着，毫无表情。

他毫无表情的表情，把我震了一下。他不想只做品牌。他觉得，如果自己丢失了亲自创造的权利，那谢晋真的"不是东西"了。

从那次之后，我改变了态度，开始愿意倾听他一个又一个的创作计划。

这是一种滔滔不绝的激情，变成了延绵不绝的憧憬。他要重拍《桃花扇》，他要筹拍美国华工修建西部铁路的血泪史，他要拍《拉贝日记》，他要拍《大人家》，他更想拍前辈领袖女儿们的生死恩仇、悲欢离合……

看到我愿意倾听，他就针对我们以前的想法一吐委屈："你们都说我年事已高，应该退居二线，但是我早就给你说过，我是六十岁才成熟的，那你算算……"

一位杰出艺术家的生命之门既然已经第二度打开，翻卷的洪水再也无可抵挡。这是创造主体的本能呼喊，也是一个强大生命要求自我完成的一种尊严。这种状态不一定能导致好作品，但好作品一定来自于此。我以前的阻拦，过于理性，已经背离艺术创造的本性诉求。

七

他在中国创建了一个独立而庞大的艺术世界，但回到家，面对的却是一个常人无法想象的天地。

他与夫人徐大雯女士生了四个小孩，脑子正常的只有一个，那就是谢衍。谢衍的两个弟弟就是前面所说的老三和老四，都严重弱智，而姐姐的情况也不好。

这四个孩子，出生在 1946 年至 1956 年这十年间。当时的社会，还很难找到辅导弱智儿童的专业学校，一切麻烦都堆在一门之内。家境极不宽裕，工作极其繁忙，这个门内天天在发生什么？只有天知道。

我们如果把这样一种家庭实况与谢晋的那么多电影联系在一起，真会产生一种匪夷所思的震撼。每天傍晚，他那高大而疲惫的身影一步步走回家门的图像，不能不让人一次次落泪。落泪，不是出于一种同情，而是为了一种伟大。

谢晋亲手把错乱的精神漩涡，筑成了人道主义的圣殿。我曾多次在他家里吃饭，他做得一手好菜，常常围着白围单，手握着锅铲招呼客人。客人可能是好莱坞明星、法国大导演、日本制作人，但最后谢晋总会搓搓手，通过翻译介绍自己两个儿子的特殊情况，然后隆重请出。这种毫不掩饰的坦荡，曾让我百脉俱开。在客人面前，弱智儿子的每一个笑容和动作，在谢晋看来就是人类最本原的可爱造型，因此满眼是欣赏的光彩。他把这种光彩，带给了整个门庭，也带给了所有的客人。

他有时也会带着儿子出行。我听谢晋电影公司总经理张惠芳女士说，那次去浙江衢州，坐了一辆面包车，路上要好几个小时，阿四同行。坐在前排的谢晋过一会儿就要回过头来问："阿四累不累？""阿四好吗？""阿四要不要睡一会儿？"……每次回头，那神情，能把雪山消融。

八

他万万没有想到，他家后代唯一的正常人，那个从国外留学回来的典雅君子，他的大儿子谢衍，竟先他而去。

谢衍太知道父母亲的生活重压，一直瞒着自己的病情，不让老人家知道。他把一切事情都料理得一清二楚，然后穿上一套干净的衣服，去了医院，再也没有出来。

他恳求周围的人，千万不要让爸爸、妈妈到医院来。他说，爸爸太出名，一来就会引动媒体，而自己现在的形象又会使爸爸、妈妈伤心。他一直念叨着："不要来，千万不要来，不要让他们来……"

直到他去世前一星期，周围的人说，现在一定要让你爸爸、妈妈来了。这次，他没有说话。

谢晋一直以为儿子是一般的病住院，完全不知道事情已经那么严重。眼前病床上，他唯一可以对话的儿子，已经不成样子。

他像一尊突然被风干了的雕像，站在病床前，很久，很久。

他身边，传来工作人员低低的抽泣。

谢衍吃力地对他说："爸爸，我给您添麻烦了！"

他颤声地说："我们治疗，孩子，不要紧，我们治疗……"

从这天起，他天天都陪着夫人去医院。

独身的谢衍已经五十九岁，现在却每天在老人赶到前不断问："爸爸怎么还不来？妈妈怎么还不来？爸爸怎么还不来？"

那天，他实在太痛了，要求打吗啡，但医生犹豫，幸好有慈济功德会的志工来唱佛曲，他平静了。

谢晋和夫人陪在儿子身边，那夜几乎陪了通宵。工作人员怕这两位八十多岁的老人撑不住，力劝他们暂时回家休息。但是，两位老人的车还没有到家，谢衍就去世了。

谢衍的遗嘱很简单：把自己与两个弟弟葬在一起。他知道爸爸太有名，会葬在一个显目的地方，自己没资格进去。他只要求，由自己远远地带着两个弟弟，让爸爸、妈妈休息得好一些。

谢衍是2008年9月23日下葬的。第二天，9月24日，杭州的朋友邀请谢晋去散散心，住多久都可以。接待他的，是一位也刚刚丧子的杰出男子，叫叶明。

两人一见面就抱住了，号啕大哭。他们两人，前些天都哭过无数次，但还要找一个机会，不刺激妻子，不为难下属，抱住一个人，一个经得起用力抱的人，一个与自己同样高大的人，痛快淋漓、回肠荡气地哭一哭。那天谢晋导演的哭声，像虎啸，像狼嚎，像龙吟，像狮吼，把他以前拍过的那么多电影里的哭，全都收纳了，又全都释放了。那天，秋风起于杭州，连西湖都在呜咽。

他并没有在杭州住长，很快又回到了上海。以后这些天他很少说话，眼睛直直地看着前方。有时也翻书报，却是乱翻，没有一个字入眼。

突然电话铃响了，是故乡上虞的母校春晖中学打来的，说有一个纪念活动要让他出席，有车来接。他一生，每遇危难总会想念家乡。今天，故乡故宅又有召唤，他毫不犹豫地答应了。他给驾驶员小蒋说："你别管我了，另外有车来接！"

小蒋告诉张惠芳，张惠芳急急赶来询问，门房说，接谢导的车，两分钟前开走了。

春晖中学的纪念活动第二天才举行，这天晚上他在旅馆吃了点冷餐，倒头便睡。这是真正的老家，他出走已久，今天只剩下他一个人回来。他是朝左侧睡的，再也没有醒来。

这天是 2008 年 10 月 18 日，离他八十五岁生日，还有一个月零三天。

九

他老家的屋里，有我题写的四个字："东山谢氏"。

那是几年前的一天，他突然来到我家，要我写这几个字。他说，已经请几位老一代书法大家写过，希望能增加我写的一份。

东山谢氏？好生了得！我看着他，抱歉地想，认识了他那么多年，也知道他是绍兴上虞人，却没有把他的姓氏与那个遥远而辉煌的门庭联系起来。

他的远祖，是公元 4 世纪那位打了"淝水之战"的东晋宰相谢安。这仗，是和侄子谢玄一起打的。而谢玄的孙子，便是中国山水诗的鼻祖谢灵运。谢安本来是隐居会稽东山的，经常与大书法家王羲之一起喝酒吟诗。他的侄女谢道蕴也嫁给了王羲之的儿子王凝之，而才学又远超丈夫。谢安后来因形势所迫再度做官，又使中国有了一个"东山再起"的成语。

正因为这一切，我写"东山谢氏"这四个字时非常恭敬，一连写了好多幅，最后挑出一张，送去。

谢家，竟然自东晋、南朝至今，就一直定居在东山脚下？别的不说，光那股积累了一千六百年的气，已经非比寻常。谢晋对此极为在意，却又不对外说。他在意的，是这山、这村、这屋、这姓、这气。但这一切都是秘密的，只是为了要我写字才说，说过一次再也不说。

我想，就凭着这种无以言表的深层皈依，他会一个人回去，在一大批庄严的远祖面前，画上人生的句号。

十

此刻，他上海的家，只剩下了阿四。他的夫人因心脏问题，住进了医院。

阿四不像阿三那样成天在门孔里观看。他几十年如一日的任务是为爸爸拿包、拿鞋。每天早晨爸爸要出门了，他把包递给爸爸，并把爸爸换下的拖鞋放好。晚上爸爸回来，他接过包，再递上拖鞋。

好几天，爸爸的包和鞋都在，人到哪里去了？他有点奇怪，却在耐心等待。突然来了很多人，在家里摆了一排排白色的花。

白色的花越来越多，家里放满了。他从门孔里往外一看，还有人送来。阿四穿行在白花间，突然发现，白花把爸爸的拖鞋遮住了。他弯下腰去，拿出爸爸的拖鞋，小心放在门边。

这个白花的世界，今天就是他一个人，还有一双鞋。

赏读

《门孔》不同于余秋雨那些著名的“文化大散文”。它通过一个独特的视角——“门孔”，以及一些日常生活的细节，展现了一种至善至美的人性。这种人性的善和美，在极其不寻常的氛围中会变得质朴和伟大。我们每个人在面对现实时，总免不了迷惘困惑，甚至怀疑人性中是否有善与美。可是，读一读《门孔》，你会豁然开朗。这仅仅是一个微不足道的、习以为常的门孔，隔着透明玻璃的孔隙中直射出人性原本就有的那么可爱的灵光——我们不需要任性，也不必矫情，只要静静地让自己一只眼睛从这小小的门孔向外望去——那不远处或者就在你的心头汇聚的一定是让你意想不到的感悟——这就是《门孔》。

读着《门孔》，会让心从那不经意的时空中渐渐贴近人的热度——“对阿三来说，这个闪着亮光的玻璃小孔，是一种永远的等待。他不允许自己有一丝一毫的松懈，因为爸爸每时每刻都可能会在那里出现，他不能漏掉第一时间。除了睡觉、吃饭，他都在那里看。双脚麻木了，脖子酸痛了，眼睛迷糊了，眉毛脱落了，他都没有撤退。”这是大导演谢晋的三公子——他多少年只是因为一种不知为何痴迷的诱惑却一直守候在门孔一侧，执着、深情、无声无息，却绝没有半点退却——直到这门孔将他和那一面永久地隔绝！

带过孩子的父母都知道，幼儿园的大门充满神奇也时常让孩子望而却步。孩子不希望父母第一个送他们到园里来，却苦苦期待能够第一个被接走。也许有人觉得这是一种逃避，或者说是一种幼小心灵的撒娇。但读了《门孔》这段描述，你是否隐约感到那时的孩子也许渴望的不是前述的撒娇，孩子这种极其简单的诉求，其实是渴望和爸爸妈妈快点重逢，那是血脉传承的本能，是不需要渲染的、朴素的人性冲动。

谢晋这位中国现代电影史上备受瞩目的导演，曾经有一个梦想——“在封闭的时代要在电影中加入一点人性的光亮!”他的作品《牧马人》《天云山传奇》《芙蓉镇》《清凉寺的钟声》《高山下的花环》《最后的贵族》《鸦片战争》等似乎并不缺少这个，但他却没有环顾自己的生活中——那流淌于自己门扉间的热流已经将“封闭的时代”孕育已久炽热的“人性的光亮”点燃——正如秋雨先生所说“你的门孔，也成了全国观众的门孔。不管什么时节，一个玻璃亮眼，大家从那里看到了很多风景，很多人性。你的优点也与阿三一样，那就是无休无止地坚持”。

“一个成功的男人背后一定有个伟大的女人”，在谢晋那里显然绝不虚幻，但我们很少能感受到一个伟大慈爱父亲背后的大爱——它不是惊天动地的诗一样的旋律，也不是如歌如诉的荡气回肠，它是很多人都可能忽略的平淡无奇的一种生活琐碎的音符，稍不留意就会被淹没在岁月的颤音中——《门孔》告诉我们，在那个看似寻常的家却悄无声息地传播着永远也不能复制的故事。

已是耄耋之年的谢晋没有陪儿子走完人生最后一程，却在谢衍去世不到一个月在回到家乡的小旅馆中永远安息了——而留下的阿四也就有了无尽的等待，人们永远都不会告诉他再也不用接过爸爸的包、再递上爸爸的拖鞋了，跟他说这些他也绝对不会相信!

在余秋雨先生的笔下，我们觉得因为和谢晋先生多年的情分，并且有机会融入谢晋的感情世界中，因此不需妙笔生花就能淋漓尽致地道出人世间的全部挚爱——像谢晋的家世界上或许还有很多，但能够像这位大导演的情怀并且绝不一意孤行地做自己事业的人恐怕绝无仅有。他们共有的情商却没有因为生活的改变、时代的变迁有任何变化——这是上天的赐予还是父母的真爱培育都不得而知；但有一点确定无疑，但凡血肉之躯相伴的必定是灵魂，而灵魂的原生态永远是向善的；用心去发现它、亲近它、倾听它、善待它，人就不可能不善始善终!

作品

我的四个假想敌[①]

余光中

这一批形迹可疑的假想敌，究竟是哪年哪月开始入侵厦门街余宅的，已经不可考了。

二女幼珊在港参加侨生联考，以第一志愿分发台大外文系。听到这消息，我松了一口气，从此不必担心四个女儿通通嫁给广东男孩了。

我对广东男孩当然并无偏见，在港六年，我班上也有好些可爱的广东少年，颇讨老师的欢心，但是要我把四个女儿全都让那些“靓仔”“叻仔”掳掠了去，却舍不得。不过，女儿要嫁谁，说得洒脱些，是她们的自由意志，说得玄妙些呢，是因缘，做父亲的又何必患得患失呢？何况在这件事上，做母亲的往往位居要冲，自然而然成了女儿的亲密顾问，甚至亲密战友，作战的对象不是男友，却是父亲。等到做父亲的惊醒过来，早已腹背受敌，难挽大势了。

在父亲的眼里，女儿最可爱的时候是在10岁以前，因为

① 选自《余光中散文》（吉林文史出版社，2008年版），有改动。余光中（1928—2017），作家、诗人、学者、翻译家，出生于南京，祖籍福建永春，主要代表作有《白玉苦瓜》（诗集）、《记忆像铁轨一样长》《听听那冷雨》等。

那时她完全属于自己。在男友的眼里，她最可爱的时候却在17岁以后，因为这时她正像毕业班的学生，已经一心向外了。父亲和男友，先天上就有矛盾。对父亲来说，世界上没有东西比稚龄的女儿更完美的了，唯一的缺点就是会长大，除非你用急冻术把她久藏，不过这恐怕是违法的，而且她的男友迟早会骑了骏马或摩托车来，把她吻醒。

我未用太空舱的冻眠术，一任时光催迫，日月轮转，再揉眼时，怎么四个女儿都已依次长大，昔日的童话之门砰的一关，再也回不去了。四个女儿，依次是珊珊、幼珊、佩珊、季珊。简直可以排成一条珊瑚礁。珊珊12岁的那年，有一次，未满9岁的佩珊忽然对来访的客人说："喂，告诉你，我姐姐是一个少女了！"在座的大人全笑了起来。

曾几何时，惹笑的佩珊自己，甚至最幼稚的季珊，也都在时光的魔杖下，点化成"少女"了。冥冥之中，有四个"少男"正偷偷袭来，虽然蹑手蹑足，屏声止息，我却感到背后有四双眼睛，像所有的坏男孩那样，目光灼灼，心存不轨，只等时机一到，便会站到亮处，装出伪善的笑容，叫我岳父。我当然不会应他。哪有这么容易的事！我像一棵果树，天长地久在这里立了多年，风霜雨露，样样有份，换来果实累累，不胜负荷。而你，偶尔过路的小子，竟然一伸手就来摘果子，活该蟠地的树根绊你一跤！

而最可恼的，却是树上的果子，竟有自动落入行人手中的样子。树怪行人不该擅自来摘果子，行人却说是果子刚好掉下来，给他接着罢了。这种事，总是里应外合才成功的。当初我自己结婚，不也是有一位少女开门揖盗吗？"堡垒最容易从内部攻破，"说得真是不错。不过彼一时也，此一时也。同一个人，过街时讨厌汽车，开车时却讨厌行人。现在是轮到我来开车。

好多年来，我已经习于和五个女人为伍，浴室里弥漫着香皂和香水气味，沙发上散置皮包和发卷，餐桌上没人和我争酒，都是天经地义的事。戏称吾庐为"女生宿舍"，也已经很久了。做了"女生宿舍"的舍监，自然不欢迎陌生的男客，尤其是别有用心的一类。但是自己辖下的女生，尤其是前面的三位，已有"不稳"的现象，却令我想起叶芝的一句诗：

一切已崩溃，失去重心。

我的四个假想敌，不论是高是矮，是胖是瘦，是学医还是学文，迟早会从我疑惧的迷雾里显出原形，一一走上前来，或迂回曲折，嗫嚅其词，或开门见山，大言不惭，总之要把他的情人，也就是我的女儿，对不起，从此领去。无形的敌人最可怕，何况我在亮处，他在暗里，又有我家的“内奸”接应，真是防不胜防。只怪当初没有把四个女儿及时冷藏，使时间不能拐骗，社会也无由污染。现在她们都已大了，回不了头，我那四个假想敌，那四个鬼鬼祟祟的地下工作者，也都已羽毛丰满，什么力量都阻止不了他们了。先下手为强，这件事，该乘四个假想敌还在襁褓的时候，就予以解决的。至少美国诗人纳许（Ogden Nash，1902—1971）劝我们如此。他在一首妙诗《由女婴之父来唱的歌》（Song to Be Sung by the Father of lnfant Female Children）之中，说他生了女儿吉儿之后，惴惴不安，感到不知什么地方正有个男婴也在长大，现在虽然还浑浑噩噩，口吐白沫，却注定将来会抢走他的吉儿。于是做父亲的每次在公园里看见婴儿车中的男婴，都不由神色一变，暗暗想道：“会不会是这家伙?”想着想着，他“杀机陡萌”（My dreams，I fear，are infanticiddle)，便要解开那男婴身上的别针，朝他的爽身粉里撒胡椒粉，把盐撒进他的奶瓶，把沙撒进他的菠菜汁，再扔头优游的鳄鱼到他的婴儿车里陪他游戏，逼他在水深火热之中挣扎而去，去娶别人的女儿。足见诗人以未来的女婿为假想敌，早已有了前例。

不过一切都太迟了，当初没有当机立断，采取非常措施，像纳许诗中所说的那样，真是一大失策。如今的局面，套一句史书上常见的话，已经是“寇入深矣”！女儿的墙上和书桌的玻璃垫下，以前的海报和剪报之类，还是披头，拜丝，大卫·凯西弟的形象，现在纷纷换上男友了。至少，滩头阵地已经被入侵的军队占领了去，这一仗是必败的了。记得我们小时，这一类的照片仍被列为机密要件，不是藏在枕头套里，贴着梦境，便是夹在书堆深处，偶尔翻出来神往一番，哪有这么二十四小时眼前供奉的?

这一批形迹可疑的假想敌，究竟是哪年哪月开始入侵厦门街余宅的，已经不可考了。只记得六年前迁港之后，攻城的军事便换了一批口操粤语的少年来接手。至于交战的细节，就得问名义上是守城的那几个女将，我这位“昏君”是再也搞不清的了。只知道敌方的炮火，起先是瞄准我家的信箱，那些歪歪斜斜的笔迹，久了也能猜个七分；继而是集中在我家的电话，“落弹点”就在我书桌的背后，我的文苑就是他们的沙场，一夜之间，总有十几次脑震荡。那些粤音平上去入，有九声之多，也令我难以研判敌情。现在我带幼珊回了厦门街，那头的广东部队轮到我太太去抵挡，我在这头，只要留意台湾健儿，任务就轻松多了。

信箱被袭，只如战争的默片，还不打紧。其实我宁可多情的少年勤写情书，那样至少可以练习作文，不致在视听教育的时代荒废了中文。可怕的还是电话炸弹，那一串串警告的铃声，把战场从门外的信箱扩至书房的腹地，默片变成了身历声，假想敌在实弹射击了。更可怕的，却是假想敌真的闯进了城来，成了有血有肉的真敌人，不再是假想了好玩的了，就像军事演习到中途，忽然真的打起来了一样。真敌人是看得出来的。在某一女儿的接应之下，他占领了沙发的一角，从此两人呢喃细语，嗫嚅密谈，即使脉脉相对的时候，那气氛也浓得化不开，窒得全家人都透不过气来。这时几个姐妹早已回避得远远的了，任谁都看得出情况有异。万一敌人留下来吃饭，那空气就更为紧张，好像摆好姿势，面对照相机一般。平时鸭塘一般的餐桌，四姐妹这时像在演哑剧，连筷子和调羹都似乎得到了消息，忽然小心翼翼起来。明知这僭越的小子未必就是真命女婿，（谁晓得宝贝女儿现在是十八变中的第几变呢?）心里却不由自主升起一股淡淡的敌意。也明知女儿正如将熟之瓜，终有一天会蒂落而去，却希望不是随眼前这自负的小子。

当然，四个女儿也自有不乖的时候，在恼怒的心情下，我就恨不得四个假想敌赶快出现，把她们通通带走。但是那一天真要来到时，我一定又会懊悔不已。我能够想象，人生的两大寂寞，一是退休之日，一是最小的孩子终于也结婚之后。宋淇有一天对我说：“真羡慕你的女儿全在身边!”真的吗?至少目前我并不觉得自己有什么可羡之处，也许真要等到最小的季珊也跟着假想敌度蜜月去了，才会和我存并坐在空空的长沙发上，翻阅她们小时的相簿，追忆从前，六人一车长途壮游的盛况，或是晚餐桌上，热气蒸腾，大家共享的灿烂灯光。人生有许多事情，正如船后的波纹，总要过后才觉得美的。这么一想，又希望那四个假想敌，那四个生手笨脚的小伙子，还是多吃几口闭门羹，慢一点出现吧。

袁枚写诗，把生女儿说成“情疑中副车”，这书袋掉得很有意思，却也流露了重男轻女的封建意识。照袁枚的说法，我是连中了四次副车，命中率够高的了。余宅的四个小女孩现在变成了四个小妇人，在假想敌环伺之下，若问我择婿有何条件，一时倒恐怕答不上来。沉吟半晌，我也许会说：“这件事情，上有月下老人的婚姻谱，谁也不能篡改，包括韦固，下有两个海誓山盟的情人，‘二人同心，其利断金’，我凭什么要逆天拂人，梗在中间?何况终身大事，神秘莫测，事先无法推理，事后不能悔棋，就算交给21世纪的电脑，恐怕也算不出什么或然率来。倒不如故示慷慨，伪作轻松，博一个开明父亲的美名，到时候带颗私章，去做主婚人就是了。”

问的人笑了起来，指着我说：“什么叫作‘伪作轻松’？可见你心里并不轻松。”

我当然不很轻松，否则就不是她们的父亲了。例如人种的问题，就很令人烦恼。万一女儿发痴，爱上一个耸肩摊手口香糖嚼个不停的小怪人，该怎么办呢？在理性上，我愿意“有婿无类”，做一个大大方方的世界公民。但是在感情上，还没有大方到让一个臂毛如猿的小伙子把我的女儿抱过门槛。现在当然不再是“严夷夏之防”的时代，但是一任单纯的家庭扩充成一个小型的联合国，也大可不必。问的人又笑了，问我可曾听说混血儿的聪明超乎常人。我说：“听过，但是我不稀罕抱一个天才的‘混血孙’。我不要一个天才儿童叫我 Grandpa，我要他叫我外公。”问的人不肯罢休：“那么省籍呢？”

“省籍无所谓，”我说。“我就是苏闽联姻的结果，还不坏吧？当初我母亲从福建写信回武进，说当地有人向她求婚。娘家大惊小怪，说‘那么远！怎么就嫁给南蛮！’后来娘家发现，除了言语不通之外，这位闽南姑爷并无可疑之处。这几年，广东男孩锲而不舍，对我家的压力很大，有一天闽粤结成了秦晋，我也不会感到意外。如果有个台湾少年特别巴结我，其志又不在跟我谈文论诗，我也不会怎么为难他的。至于其他各省，从黑龙江直到云南，口操各种方言的少年，只要我女儿不嫌他，我自然也欢迎。”

“那么学识呢？”

“学什么都可以。也不一定要是学者，学者往往不是好女婿，更不是好丈夫。只有一点：中文必须精通。中文不通，将祸延吾孙！”

客又笑了。“相貌重不重要？”他再问。

“你真是迂阔之至！”这次轮到我发笑了。“这种事，我女儿自己会注意，怎么会要我来操心？”

笨客还想问下去，忽然门铃响起。我起身去开大门，发现长发乱处，又一个假想敌来掠余宅。

赏读

余光中的散文《我的四个假想敌》，写出了一种独特、微妙的父爱心理，渲染了一种许多人心中都有此体验但又没有明确表达出来的人生况景。这篇散文境界的产生，得力于那个核心意象的创设，以及围绕着这一核心意象的创设而生发出来的一系列饶有情趣的“比喻式叙述”的细节群。

余光中把四个女儿的男友称为“四个假想敌”，形象地概括了父亲与女儿男友之间的必定的、永恒的矛盾；父亲对“假想敌”的种种想象、种种描述、种种议论全都自然生发，而这些自然生发和种种细节描述（核心意象）有机地构成了这篇散文的艺术整体和艺术情趣。散文作者的个性化叙述形象、智慧化的散文哲理、情趣化的生活境界，全在那个“核心意象”和“细节链条”的有机合成、生发的散文境界中透露和站立。

全文四个部分是这样创立“核心意象”和“系列意象”的：第一部分概括地叙述“父亲与男友，先天就有矛盾”；第二部分主要从父亲的想象中，叙述父亲与男友产生矛盾的过程；第三部分是全文的主体，具体描写“假想敌男友”步步争夺，以致父亲难挽败势的经过；第四部分则改换角度，用父亲答客问的方式明示处于败势的父亲被迫提出妥协的4个条件，以此深化父亲在人生这一阶段遇到复杂、微妙的难题时的人生境景。四个部分、四个角度，诠释的是父亲与假想敌的斗争过程，复杂的、微妙的，以至是难以言说的男性情感和心理就这样被散文化、艺术化了。普通人的生活和情感就这样走进了文学的殿堂，变成了审美对象。

这篇散文幽默的语言、无奈的心态、机智的叙述与那个“核心意象”和“系列意象”创立的散文境界捆绑在了一起。“核心意象”的新颖，为“系列意象”的铺设奠定了一个极为重要的构思基石；而“系列意象”尽情、恣意的裂变、衍生，又丰满了“核心意象”的血肉——我们看到，因为有了对“假想敌”的描写，于是顺理成章、畅快淋漓出现“位居要冲”“腹背受敌”“信箱被袭”“电话中弹”等一系列的快意描叙。余光中此文给我们提供了一个写作的秘诀——散文境界的营造，一定要注意“核心意象”的创新性设置和构思。

《我的四个假想敌》有着鲜明的写作特色。一是巧用比喻，机智幽默。从题目开始，作者便妙喻连篇。“假想敌”——未来的女婿，作者抓住题目中的“敌”之一义，时时扣紧题旨，屡屡用军事上的术语与事物，暗喻父亲与候选女婿对女儿的争夺战，描写“敌”之情状与“我”之心态。它也使文章机趣盎然，惟妙惟肖地刻画了为女父者对那些女儿的“掳掠”者颇有“敌意”却又甘为败将的微妙心理。例如：“位居要冲”“腹背受敌”“堡垒最容易从内部攻破”“滩头阵地已经被入侵的军队占领了去，这一仗是必败的了”“信箱被袭”“电话中弹”“假想敌来掠余宅”“我像一棵果树，天长地久在这里立了多年……”“毕业班的学生”“把她吻醒”“机密要件”“昏君”“台湾健儿”，等等，令人读之捧腹不止。

二是文笔圆熟、雅致明快。作品以叙述为主，夹叙夹议，文势起伏迂回，富于节奏，又转接自然，一气呵成，显出作者文笔的老到圆熟。同时作者以其深厚的学养，将一种普通的亲缘情感写得丰富雅致，有了一种书卷气，将一种世俗的人之常情雅化了，很好地塑造了一个开明通达、议论风生、幽默机智而又文雅明快的学者兼作家的父亲形象。

行文讲究密度和弹性，斟酌字句，善用双关，巧用成语，引用贴切，妙用典故，警语连篇，妙趣横生，新颖活泼，明快简洁。(1) 善用双关：“来掠余宅”。(2) 运用夸张：“心存不轨”“开门揖盗”“杀机陡萌”“臂毛如猿”。(3) 暗用典故，如“白马王子吻醒睡美人”“魔杖点化长成少女”“堡垒最容易从内部攻破”“结成秦晋”等。(4) 巧用成语：“有婿无类”“祸延吾孙”“混血孙”。(5) 引用贴切：“一切已崩溃，失去重心——英国浪漫主义诗人叶芝。”“二人同心，其利断金——古小说中的人物韦固。”(6) 警语连篇：“父亲和男友，先天上就有矛盾。对父亲来说，世界上没有东西比稚龄的女儿更完美的了，唯一的缺点就是会长大。”“同一个人，过街时讨厌汽车，开车时却讨厌行人。”“人生的两大寂寞，一是退休之日，一是最小的孩子终于也结婚之后。”“人生有许多事情，正如船后的波纹，总要过后才觉得美的。”

作品

髻[1]

琦 君

母亲年轻的时候，一把青丝梳一条又粗又长的辫子，白天盘成了一个螺丝似的尖髻儿，高高地翘起在后脑，晚上就放下来挂在背后。我睡觉时挨着母亲的肩膀，手指头绕着她的长发梢玩儿，双妹牌生发油的香气混合着油垢味直熏我的鼻子，有点儿难闻，却有一份母亲陪伴着我的安全感，我就呼呼地睡着了。

每年的七月初七，母亲才痛痛快快地洗一次头。乡下人的规矩，平常日子可不能洗头。如洗了头，脏水流到阴间，阎王要把它储存起来，等你死了后去喝。只有七月初七洗的头，脏水才流向东海去。所以一到七月七，家家户户的女人都要有一大半天披头散发。有的女人披着头发美得跟葡萄仙子一样，有的却像丑八怪。比如我的五叔婆吧，她既矮小又干瘪，头发掉了一大半，却用墨炭画出一个四四方方的额角，又把树皮似的头顶全抹黑了。洗过头以后，墨炭全没有了，亮着半个光秃秃

① 选自《琦君散文》（浙江文艺出版社，1999 年版）。琦君（1917—2006），名潘希真，浙江温州市瓯海区人，主要代表作有《永是有情人》《水是故乡甜》《母亲的金手表》等。

的头顶，只剩后脑勺一小撮头发，飘在背上，在厨房里摇来晃去帮我母亲做饭，我连看都不敢冲她看一眼。可是母亲乌油油的柔发却像一匹缎子似的垂在肩头，微风吹来，一绺绺的短发不时拂着她白嫩的面颊。她眯起眼睛，用手背拢一下，一会儿又飘过来了。她是近视眼，眯缝眼儿的时候格外的俏丽。我心里在想，如果爸爸在家，看见妈妈这一头乌亮的好发，一定会上街买一对亮晶晶的水钻发夹给她，要她戴上。妈妈一定是戴上了一会儿就不好意思地摘下来。那么这一对水钻夹子，不久就会变成我扮新娘的“头面”了。

父亲不久回来了，没有买水钻发夹，却带回一位姨娘。她的皮肤好细好白，一头如云的柔发比母亲的还要乌，还要亮。两鬓像蝉翼似的遮住一半耳朵，梳向后面，绾一个大大的横爱司髻，像一只大蝙蝠扑盖着她后半个头。她送母亲一对翡翠耳环。母亲只把它收在抽屉里从来不戴，也不让我玩，我想大概是她舍不得戴吧。

我们全家搬到杭州以后，母亲不必忙厨房，而且许多时候，父亲要她出来招呼客人，她那尖尖的螺丝髻儿实在不像样，所以父亲一定要她改梳一个式样。母亲就请她的朋友张伯母给她梳了个鲍鱼头。在当时，鲍鱼头是老太太梳的，母亲才过三十岁，却要打扮成老太太，姨娘看了只是抿嘴儿笑，父亲就直皱眉头。我悄悄地问她：“妈，你为什么不也梳个横爱司髻，戴上姨娘送你的翡翠耳环呢?”母亲沉着脸说：“你妈是乡下人，哪儿配梳那种摩登的头，戴那讲究的耳环呢?”

姨娘洗头从不拣七月初七。一个月里都洗好多次头，洗完后，一个小丫头在旁边用一把粉红色大羽毛扇轻轻地扇着，轻柔的发丝飘散开来，飘得人生起一股软绵绵的感觉。父亲坐在紫檀木榻床上，端着水烟筒噗噗地抽着，不时偏过头来看她，眼睛里全是笑。姨娘抹上三花牌发油，香风四溢，然后坐正身子，对着镜子盘上一个油光闪亮的爱司髻，我站在边上都看呆了。姨娘递给我一瓶三花牌发油，叫我拿给母亲，母亲却把它高高搁在橱背上，说：“这种新式的头油，我闻了就反胃。”

母亲不能常常麻烦张伯母，自己梳出来的鲍鱼头紧绷绷的，跟原先的螺丝髻相差有限，别说父亲，连我看了都不顺眼。那时姨娘已请了个包梳头刘嫂。刘嫂头上插一根大红签子，一双大脚丫子，托着个又矮又胖的身体，走起路来气喘吁吁的。她每天早上十点钟来，给姨娘梳各式各样的头，什么凤凰髻、羽扇髻、同心髻、燕尾髻，常常换样子，衬托着姨娘细洁的肌肤、袅袅婷婷的水蛇腰儿，越发引得父亲笑眯了眼。刘嫂劝母亲说：“大太太，你也梳个时髦点的式样嘛。”母亲摇摇头，响也不响。她噘起厚嘴唇走了。母亲不久也由张伯母介绍了一个包梳头陈嫂。她年纪比刘嫂大，一张黄黄的大扁脸，嘴里两颗闪亮的金牙老露在外面，一看就是个爱说话的女人。她一边梳一边叽里呱啦地从赵老太爷的大少奶奶，说到李参谋长的三姨太，母亲像个闷葫芦似的一句也不搭腔，我却听得津津有味。有时刘嫂与陈嫂一起来了，母亲和姨娘就在廊前背对着背同时梳头。只听姨娘和刘嫂有说有笑，这边母亲只是闭目养神。陈嫂越梳越没劲儿，不久就辞工不来了。我还清清楚楚地听见她对刘嫂说：“这么老古董的乡下太太，请什么包梳头呢？”我都气哭了，可是不敢告诉母亲。

从那以后，我就垫着矮凳替母亲梳头，梳那最简单的鲍鱼头。我踮起脚尖，从镜子里望着母亲。她的脸容已不像在乡下厨房里忙来忙去时那么丰润亮丽了，她的眼睛停在镜子里，望着自己出神，不再是眯缝眼儿的笑了。我手中捏着母亲的头发，一绺绺地梳理，可是我已懂得，一把小小黄杨木梳，再也理不清母亲心中的愁绪。因为在走廊的那一边，不时飘来父亲和姨娘朗朗的笑语声。

我长大出外读书以后，寒暑假回家，偶然给母亲梳头，头发捏在手心，总觉得愈来愈少。想起幼年时，每年七月初七看母亲乌亮的柔发飘在两肩，她脸上快乐的神情，心里不禁一阵阵酸楚。母亲见我回来，愁苦的脸上却不时展开笑容。无论如何，母女相依的时光总是最最幸福的。

在上海求学时，母亲来信说她患了风湿病，手膀抬不起来，连最简单的螺丝髻儿都盘不成样，只好把稀稀疏疏的几根短发剪去了。我捧着信，坐在寄宿舍窗口凄淡的月光里，寂寞地掉着眼泪。深秋的夜风吹来，我有点冷，披上母亲为我织的软软的毛衣，浑身又暖和起来。可是母亲老了，我却不能随侍在她身边，她剪去了稀疏的短发，又何尝剪去满怀的悲绪呢！

不久，姨娘因事来上海，带来母亲的照片。三年不见，母亲已白发如银。我呆呆地凝视着照片，满腔心事，却无法向眼前的姨娘倾诉。她似乎很体谅我思母之情，絮絮叨叨地和我谈着母亲的近况，说母亲心脏不太好，又有风湿病，所以体力已不大如前。我低头默默地听着，想想她就是使我母亲一生郁郁不乐的人，可是我已经一点都不恨她了。因为自从父亲去世以后，母亲和姨娘反而成了患难相依的伴侣，母亲早已不恨她了。我再仔细看看她，她穿着灰布棉袍，鬓边戴着一朵白花，颈后垂着的再不是当年多彩多姿的凤凰髻或同心髻，而是一条简简单单的香蕉卷。她脸上脂粉不施，显得十分哀戚，我对她不禁起了无限怜悯。因为她不像我母亲是个自甘淡泊的女性，她随着父亲享受了近二十年的富贵荣华，一朝失去了依傍，她的空虚落寞之感，将更甚于我母亲吧。

来台湾以后，姨娘已成了我唯一的亲人，我们住在一起有好几年。在日式房屋的长廊里，我看她坐在玻璃窗边梳头，她不时用拳头捶着肩膀说："手酸得很，真是老了。"老了，她也老了。当年如云的青丝，如今也渐渐落去，只剩了一小把，且已夹有丝丝白发。想起在杭州时，她和母亲背对着背梳头，彼此不交一语的仇视日子，转眼都成过去。人世间，什么是爱，什么是恨呢？母亲已去世多年，垂垂老去的姨娘，亦终归走向同一个渺茫不可知的方向，她现在的光阴，比谁都寂寞啊！

我怔怔地望着她，想起她美丽的横爱司髻，我说："让我来替你梳个新的式样吧。"她愀然一笑说："我还要那样时髦干什么，那是你们年轻人的事了。"

我能长久年轻吗？她说这话，一转眼又是十多年了。我也早已不年轻了。对于人世的爱、憎、贪、痴，已木然无动于衷。母亲去我日远，姨娘的骨灰也已寄存在寂寞的寺院中。这个世界，究竟有什么是永久的，又有什么是值得认真的呢？

赏读

琦君的散文以回忆为主，自然亲切，至情至性，体悟世情，力透纸背。阅读《髻》这篇散文，如同翻阅着发黄的老照片，照片背后讲述着一个个古老的故事，故事苍凉，散发着幽幽的怆痛，弥漫着悲凉的人生况味。

《髻》构思奇巧，不着痕迹，作者以发髻为线索，梳理起两个女人一生的命运，串起她们生命中的爱恨与情仇。

第一个女人是母亲。她是一个乡下女人，年轻时很漂亮，"一把青丝梳一条又粗又长的辫子，白天盘成一个螺丝似的尖髻儿，高高地翘起在后脑"，母亲洗完头后，"乌油油的柔发却像一匹缎子似的垂在肩头，微风吹来，一鬈鬈的短发不时拂着她白嫩的面颊”。“我”年幼的心里曾想，如果爸爸在家，看见妈妈这一头秀发，肯定会给她买一对亮晶晶的水钻发夹。可是父亲回来后，带回来的不是水钻发夹，而是一位姨娘。姨娘的到来，使母亲的心底充满悲伤，因为这外来姨娘的头发比母亲更乌黑，一个横爱司髻比母亲要时髦，也更漂亮。从此以后，母亲的头发无论怎样梳，父亲总是皱起眉头，但看见姨娘香风四溢的秀发，父亲的眼里却全是笑。母亲的心在流泪，“我”劝母亲也梳一个姨娘那样的发髻，但母亲的话里却充满了无奈和悲凉，“你妈是乡下人，哪儿配梳那种摩登的头，戴那讲究的耳环呢?”但在母亲的心底毕竟是不肯就此让位于姨娘，她由人介绍了一个包梳头的陈嫂来为自己梳头。于是就有了两个女人每天在廊前背对背梳头，相互仇视不交一语的场景。纳妾的父亲给母亲带来了无尽的伤害，善良与宽厚的母亲尽管有着无尽的哀怨，却也无可奈何，只能默默地忍受，一任自己的心境变得无限悲凉与苍老。

另一个女人是姨娘。她的命运似乎要比母亲幸运得多，因为姨娘凭着自己的年轻和美貌博得了父亲的欢心，赢得了爱情。她一头如云的柔髻比母亲还要乌黑，还要亮。两鬓像蝉翼似的遮住一半耳朵，一个大大的横爱司髻时髦而张扬。尤其是姨娘洗完头后，一个丫头在旁边用一把粉红色的大羽毛扇轻轻地扇着，轻柔的发丝飘散开来，抹上三花牌发油，香风四溢，再梳上一个油光闪亮的发髻，于是坐在檀木榻床上的父亲，望着娇美的姨娘，眼神里流露出的全是笑。受宠的姨娘更加风姿曼妙，她每天都要在自己的头上变幻出各种各样的发髻，来衬托她细白的肌肤，袅袅婷婷的水蛇腰儿。母亲就在这耀眼的发髻的映衬下，一切都变得黯淡无光。但宠爱和荣华并没有伴随姨娘的一生，父亲的去世使她失去了依傍，当年多姿多彩的发髻早已没有心情再绾起，一条简单的香蕉卷拖在脑后，脂粉不施，脸上也充满了无限的哀戚。岁月流逝，当年秀发飘香、神态曼妙、风韵十足的姨娘也在孤独中渐渐地老去，她的骨灰早已存放在寂寞的寺院中。

描写母亲和姨娘，作者采用了传统的对比手法，表现她们不同的发髻、性格、心境和命运。母亲头上高高翘起的螺丝髻、老气横秋的鲍鱼头敌不过姨娘头上那油光闪亮香风四溢的横爱司髻；健谈的姨娘因受宠心境愉快又明朗，沉默的母亲因失去爱情心境变得暗淡而凄凉；得宠的姨娘跟随父亲享受着富贵与荣华，失去爱情的母亲忍受的却是地狱般的痛苦与煎熬。两个女人的心境与处境的落差取决于父亲的态度，母亲老气的发髻总是让父亲皱着眉头，而姨娘的秀发与风韵总是让父亲笑里含情，并且这笑声越来越高，母亲的心越来越痛，一颗渴望爱的心越来越无望。在描写姨娘时，作者还采用了今昔对比，设置了时空转换的梳头场景，让我们看到来到台湾的姨娘，父亲去世，她早已青春不再，红颜老去，年轻时的富贵与荣华反衬着晚年的空虚和寂寞，生命也在孤独中渐渐地老去。

父亲、母亲和姨娘之间的深爱和忧愁是通过一个小女孩的眼光在默默地观看，而母亲和姨娘的命运则是一个历尽沧桑洞察世情的智者在悲凉地叙述，这就是琦君散文中的独特视角。童年的叙述视角使文章的叙述语言变得单纯而清新，同时也使文章叙述的内容具有了无限的丰富性。因为童稚视角对她所叙述的成人世界并不能全部理解，而成年读者却能从中发掘无限丰富的内容。

读来倦不知，搁案意全晓。琦君不是为母亲树碑立传，也不是像她在小说《橘子红了》里那样，为弃妇唱一曲哀怨的挽歌，她更没有攻击封建家庭的意图。在文中，她对纳妾的父亲没有深责，对造成母亲一生不幸的姨娘也没有深怨，“因为自父亲去世以后，母亲和姨娘反而成了患难相依的伴侣，……来台湾以后，姨娘已成了我唯一的亲人”，昔日的风光与晚年的落寞是姨娘一生命运的反差，而作者对此却给予了无限的悲悯与同情。她感叹的是人世奄忽，难以把握白驹过隙般的生命，母亲和姨娘背对背梳头，相互仇视，不交一语的场景，如在昨日，可转眼之间，母亲已去世多年，姨娘的骨灰早已存放在寂寞的寺院中，而见证他们一生爱恨情仇的“我”也早已不再年轻，“人世间，什么是爱，什么是恨，……这个世界，究竟有什么是永久的，又有什么是值得认真的呢”。琦君以洞察世情的眼光叙述着生命的沧桑和无奈，以她一贯仁慈与宽厚的胸怀，悲悯着母亲，悲悯着姨娘，更悲悯着仍在爱、恨、贪、痴中执迷的芸芸众生。

作品

与姐姐永别[1]

王兆胜

姐姐今年 44 岁，本来身体康健，气色红润，精力充沛，可癌症在转眼间就夺去了她的生命，像春花的凋零，像气球的破碎，像晨露的蒸发，像难收的覆水，像成灰的蜡烛。对此，我毫无心理准备，仿佛五脏六腑一下子被掏空了，在悲伤、痛苦和绝望中，我甚至有随姐姐同去的念头。以往，与姐姐同在尘世，生活再苦再难也充实饱满，光芒闪烁；而今，姐姐不在了，人生的意义突然暗淡无光。

姐姐只长我三岁，但因母亲早逝，所以，对我和弟弟，她身兼姐姐与母亲的双重使命。母亲生病时姐姐仅有 10 岁。六年后母亲弃她的六个孩子而去，于是一副沉重的生活重担就落在还未成人的姐姐肩上。记得母亲临终前交代姐姐一件事：大哥二哥虽未结婚但都已成人，她最放心不下的是伤残的三哥、年幼的我和弟弟。母亲让姐姐无论如何照顾好我们三个。当年我 13 岁，弟弟 10 岁，我们拉着母亲的手，直到姐姐发誓母亲

① 选自《天地人心》（山东文艺出版社，2006 年版），有改动。王兆胜，1963 年出生于山东蓬莱。文化学者、作家、评论家，主要代表作有《林语堂的文化情怀》《林语堂与中国文化》《天地人心》等。

才合上眼睛。此后，在姐姐心里，三哥和两个弟弟就成了她最珍爱的亲人。

一年秋天，我与弟弟将菜园的护围收拾回家，当我将一根木桩扔给弟弟时，他没能接住，尖锐一端竟向他双眼飞去，弟弟大哭起来，双手捂住脸，血从他手缝里涌流而出。闻声赶来的姐姐见此情景，立即背起弟弟跑去找医生，万幸的是木尖不偏不倚扎在他双眼间的鼻梁上，没有伤着眼睛。直到今天，想起此事，我还后怕得周身发抖，而姐姐的惊恐万状与果敢有力，以及背着弟弟疯跑的身影仍在眼前。我感谢天地厚我，也庇护着弟弟。

这件事发生后，姐姐对我和弟弟处处小心，生怕有何闪失，就像大鸟看护着巢中的小鸟。她不许我到村边的池塘洗澡，也不准我夜里到临村看电影，更不让我晚上在村中乱跑，甚至放学后或星期天我找同学玩她都不同意。当时我怎能理解姐姐，只当她不近人情，太过专横武断。因此我常与姐姐作对，有时与弟弟联手对付她。姐姐恨极了就动手打我们，我们也还手打她，最后每每是姐姐让步，一个人伤心地跑到自己房间哭个不停。听到姐姐伤心的哭泣，我与弟弟只好跑去求她原谅，于是姐姐就与我和弟弟抱头痛哭，那伤心的样子让我终生难忘。因年幼无知我还无法理解姐姐，随着年岁的增长，我才明白姐姐多不容易，而成心与她作对的我，如何能够体会她心中的苦和无边的孤立无依？

后来成家立业，我与妻子孩子一起从北京回到老家，夜里别人都睡着了，我与姐姐对坐炕头闲聊，她总提起这些往事，并反复向我道歉，说她那时对不住我，没有让我像别的孩子一样，吃好、穿好、玩好，而总是让我干活、学习，有时还动手打我。说着说着，姐姐就会流下热泪，我也跟着她流泪。这样的谈话常进行到深夜，我们姐弟俩不停地回忆往事，心中既忧伤又甜蜜。每当此时，我都会感到乡村的夜晚宁静安详，经过艰难后的人生无比幸福。

少年时光因为姐姐不让我随便乱跑，闲来无事就专心读书，久而久之我就爱上了书，学习成绩一直很好。尽管家里条件相当差，但姐姐却一直鼓励我读书上学，她曾这样对我说："力强（我的乳名），我想念书但条件不许，所以小学四年级就下学了，其实我书念得不错。你喜欢念书，一定要刻苦努力，姐姐再累再苦也供你，一个识字的人才明理，才受人敬重。"从姐姐的话和眼神里，我受到了鼓舞，于是暗下决心，好好读书学习。

高考制度恢复后，我的愿望有望变成现实，因为我以名列前茅的成绩考入乡镇唯一的中学，高二时又考入县重点班。那时，县里只有一中、二中两所重点中学，能考上也就意味着离大学只有一步之遥。当时姐姐多么高兴！她圆满、红润、美丽的脸如花朵一样绽放，她甚至为我上大学做着准备。可是，1979 年高考我名落孙山，接着，1980 年和 1981 年我又连考不中。当春去秋来，花开花落，别的同学一个个都像中彩般考中，然后远走高飞，再就是他们寒暑假时衣锦还乡，我却总像被抛入天空的小球，一颗心忽起忽落，那是多么无味的人生！那些年家里穷得不可想象，学费都是东挪西借，在学校里，每天只吃三个玉米窝头，喝三碗玉米面粥，外加姐姐为我炒的咸菜，所以常常饿得头昏眼花，而每天又要学习十几小时。今天想来，农民的孩子要考上大学谈何容易！而每当周末回家，姐姐总千方百计为我改善生活，做我爱吃的饺子。她这样为我忙碌了多少次已无从计算。每当想起姐姐为我读书吃的苦受的累，怀揣了那么多期望与梦想，而我又连考不中，真是羞愧得无地自容。可是，每年落榜她不仅不责备反而总安慰我。看我愁眉不展、伤心苦恼的样子，姐姐总这样说："力强啊，考不上就考不上，难道人家不上大学就没法活？"姐姐又为我宽心道："我也矛盾，既希望你考上又不希望。如果你真考上了就得离开，姐姐还真不放心，在身边姐姐还能护着你，不在身边，饿了、冷了、受人欺负，谁管？"姐姐还补充说："力强，你现在瘦得只剩下两只眼睛了，高考是不是特难？不行就算了，好不好？"看着我不服输的样子，她只好叹气。不过，姐姐怜惜地嘱咐我："考不上不打紧，姐姐决不怪你，但千万不能做傻事，听见没有？"姐姐这话是担心我"自杀"，因为每年农村都有高考落榜自杀者。

1982 年高考，因发挥不佳回家后我仍郁郁不乐，姐姐看在眼里，以为我又像往年一样没了希望，于是，她一边让我吃饭一边说："力强，相信命吧，考不上就算了，咱尽力了不后悔。好了，从今往后，咱姐弟都在农村，永不分开，也挺好的。"当听我说考得还可以，只是不理想，但上大学没问题时，姐姐嫣然一笑。她身体立即轻盈起来，眉开眼笑，嘴里流水似的说："那就行，那就行，能考上就行。"以后，我考上硕士、博士，姐姐更是心花怒放。在她眼里，这真是苦尽甘来，时来运转，鸡窝里飞出了金凤凰，但在村里姐姐却从不张扬。

我读大学后这二十多年，姐姐虽不像以前那样记挂我，但还是放心不下，我出差在外她不放心，直到返回北京为止；一有机会她就嘱咐我晚上不要出门，平心静气待人，工作不能太累，要舍得吃，不要挂念家里，尤其是老父亲，一切她都会照顾好。还有，手上没钱就跟她说，毕竟城里花钱如流水……对于姐姐，弟弟已深入她的内心和灵魂。听外甥女讲，晚上她看书到深夜，隔壁她妈妈常一觉醒来就情不自禁地喊：“力强，怎么还不睡，天快亮了。”当外甥女告诉妈妈她不是“力强”，姐姐就会说：“唉，我做梦梦见你舅舅还在看书呢!”这是以前常发生的事：隔壁的姐姐睡了一觉，见我还没睡，灯还亮着，就这样喊过来。

有一次回家，姐姐又与我夜谈，她坦然说已不为我操心了，因为我各方面越来越好，她一颗心落实了。但却说起自己的烦恼：家里兄弟的大事小事，难解决的都找她，她管也不是不管又不行；看着哪个兄弟没钱她都心疼，但又无能为力。还有三哥家的事更让她焦心，因为残疾的三哥与一个曾患麻痹症的矮小女子结婚，后又生了一个什么都不懂的傻儿子，这个儿子至今快 18 岁了，还不会说话，个子像儿童一样长不高。说着说着姐姐就一脸愁容。我知道姐姐心理压力大，长期以来管惯了，弟弟哥哥她都放心不下。

姐姐待我如母，只“给”不“取”，她以美好的言行与聪慧影响和启示我。姐姐为我做得太多太多，但我为姐姐做得却很少，因为忙平时信也不常写。比如，姐姐向我诉苦，我当时劝她，她心里松快一点，很快我就离开家里这个“麻烦之地”，沉如泰山的担子又要她自己去挑。记得上大学时，姐姐生孩子，我寄去几十块钱，后来就不记得给姐姐买过什么。以往没有想过此事，现在想来唯一的解释是：或许觉得她还年轻，以后的日子像树叶一样多，等手头宽裕再报她的恩情。可如今，我想给她买点什么已不可能。另外，因为兄弟多，我每次回家都长途跋涉，所以带东西极为不便，加之自己的经济一直紧张，所以回家时带点礼物往往打点不过来。每及此时，姐姐总说：“给他们就行了，我们不要，难道姐姐还会挑你的理儿？你回来姐姐就高兴。”这是真心话，母爱就是这样：它只付出不求回报。还有时，我走得匆忙，空手回家，姐姐就让姐夫自己花钱去买些东西，以便让我去哥哥家带上，我给姐夫钱，姐姐总说：“我们条件比你好些，别争了。”前几年我买房需要几万元，姐姐就将自己的钱全寄来给我用，因为不够她与姐夫还贷了款。

正当姐姐与我的日子渐好起来，灾难也随之降临。先是去年两个哥哥突然故去，他们都不满 50 岁，其中就有残疾的三哥。这一下可苦了姐姐，她先是成日成夜地哭，后来病倒了。一检查是胃癌，已是晚期。听到这个消息，我的脚直往下陷，身体软软的，站不住。当我从数千里外赶回老家医院见到姐姐，她刚做完手术，此时她还像以前那样胖胖的，红光满面。当看到我，姐姐吃惊地问："你怎么来了？"我告诉她出差顺路回家看看。姐姐知道我说了谎，但显然很高兴，我看到从姐姐那双会说话的大眼睛里涌出泪水，像两条小溪。我在姐姐床边陪她几天几夜，直到过了危险期。姐姐逼我回京，一说怕耽误了工作；二说我老在身边，她着急上火，不得已我只好离开。临走那天，姐姐的眼泪又流了出来。

医生说姐姐的病少则数月，多则几年，我那时只望姐姐是误诊，希望奇迹出现，所以每次打电话心里都惴惴的。去年春节前，姐姐感到不好，后来也猜出了病因，就打电话让我回去看她。这一次见到姐姐，大出我的所料，原来光彩照人的姐姐突然失了神采：病前150斤只剩下95斤；病前红苹果似的大脸如今布满皱纹；病前白净有力的脖颈现已黄而皱；病前充满自信与聪慧的眼睛而今透出悲凄与绝望；还有，肿瘤的扩散使姐姐坐立卧都很难受，包括吃饭喝水都相当困难。看着姐姐难受的样子，我的心如刀绞。母亲去世时我痛苦过，但那时年幼无知，对人生的滋味没有品尝；而这一次，不惑之年的我，心知姐姐在我生命中的分量，而我又不能将姐姐救回。姐姐似乎看懂了我的心思，她让我坐在她身边，拉着我的手宽慰我。姐姐一边流泪一边说："力强，我轻易不会叫你回来，因为你工作忙路又远，可我知道不行了，如果不叫你回来，我担心再见不到你了，有些话就没法当面跟你讲。趁我还清醒，我把该说的话说出来，就可以安心了。"姐姐除了让我照顾她的儿女，还说："力强你记住，我不在了，你千万不要哭坏了身子，我的身体就是哭三哥哭坏的，人死了哭有什么用？你自己千万保重！"姐姐还自言自语道："如果能让我再活一次多好，我一定好好珍惜，哪怕没有钱都行。"当天晚上，姐姐吃得不少，有半碗饭。姐姐要吃排骨，我说那不好下咽，也不好消化。姐姐笑着说，她有点馋，就是吃不下。又说，身体好时，她能吃好几碗饭，怎么现在就吃不下了呢。此时，我看到姐姐眼里光亮一闪，那是对生命怀有的无限渴求。

嘱咐完了，姐姐就催我早些回京，她说自己还不知道能拖多久，看我一眼就心满意足了。姐姐当家惯了，她决定的事就不好改变，由于我再三坚持，她同意我在家里再呆三天，这是我上大学以来少有的——靠着她那么近，对她的一举一动都看在眼中，为她理理难受的腰部，将自己带来的水果一点点送到她的嘴里，与她轻声细语说话，还能感到她生命的呼吸……当我掏出钱放在姐姐手里，姐姐坚决不要，她还在为我着想，担心我入不敷出。看我坚决的样子姐姐就留下了。不过我知道，现在钱对姐姐又有何用？

返京那天早晨，姐姐拉住我的手，又抱着我的头怎么也不舍得放开，于是我们姐弟俩痛哭起来。姐姐和我都知道这是永别，所以哭得伤心极了。回来的路上，我一直泡在泪水里，怎么都抑制不住；又像漂浮在空中，身体绵软无力，我不知道前面还有什么奔头。作为弟弟，我不能在姐姐身边伴她走到生命的尽头，因为作为公家人我是不自由的。此时，我想起英国作家吉辛与姐姐相依相伴的人生，如果当时我能陪姐姐度过一生，她会不会有这样的结局？二十年前，我离开生我养我的农村，离开母亲一样的姐姐，以一个农民之子的一无所有开始新的人生探求，这期间的艰难困苦与孤独寂寞不能为外人道。每当此时，想起姐姐，暗冷的心中就会充满光明和温暖。如今，姐姐已离我而去，剩下的人生道路我会很寂寞的。

跟我在北京读书的外甥女寒假回到她妈妈身边，这样我姐姐得女儿伺候月余，回来时，姐姐让女儿给我带来她年轻时的一张照片，我以前从未见过。这张照片上姐姐年轻漂亮，充满青春活力，我明白这是姐姐将她短暂的人生与生命行程浓缩在这张照片上，留给我。是的，姐姐像一阵风如一股烟似的从这个世界上消失了，只留下我对她的记忆和思念，还有这张照片。

每当悲痛欲绝，我就想起姐姐的临别嘱咐：不要过于悲痛，更不要整日哭泣，要坚强地活下去。姐姐虽是农村妇女，识字有限，但她明理聪慧，有胆有识，而我读了几十年书，难道还不能参透生死？天地以“气”化形生人，当“气”消尽，形神俱亡，再度化为“气”，任何人都逃不脱此循环之理。所以，姐姐只是过早地烟消云散罢了！但是，姐姐虽去，她给我的呵护、温暖和智慧，将永留我的心间。我会更好地活下去，以报答她的恩情。

姐姐属猪，叫王淑梅，生于 1959 年一月七日（阴历），2003 年 3 月 29 日（阳历）去世，我将永远记住这两个日子。每年这两个时间，我都会焚起心香，遥祝姐姐的在天之灵，平静安息。

赏读

《与姐姐永别》是王兆胜写人记事散文中的代表性作品，也是一篇堪与巴金的《怀念肖珊》、宗璞的《哭小弟》等名作相媲美的杰出之作。此文在《海燕·都市美文》发表后，即获得著名散文家和散文理论家林非先生的高度评价，并将其收进他编选的《永恒的主题》一书。尔后，此文又被《散文选刊》《书摘》《青年文摘》等十多家报刊转载，被收进《2004 年中国散文精选》《百年中国性灵散文》等多家选本，并作为教材供中学生学习，由此可见此文的影响力。

这篇作品写姐姐对儿时的“我”和弟弟的呵护，写姐姐因两个哥哥的先后去世日夜哭泣，后来终于被恶疾击倒。此外还写了姐姐与恶疾的抗争以及病中仍不忘对“我”的关怀体贴，这些都写得极其感人，让人读后久久难忘。当然，作品写得最精彩动人的是一些生活片段和对话。比如，当“我”连年高考不中，姐姐总是这样安慰我：“力强啊，考不上就考不上，难道人家不上大学就没法活?”看着“我”一副不服输的样子，她担心我会自杀，于是面对郁郁不乐的“我”，一边让我吃饭一边说：“力强，相信命吧，考不上就算了，咱尽力了不后悔。好了，从今以后，咱姐弟都在农村，永不分开，也挺好的。”而当她知道“我”只是考得不理想，上大学没有问题时，“她身体立即轻盈起来，眉开眼笑，嘴里流水似的说：‘那就行，那就行，能考上就行’”……日常的生活小事、朴实的对话，再加上一些神态描写，便将一个普遍农村妇女对亲人的担心与关爱，包括她的性格、她的善良与内心世界的苦痛和甜蜜都真切而传神地表达了出来，让我们领会到了一种人性的温暖、一种美好而亲近的“惦念”之情。

这种消融于日常生活细节之中的“惦念之情”，正是《与姐姐永别》最为美好、最为感人之处。这种“惦念之情”包含着两层意思：一是散文作者写的都是他的亲友或熟人；二是他不论写人或写事，姿态都放得很平很低，就像与老朋友谈心一样，也即如钱穆所说的“先把自己的心走向别人心里去。自己心走向他人心，他将会感到他人心还如自己心，他人心还是在自己的心里”（钱穆《人生十论》第 64 页）。说得浅白一点，“惦念之情”实际上就是“我心”与“他心”的双向流动，所以它是一种特别柔软、温暖和平实的情愫。也许正是由于“惦念之情”比一般的感情要广阔深厚得多，所以小说家铁凝对这种感情情有独钟。在《铁凝散文·自序》中，她这样写道：散文究竟是因什么而生？在我看来，世上所有的散文本是因了人类尚存的相互惦念之情而生，因为惦念是人类最美好的一种情怀。人类的生存需要有相互的惦念，最高的文学也离不开最凡俗的人类情感的滋润。被人惦念和惦念别人是幸福的……在生命的长河里，若没有了惦念，还会有散文吗？

我们的散文中有各式各样的情，而唯独较少有深度的真正隐忍婉藉的“惦念之情”，而我们过去的散文研究者对这种“惦念之情”的研究也很不够。在此意义上，我们可以说王兆胜的《与姐姐永别》一类的散文，事实上已经向我们的散文研究者打开了一扇新的情感之门，同时也诠释了好散文永远都离不开人类的美好情怀，离不开凡俗感情的滋润这一真理。

作品

日记[1]

海　子

姐姐，今夜我在德令哈，夜色笼罩
姐姐，我今夜只有戈壁

草原尽头我两手空空
悲痛时握不住一颗泪滴
姐姐，今夜我在德令哈
这是雨水中一座荒凉的城

除了那些路过的和居住的
德令哈……今夜
这是唯一的，最后的，抒情。
这是唯一的，最后的，草原。

① 选自《海子诗全编》（生活·读书·新知三联书店，1997 年版）。海子（1964—1989），原名查海生，出生于安徽省怀宁县。当代著名诗人，主要代表作有《土地》《海子、骆一禾作品集》《海子的诗》和《海子诗全编》等诗集。

我把石头还给石头
让胜利的胜利
今夜青稞只属于她自己
一切都在生长
今夜我只有美丽的戈壁　空空
姐姐，今夜我不关心人类，我只想你

1988. 7. 25　火车经德令哈

赏读

这首抒情短诗《日记》，写于1988年6月27日，从诗后面的注释可以知道，这是海子第二次坐火车去西藏，经过青海省的德令哈市时自己的所想所感，写得情真意切。全诗采用了便于抒情的日记文体，以一个来自异乡的“弟弟”的那种怯弱而朴拙的孩子口吻，同“姐姐”真情告白，如泣如诉。全诗共分成四小节，感情层层递进。如果说第一小节仅仅是交代了自己的处境，即夜色笼罩，我只有戈壁，我在德令哈的话，那么第二、三节就是直接进行抒情了：“这是唯一的，最后的，抒情。/这是唯一的，最后的，草原。”到最后这种抒情更是达到了顶点：“姐姐，今夜我不关心人类，我只想你。”从这首诗歌中我们可以体会到此时海子的复杂心绪。他曾经两次去西藏，一是为自己的长诗《太阳》寻求创作素材，获取灵感；二是为了摆脱情感的纠缠和苦闷。作为全诗的中心词是“姐姐”，“姐姐”既是自己的倾诉对象，也是诗歌中的一个意象，她的内涵应该是多方面的。此时海子在个人终身大事上已经是疲惫不堪了，内心的伤痛还隐隐存在，但他追求太阳的信念更强烈了。“姐姐”既可以理解为自己的情人，或已经分手的情人，也可以理解为所有美好的事物，包括自己的理想、自己的信仰，甚至招致自己如此痴狂于诗歌创作的冥冥之中的东西。通过“姐姐”这个意象，更好地直抒胸臆。与“姐姐”倾诉交流了一段时间，自己再也不感到荒凉了，精神得到了慰藉。原来“荒凉寂寞的戈壁”也变得美丽了，情由景生，情景交融，从此可见海子此时内心的孤独真是达到了一种极致、唯美的境界，他独自享受着孤独和寂寞的如此美丽。

孤独寂寞是人类一个永恒的话题，是一个必须正视的问题。既是诗人也是海子生前好友的西川说：“对于我们，海子是一个天才，而对于他自己，则他永远是一个孤独的‘王’，一个‘物质的短暂情人’，一个‘乡村知识分子’。”海子的《日记》也毫不回避地透视了这一现象。相对说来，海子更孤独些。当然他的孤独并不是社会疏远了他，而是在他受挫后有意识地自我封闭，把这种寂寞和孤独转移到诗歌创作中去，开辟自己的精神乌托邦，这一点常人是不理解的。在他的房间里，你找不到电视机、录音机，甚至收音机。他在贫穷、单调与孤独中写作，他既不会跳舞、游泳，也不会骑自行车，这是一个真实的海子。他认为，诗就是把自由和寂寞还给人类的东西。他的另一首《在昌平的孤独》，对孤独的认识也是很别致的：“孤独是一只鱼筐/是鱼筐中的泉水/放在泉水中/孤独是泉水中睡着的鹿王/梦见的猎鹿人/就是那用鱼筐提水的人/以及其他的孤独/是柏木之舟中的两个儿子/和所有女儿，围着诗经桑麻沅湘木叶/在爱情中失败/他们是鱼筐中的火苗/沉到水底/拉到岸上还是一只鱼筐/孤独不可言说”。在海子的一生中，死亡轻生的意识始终弥漫着，挥之不去，驱除不得。像《日记》这首诗，对自己的孤独心理描绘得很是逼真，轻生的意识倒不是那么强烈。由原来的两手空空到后来觉得美丽，这其实是一个思索的过程，一个把小我融于天地与自然的过程，海子的思想就是这样超脱。名作《面朝大海，春暖花开》说“给每一条小河每一座山取一个温暖的名字/陌生人，我也为你祝福/愿你有一个灿烂的前程/愿你有情人终成眷属/愿你在尘世获得幸福/我只愿面朝大海，春暖花开”，他把幸福留给了他人，而自己忍受的是莫名的不可排除的孤独和寂寞，这就是海子。封闭自己，平时与人交往不多，现实的压抑，加上几次与爱情擦肩而过，使得他更像一个孤独的孩子。也正是西藏这“西方最后净土”的感染，才使得海子的回归意识变得如此强烈，摆脱尘世烦扰的时间变得才如此迅速，他的孤独感也才日益凸显。海子实则是一个孤独的吟唱者、一个内心空灵的诗人，表面上他孤独，但他通过写诗，构建着诗歌大厦，独自品享着寂寞的美丽，他又是一个精神的富足者。

海子是一个专心作诗的人、一个天生作诗的人，他的存在就是为了作诗。他是一个时代的产物，在他身上始终纠缠着理想与现实的影子，矛盾重重，他把美丽和祝福留给别人，而自己咀嚼着苦涩，这是怎样的一个人呢！写得越是明澈，内心越是孤独。海子是一个文学现象，又是一个社会现象，他曾几次徘徊在自杀的边缘，最终还是搭上天梯（火车道轨）去了遥远的天国，追逐心中的太阳、麦子和情人去了。时代及个人的性格注定了海子只能是一颗短命的彗星，虽短暂，但光彩熠熠。

切磋琢磨

1. “离别”的是背影，永存的是“髻”。这些都是亲情永不磨灭的印记。你的亲情“印记”是什么？请仔细回忆你和父母的一切过往，写下三个最深刻的印记。

2.《我的四个假想敌》《门孔》都是表达父母对儿女的情感。请比较两者在写法上有何异同。

3. 有人说，海子的诗歌《日记》是一首情诗，但把它当作一首写给姐姐的诗来读也未尝不可。请尝试提炼散文《与姐姐永别》中的情感、意象与词句，仿照《日记》写一首诗。

此情可待成追忆

导读

韩愈在《师说》中说："古之学者必有师。师者，所以传道受业解惑也。"他告诉我们，在求学的路上，我们一定会碰到许多老师。老师，可以为我们传授道理、教授学业、解决疑难问题。从这个意义上来说，老师代表着一种德行权威或知识权威。所以，"学高为师，身正为范""为人师表"往往指的是我们对老师的理解与要求。

但师生之谊毕竟是一种人际交往，历时弥久，便有情感灌注其中。从学生角度来说，这种感情既是感恩，也是感动，既是理解，也是同情，更是尊重。而且随着时光推进，在人生的不同阶段对这师生之谊的记忆与理解都会有所不同。

"此情可待成追忆"选取的6篇文章都是前辈大师对其老师的回忆，而这些老师本身也大多是大师级的人。钱穆先生的《师友杂忆》（节选）（常州府中学堂之二记吕思勉师）是钱穆80岁高龄时回忆中学恩师、后来的著名历史学家吕思勉，其中的师生之谊历经岁月而不稍减，细节真切而动人。黄永玉先生在与曹禺的通信中当仁不让，指出前辈的问题，更体现一种别样的师生情怀。徐梵澄的《星花旧影——对鲁迅先生的一些回忆》（节选）则堪称回忆鲁迅先生同类文章中的"神品"。汪曾祺的《星斗其文，赤子其人》写的是他的老师沈从文，这一评价落在汪曾祺身上，也十分贴切。可以说这一对师徒，为文为人，一脉相承。季羡林在《回忆正谊中学诸师》中记叙了中学阶段影响其成长的，并且还活在其记忆中的恩师们，条畅通晓，娓娓动人。钱谷融在《〈伍叔傥集〉序》中回忆了与伍叔傥先生交往的那些温暖的旧事，抒发了始终如一的美好感情，而且92岁的钱谷融回望这一生的师生情谊，还依旧能够"无比欣幸"。

那么，我们今天如何读懂这师生之谊？阅读这类回忆性文章，特别要读其细节，读其精神。师生记忆，本应存活于教学之场景，在于言传身教，在于教学相长，如此治学精神方能薪火相传。读这类文章，便要在其细节言行中体察深厚的师友之谊。比如，这6篇选文中，有多处回忆到当年的老师为自己精批细改作文的细节，这足以使我们思考：这些细节为什么会令学生铭记终生？可谓是此情可待成追忆，只是长久更清晰。

鲁迅先生在《关于太炎先生二三事》一文中讲到："战斗的文章，乃是先生一生中最大，最久的业绩，假使未备，我以为是应该一一辑录，校印，使先生和后生相印，活在战斗者的心中的。"鲁迅先生认为对其老师章太炎先生最好的纪念，应是收集整理其著作，使先生与后生相印。同样，我们也可以从这些对学者大师们的回忆性文章中，读得"先生"的风采与精神，并与之相印。

作品

师友杂忆（节选）①

钱 穆

除监督元博师外，当时常州府中学堂诸师长尤为余毕生难忘者，有吕思勉诚之师。亦常州人。任历史地理两课。闻诚之师曾亲受业于敬山太老师之门。诚之师长于余可十二岁，则初来任教当是二十五岁，在诸师中最为年轻。诚之师不修边幅，上堂后，尽在讲台上来往行走，口中娓娓不断，但绝无一言半句闲言旁语羼入，而时有鸿议创论。同学争相推敬。其上地理课，必带一上海商务印书馆所印中国大地图。先将各页拆开，讲一省，择取一图。先在附带一小黑板上画一十字形，然后绘此一省之四至界线，说明此一省之位置。再在界内绘山脉，次及河流湖泽。说明山水自然地理后，再加注都市城镇关卡及交通道路等。一省讲完，小黑板上所绘地图，五色粉笔缤纷皆是。听者如身历其境，永不忘怀。

一次考试，出四题，每题当各得二十五分为满分。余一时尤爱其第三题有关吉林省长白山地势军情者。乃首答此题，下

① 选自《八十忆双亲 师友杂记》（生活·读书·新知三联书店，1998 年版），有改动。钱穆（1895—1990），字宾四，著名历史学家，江苏无锡人，主要代表作有《先秦诸子系年》《中国近三百年学术史》《国史大纲》等。

笔不能休。不意考试时间已过，不得不交卷。如是乃仅答一题。诚之师在其室中阅卷，有数同学窗外偷看，余不与，而诚之师亦未觉窗外有人。适逢余之一卷，诚之师阅毕，乃在卷后加批。此等考卷本不发回，只须批分数，不须加批语。乃诚之师批语，一纸加一纸，竟无休止。手握一铅笔，写久须再削。诚之师为省事，用小刀将铅笔劈开成两半，俾中间铅条可随手抽出，不断快写。铅条又易淡，写不出颜色来，诚之师乃在桌上一茶杯中醮水书之。所书纸遇湿而破，诚之师无法黏贴，乃以手拍纸，使伏贴如全纸，仍书不辍。不知其批语曾写几纸，亦不知其所批何语。而余此卷只答一题，亦竟得七十五分。只此一事，亦可想像诚之师之为人，及其日常生活之一斑。

后诚之师已成名，余获与通信，曾为经学上今古文之问题，书问往返长函几达十数次。各累数万字，惜未留底，今亦不记其所言之详。惟忆诚之师谨守其乡前辈常州派今文学家之绪论，而余则多方加以质疑问难。诚之师最后一书，临了谓君学可比朱子，余则如象山，尽可有此异同。余不知此系诚之师之谦辞，抑更别有所指。惜后再见面，未将此问题细问，今亦终不悟当时诚之师此语是何意义也。

余之重见诚之师，乃在一九四〇年，上距离去常州府中学堂，适已三十年一世之隔矣。是年，余《国史大纲》初完稿，为防空袭，急欲付印。乃自昆明赴香港，商之商务印书馆，王云五馆长允即付印，惟须交上海印刷厂付印。余曰大佳，光华大学有吕思勉教授，此稿最后校样须由彼过目。云五亦允办。余又赴沪，亲谒诚之师于其法租界之寓邸。面陈《国史大纲》方完稿，即付印，恐多错误，盼师作最后一校，其时余当已离去，遇错误，请径改定。师亦允之。后遇曲折，此稿越半年始付印。时余亦蛰居苏州，未去后方。一日赴沪，诚之师告余，商务送稿，日必百页上下，催速校，翌晨即来取，无法细诵，只改错字。诚之师盛赞余书中论南北经济一节。又谓书中叙魏晋屯田以下，迄唐之租庸调，其间演变，古今治史者，无一人详道其所以然。此书所论诚千载只眼也。此语距今亦逾三十年，乃更无他人语余及此。我师特加赏识之恩，曷可忘。

余是年居苏州奉母，每隔一两月必去沪。去沪必谒诚之师。师寓不甚宽，一厅容三桌。师一子，弱冠夭折，最为师伤心事。一女毕业光华大学，时方习绘事。近窗右侧一长方桌，师凭以写作。左侧一长方桌较小，师妹凭之临古画。一方桌居中央，刀砧碗碟，师母凭之整理菜肴。余至，坐师桌旁，或移两椅至窗外方廊中坐。或留膳，必长谈半日或竟日，历三四日始归。诚之师必留每日报纸，为余寓苏不易见者，一大束，或用朱笔标出其要点。见面即语余别后大事变经过之要略。由余返旅馆，再读其所留之报纸。一年中，如是相晤，可得六七次。

一九四一年夏，余由苏州重返后方。抗战胜利后，再返苏州，在无锡江南大学任职，曾赴常州，谒诚之师。师领余去访常州府中学堂旧址，民国后改为常州第五中学。门墙依稀如旧，校中建筑全非。师一一指示，此为旧日何处，均难想像。临时邀集学生在校者逾百人，集旷场，诚之师命余作一番演讲。余告诸生，此学校四十年前一老师长，带领其四十年前一老学生，命其在此讲演。房屋建筑物质方面已大变，而人事方面，四十年前一对老师生，则情绪如昨，照样在诸君之目前。此诚在学校历史上一稀遘难遇之盛事。今日此一四十年前老学生之讲辞，乃求不啻如其四十年前老师长之口中吐出。今日余之讲辞，深望在场四十年后之新学生记取，亦渴望在旁四十年之老师长教正。学校百年树人，其精神即在此。诚之师又带余至街坊品尝四十年来之老食品，如常州麻糕之类。至今又已三十年，回忆尚在目前也。

余又屡去其沪上之寓所。抗战时开明书店曾邀余作《国史长编》，余介绍之于诚之师，得其允诺。已有分编成书。乃诚之师案上空无一物，四壁亦不见书本，书本尽藏于其室内上层四围所架之长木板上，因室小无可容也。及师偶翻书桌之抽屉，乃知一书桌两边八个抽屉尽藏卡片。遇师动笔，其材料皆取之卡片，其精勤如此。所惜者，其长编亦写至唐代而止，为师最后之绝笔。

最后一次与师晤面，在一九四九年之春假期间。余离无锡往广州，谒师于其沪上之新寓址。适师在中膳，尚能吃米饭一大碗，非普通之饭碗，乃盛汤肴之碗，大普通饭碗一倍。师言往日进两碗，今仅可一碗。余观其颜色食量，意他日归，当可再晤。

……乃不久，闻噩耗。思念种切，何堪追溯。

赏读

钱穆先生以自学成名家，一生为学，兼涉四部，著作等身。其著作《八十忆双亲·师友杂忆》是他80岁高龄后对双亲及师友等的回忆文字，情致款款，令人慨叹。读者不仅由此得见钱穆先生一生的求学著述与为人，亦能略窥现代学术概貌之一斑，还可知晓许多现代著名学者鲜为人知的轶事趣闻。本文选自《师友杂忆》之二“常州府中学堂”中的第二节。是回忆其中学老师吕思勉先生的。

吕思勉（1884—1957），字诚之，著名历史学家，江苏常州人。先后在常州府中学堂、南通国文专修科、上海私立甲种商业学校、沈阳高等师范学校、苏州省立第一师范学校、沪江大学、光华大学、华东师范大学任教。吕先生夙抱大同思想，毕生关注国计民生，学习新文化，吸取新思想，与时俱进，至老弥笃。他对古代史的研究做出了巨大的贡献，取得了多方面的成就。

钱穆80岁高龄回忆中学恩师，历经岁月而不稍减，细节真切而动人。正如钱先生在《师友杂忆》序中所说：“但既到老不忘，则可确证其为余生命中之重要部分，务求叙述真实，亦属余对生命之自惜。纵属一鳞片爪，在余则弥自珍重。”师生记忆，本应存活于教学之场景，在于言传身教，在于教学相长，如此治学精神方能薪火相传。读这类文章，便要在其细节言行中体察深厚的师友之谊。

教师的动人之处，在于其丰富的学养，在于其认真的教学态度。钱先生写诚之师的地理课，细写其作图过程，边绘边讲，那缤纷的五色粉笔画下的恐怕不仅是地图，而是为少年们打开的通往未来与世界的一扇窗。少年的成长有着无限的可能性，教师的一个眼神、一次微笑都可能感染与激励少年，更何况诚之师对“我”的考卷格外的重视与认真的批语。诚之师批改考卷的过程“我”并未亲见，显然是同学转述，但其中细节历历在目，足见当时定是深深地打动了“我”。所谓“言传身教”大约也就在这些地方。即使后来钱穆先生已颇有成就，但从老师身上依旧能学到很多：师生俩“为经学上今古文之问题，书问往返长函几达十数次”；为学生的著作《国史大纲》作校；诚之师每日读报“用朱笔标出其要点”。这可能就是“老师”这个词语最深远的意义。

而更妙的是，师生重回母校时，老师叫过去的学生给当下的学生演讲，真可谓是“薪火相传”。难怪钱先生说：“深望在场四十年后之新学生记取，亦渴望在旁四十年之老师长教正。学校百年树人，其精神即在此。”如此教学故事，的确是“稀遘难遇”之事。

文中还有诸多类似细节，这些细节足以见其一生。所以作者会说，“只此一事，亦可想象诚之师之为人，及其日常生活之一斑”。但这些由一位八十岁老者忆来，写来，真是“思念种切，何堪追溯”，师生情谊，溢于言表。

作品

黄永玉写给曹禺的信件[①]

黄永玉

家宝公：

来信收到。我们从故乡回京刚十天，过一周左右又得去香港两个月，约莫六月间才转得来，事情倒不俗，只可惜空耗了时光。

奉上拙诗一首，是类乎劳改的那三年的第一年写的，诗刊朋友问我要近作，而目下毫无诗意抒发，将信将疑从匣中取出这首给他看，却说好。人受称赞总是高兴。但这诗不是好，是公开的私事满足了人的好奇心而已。不过我老婆是衷心快意的，等于手臂上刺着牢不可破的对她的忠贞，让所有的朋友了解我当了三十六年的俘虏的确是心甘情愿。歌颂老婆的诗我大概可以出一个厚厚的集子了。只可惜世界上还没有这么一个禁得起肉麻的出版社。

说老实话，真正地道的情诗、情书、情话，怎么能见得人？伟大如鲁迅特精熟此道，说是“两地书”，买的人图神奇，

① 选自《同舟共进》（2011 年第 2 期），有改动。黄永玉，1924 年出生于湖南省凤凰县。当代著名画家、作家，尤善版画，主要代表作有《永玉六记》《醉八仙》《吴世茫论坛》等。

打开看来却都是正儿八经、缺乏爱情的香馥之感。全世界若认真出点这种东西，且规定人人必读的话，公安局当会省掉许多麻烦。人到底太少接触纯真的感情了。

曹公曹公！你的书法照麻衣神相看，气势雄强，间架缜密，且肯定是个长寿的老头，所以你还应该工作。工作，这两个字几十年来被污染成为低级的习俗。在你的生涯中，工作是充满实实在在的光耀，别去理那些琐碎人情、小敲小打吧！在你，应该“全或无”；应该“良工不示人以朴”。像伯纳·萧（萧伯纳），像服尔泰（伏尔泰）那样，到老还那么精确，那么不饶点滴，不饶自己。

在纽约，我在阿瑟·米勒家住过几天。他刚写一个新戏《美国时间》，我跟他上排练场去看他边排边改剧本，那种活跃，那种严肃，简直像鸡汤那么养人。他和他老婆，一位了不起的摄影家，轮流开车走很远的公路回到家里，然后一起在他们的森林中伐木，砍成劈柴。米勒开拖拉机把我们跟劈柴一起拉回来。两三吨的柴啊！我们坐在米勒自己做的木凳、饭桌边吃饭。我觉得他全身心的细胞都在活跃，因此，他的戏不管成败，都充满生命力。你说怪不怪：那时我想到你，挂念你，如果写成台词，那就是：“我们也有个曹禺！”但我的潜台词却是你多么需要他那点草莽精神。

你是我极尊敬的前辈，所以我对你要严！我不喜欢你解放后的戏，一个也不喜欢。你心不在戏里，你失去伟大的灵通宝玉，你为势位所误！从一个海洋萎缩为一条小溪流，你泥溷在不情愿的艺术创作中，像晚上喝了浓茶清醒于混沌之中。命题不巩固，不缜密，演绎、分析得也不透彻。过去数不尽的精妙的休止符、节拍、冷热、快慢的安排，那一箩一筐的隽语都消失了。

谁也不说不好。总是“高！”“好！”这些称颂虽迷惑不了你，但混乱了你，作贱了你。写到这里，不禁想起莎翁《马克白》中的一句话：“醒来啊马克白，把沉睡赶走！”

你知道，我爱祖国，所以爱你。你是我那一时代现实极了的高山，我不对你说老实话，就不配你给予我的友谊。

如果能使你再写出二十个剧本需要出点力气的话，你差遣就是！艾侣霞有两句诗，诗曰：“心在树上，你摘就是！”

信，快写完了，回头一看，好像在毁谤你，有点不安了。放两天，想想看该不该寄上给你。

祝你和夫人一切都好！

晚　黄永玉　谨上

三月二十日

我还想到，有一天为你的新作设计舞台。

永玉　又及

我还想贡献给你一些杂七杂八的故事，看能不能弄出点什么来！

永玉　又及

（此信写于1983年）

（摘自《同舟共进》2011年第2期）

赏读

曹禺比黄永玉大14岁，自小就接受戏剧方面的熏陶和教育，他最重要的几部作品——《雷雨》《日出》《原野》《北京人》，都是在他31岁之前完成的。黄永玉在信中评论曹禺："你多么需要他那点草莽精神。"相比之下，黄永玉自学成才，前半生浪荡而潇洒，草莽精神是不缺的。

黄永玉与曹禺算是君子之交，在这封信之前，二人并无太过密切的交流。黄永玉写这封信给曹禺，起因在于沈从文——黄永玉的表叔。黄永玉回忆他写这封信的起因时说道：

"为什么写这封信？就是因为曹禺先生那次在我家说起他的心情。他说你看你多好，有这么多朋友来看你，你也能去看朋友，我就不行，我不敢看别人，别人也不来看我。他跟巴金先生也讲过这样的话。因为这个原因我就写了一封长信给他，我说你以前是我们的大山，但你被'势位'所误。你要把原因归结到社会还是不太准确，你有自己的原因，你是因为所处的位置耽误了自己，你要把位置稳住，因为这个位置，你不敢招惹是非，不敢按自己的意志行事，就像有钱人不敢跟讨饭的打架一样。"

因此黄永玉在信中几近苛责，称对曹禺"解放后的戏""一个也不喜欢"，说曹禺已经从"一个海洋萎缩为一条小溪流"，并呼吁曹禺"把沉睡赶走"，重新做回那个像阿瑟·米勒那样充满生命力的剧作家。面对这样的坦诚，曹禺非但没有责怪，反而将信装裱起来，挂在家里的堂前，时刻提醒自己，试图以古稀之龄重燃创作的火焰。

曹禺年少成名，堪称是黄永玉那一代人的文学导师，据说黄永玉甚至能背诵曹禺的剧作。然而正所谓弟子不必不如师，当曹禺在文学上止步不前，“泥溷在不情愿的艺术创作中”，黄永玉当仁不让，指出前辈的问题，不也是一种别样的师生情怀么?

黄永玉的这封信，既是金石之言，也是夫子自道。黄永玉与那一代文人一样，都经历了中华人民共和国成立后的调整与动荡，然而在这些时期，黄永玉依然保持着他的“草莽精神”，并试图在此后继续富有生命活力的创作。而在他暮年，这位老人嬉笑怒骂，活的仍像少年。

除此之外，曹禺与黄永玉的书信同样也是一个时代的缩影。2003 年，写就此信 20 年后，黄永玉出版了《比我老的老头》一书，书中记载了其师友曹禺在 1957 年之后所经历的精神痛苦。回看此信，我们大概可以知道，信中不仅仅是在说曹禺，在说黄永玉自己，也是在劝慰那一个时代的文人。莎士比亚写过:“最老的，遭逢也最多。”或许，借此信此人，我们远眺那个时代的境况，或许还能够学到更多。

作品

星花旧影——对鲁迅先生的一些回忆①

徐梵澄

一

人的记忆力，是可以训练而增强的。若神志清明，将心思集中在忘掉了而想记起的事上，往往可以记起。许多印象，保存在潜意识中，如同摄制成的影片储在仓库里。久后将其取出，有些或已模糊，有些可能是非常清晰。有时几十年前的事仍可记起，如同昨日一样。但这颇需要相当的修习，决定的因素颇多，结果也甚为相对。

似乎鲁迅先生说过：使精神的丝缕，牵着已逝的寂寞时光，又有什么意思呢？并且说“一个人做到了只剩了回忆的时候，生涯大概总要算是无聊了吧，但有时竟会连回忆也没有”。——这一伟大时代中一伟大人格，如是说出了一点他的心理经验。对于往事的追忆、憧憬、眷念、乡愁，实是人生上的一种巨大力量。有人曾说北欧哲学，从莱布尼兹到叔本华

① 选自《徐梵澄随笔　古典重温》（北京大学出版社，2007 年版），有改动。徐梵澄（1909—2000），湖南长沙人。精神哲学家、印度学专家、宗教学家、翻译家和诗人，主要译著有《薄伽梵歌》《行云使者》等。

尔，是日耳曼人对往古希腊世界的怀旧、乡愁，欲追往而莫及。但从古代到中古，那道路中断了，只剩下不可践踏的一道彩虹，犹如精神上的一架桥梁。就整个人类文化史观之，回忆曾起莫大的作用。无论其性质是纪念的或怀古的，它成就了历史而为人类所保重。

鲁迅说的“有时竟会连回忆也没有”，这现象是真实的，是一种冥茫的心境，即古人所谓“忘予之天”。这得归功或归咎于生物的本能，在大自然中是如此的，譬如身体各部的感受性不同，倘若遍体皆像手指端一样敏感，人便不能生活下去。人不能且不应将已往的一切事皆保存在表面知觉性里。如身体上若受到大痛苦，或感情上受到大打击，往往人便失去知觉而昏迷。如是便感觉不到痛苦了，仍算是自然对生命的一种保护法。在身体为昏迷或麻木，在心思便是失记或遗忘。渐渐时光消除了伤痛，或泪水洗去了血痕，生命渐渐恢复正常，让痛苦的印象深深没入潜意识的海洋深处，都不记起，人便再能平安生活下去，此即所谓“忘予之天”。“忘天”于人生是大有用处的，但这必须是于此“忘天”并不知觉。若又明觉这是“忘予之天”，那心境是异常惨淡的。

遗忘是救治，由此可知记忆不必定真实。文学家写自传或回忆录等，往往很难处处皆是真实。几乎不自觉的，人总是将自己的错误或不可心意的事漏掉了。何况虽或未曾忘记，又可以因种种缘故不写出来。若写他人的传记等，更难处处真实。因为我们既不懂得自己，更不懂得他人。常时我们自以为了解他人，其实是未尝了解。尤其于自己所敬爱的人，若写其言行等，便不免有所偏袒、隐讳、夸张、粉饰。治史学的人，必知道通常写史而秉直笔，是难得的事。

如是，可想普通回忆录并不容易写，它有工作本性上的碍限，在撰者自己未必有十分把握，自信不诬，在读者又应十分谨慎加以采择了。何况是写关于这一伟大人格，其精神、思想，又如此博大、多方、深不可测——鲁迅先生诞生又已是百年纪念了。于情于理或说于恩于义，我皆应说出一点往事，以表寸心之不忘。这里，只从我的记忆里极忠实地捡录出一些明确的印象，大部分是对我在青年时代的一些教言。这皆有如星星火花，时时在我的眼前闪烁。一些关系，有此由此从此因此以此，对我平生的影响是大的。一切所受的明里暗里的创伤皆不必说了，因为已是经过大牺牲而进到大创造的时代。有些细事说出似乎是在扬诩自己，其实我毫无这种用心。四十年前我已不能受此责难，因为我的态度一贯是尽可能避免显露，何况现在！也许有些人猜想我所记得的不止于此，还应当说出更多。对此，我不妨做一明确的答复我想只能是这样。

二

我记不起去看过先生多少次，谈过多少话。最初一甚深的印象是几乎是一沉默的告别。——查先生的日记中，有这么一条："下午徐诗荃赴德来别。"时在1929年8月20日。

时间大约是午后3点钟。先生住在景云里。敲开门进去之后，见先生正坐在后堂中写稿，那书桌正面靠着分隔前后堂之板壁，光线从后面门窗透进。这以前我去拜访，总是在前堂中谈话，没有进到这里。先生叫我在书案左边一张藤椅上坐了。我便说我明天动身，正午12时开船——先生寂然，静静吸着一支烟，我便停止了说话。过了一会儿，先生开始说："在中国没有二十四小时了！"我说："是。"

这么又过了一会儿，彼此无言。

"哦！你还有点稿费在这里！"——先生忽然惊起似的说。随即从抽屉里取出一叠钞票给我。我说过感谢，便接下放在衣袋里。

当时我颇写些杂文和短篇小说，不时寄给先生，刊登后便去领些稿费。或多或少，总是每千字五元。这次回来一数，实在优待了一点，几乎是八元一千字，一共三十余元。——出国的计划，我早先告诉过先生的，这时也毋庸多说了。

这么又默然了一些时，我便起身告辞了。先生一直送到大门口，我便鞠躬下去，刚一伸身，先生突然目光辉射，执着我的右手猛然一握，我感到那手力极强。这是以前未曾遇到过的，我吃了一惊，便分别了。

那一握，是教示，是勉励，使人精神振起，要努力，要争气，要在外国好好读书……从此先生的一切其他平日的教言，凡我所读到的，听到的，皆在我脑里醒活了。此后留学期间，凡学生之萎靡事，如"不进学校""关起门来炖牛肉"之类的事，如先生嘲笑过的，皆没有做过。后来极穷，也未尝自己煮饭，真是"竖起脊梁"，好好地读书。其时我正二十岁。

三

时间得稍溯回一年多，我初次往谒是在 1928 年 5 月末。有一封复我的信，也许是同年 6 月 13 日写的。我记得这是第二封，宣纸花笺，满满两页细字，与第一封复信不同。第一封是薄“洋纸”淡墨便条，没有留什么深刻的印象。但这第二封中有这样的话：

贫贱而肆志，富贵则骄人，中国现在嚷口号的人，大致皆有此病。

我当时读这话颇为诧异，因为我还是在大学里念书，“贫贱”“富贵”，二者皆说不上——“肆志”出《嵇中散集》，是先生校刊过的。“贵得肆志，纵心无悔。”——以为先生随笔写来而已。久后思之，这还算“减等”之说。

这时，已是先生经过厦门和广州的讲学时代，还沉默过一长时期。曾看到“杀戮青年的，似乎倒大概是青年，而且对于别个的不能再造的生命和青春，更无顾惜”。这话说在 1927 年。后来在谈话中，多次讲到当时有些革命人士，成了反革命者，怎样“用他人的血来洗自己的手”。这是说“肆志”“骄人”，已算“减等”之说了，但也道着了一时代许多人的病症。悠悠岁月，我也到了暮年，自抚生平，从来未尝“富贵”过。处“贫贱”是其常情，也未曾怎样“肆志”。

这可说是对我的第一次教言，印象非常明晰。不久后另一信，中间有这些话：

……在中国做人不容易，因为国度老了，花样多，有时做人也只得用点手段。但要明知是手段，这样，吃亏的人比较少。

做人当然是应该诚诚实实的，这是“常”“经”，但有时为了做好一事，不得不用点手段，这是用“变”，是从“权”。我不知道先生的早年怎样，如我所知道的这晚期，占全生世的七分之一，没有发现先生用过什么手段。诲人不倦，待人始终是诚恳而且厚道。至若在文字上攻击敌人，嬉笑怒骂，却不能说是用手段。因为过于厚道，倒吃了许多亏，也是众所周知的。

四

这以后，便是我在国外所收到的信札的记忆了。这期间的义务，是替先生收版画，多是木刻原印而有木刻者签名的，买些艺术书，寄些杂志、报纸，有时代查一二寻常德文字典上没有的名词。信札多是关于银钱汇出，书画收到之事。一共不过四五十封，不幸在抗日战争时期，连我的藏书一概丧失了。有些信中的话，格言似的，当时揣摩很久，至今还可记得，在这里录出一些，附带加一点必要的解释：

兄在那边，大学里不知道有用唯物史观讲文学史的没有。如没有，要从各方面去听取，事情就麻烦了……

写这话是在 1930 年。那时全德国无此课程，也无从到各处听取。唯物史观我却是学过的，在出国以前。当时在海得贝尔格大学负盛名的，是贡朵夫教授讲歌德、布克教授讲德国文学史。前者不幸在讲学期中因黄疸病又兼心脏病逝世。后者的思想比较开明，在美国讲过学，已秃顶了，上课照例不带讲稿。有一趟我告诉他易卜生的剧本，在中国多有翻译，他听了很高兴。次日在课堂讲世界文学思潮传播之迅速，在东方的日本、中国，南洋各地，思想之传播多是先于作品的翻译云云。他时常引据狄尔泰的《体验与诗》及勃兰兑斯的《十九世纪文学主潮》，算是相当进步了，却未尝根据唯物史观立论。

……现在柏林生活，住房子之外，还要吃点肉，每月要花多少钱呢？

倘若我记得不错，这信是在 1930 年写的，先于上一信。这是先生想到德国来游历。当时柏林已隐隐分成东西两区。西区发展较后，多住宅，不似东区拥挤。房租在西区较高，食物则东西区价差不多。本地学生，多住在东区，若受着国家这样那样优待，每月自己用一百五十马克至多二百马克便够了。但那在外国学生做不到，每月用费总在二百至三百马克之间。其时兑换率是一马克换七角五分至八角左右，后几年涨而不落，总在一元稍外。但是以鲁迅先生出国考察、游历、研究，兼之又必买书、收版画之类，必不能像留学生一样生活了。而且，那排场必有些像蔡孑民先生游德国一样，方才相称。于是我回信说明了这些情形，结论说："先生来游，大致每月六百马克也就够了。"以后来信，便没有提起此事，也许是觉得用费太高，也许是由于旁的原因，未曾实现此一北国之行。

我感谢你替我计划了很好的田园。这些梦，我少年时也曾做过的，还请了一位族人刻了一颗图章，取《诗品》句曰："绿杉野屋"……

我当时去信的意思是：上海总是洋场，没有什么文化环境，先生何不在任何山水佳处，找一所房子定居，较接近大自然。花之朝，月之夕，剥一黄橙，暖半壶酒，则有山灵相访，古哲会神……总会比租界好。先生答复，这也是曾经梦想过的，下面讲了一些不可能的道理。大致说上海虽是如此，也仍有些方便。——及今想来，那时代以中国之大，任何比较安全的地方也没有，政局实是太黑暗了。及至我回国以后，那情形方体会到一点。而先生虽居租界，此后仍得一次又一次逃难。其间有《阻（郁）达夫移家杭州》一诗，可见先生对当时的局势是看得透彻的。另外某篇文章中还引了章太炎《〈庐山志〉题词》里几句话："人之情，求仕不获毋足悲，求隐而不得其地以自窜者，毋乃天下之至哀欤！"那悲愤，在先生的先生也是大的。

"夫蚁子惜鼻，固犹香象"，想当然耳，以为出于佛经者，非也。

这"蚁子"两句，见于《唐宋传奇集·序例》。我苦苦要寻出这出自什么典故。其实这是无关轻重的，然在作旧文章，则谓之"杜撰"，是所忌讳的。先生于此亦一笑置之了。下面两句"嫫母护面，讵逊毛嫱"，也无出典，至若另外某信讲：

夫慈母投杼，屡告成真，千夫所指，无病而死，所以我也不得不避开了。……

明显是用典故了。这是那次逃入英租界以后的信，那一次有"惯于长夜过春时"的一首律诗。

……这次我想府上必受一些影响……兄在那边，应当时时怡悦其心。

这是指"立三路线"攻下长沙的一役，这信中寄来了一首《湘灵歌》，是为此一次战争而写的。长沙恰是我的故乡，当时德国报纸仅登了一点简短消息，此外也看不到国内的报纸。我从此所受的影响是大的，因为经济来源断绝了。寥落一身，濒于九死。先生最后寄来了一笔钱，说：

……颇有相濡以沫之悲。

"泉涸，鱼相与处于陆，相呴以湿，相濡以沫，不如相忘于江湖。"① 大概据先生计算，多寄来了一点。在我的记忆中，买书买画的钱，皆清楚了结，多的一点，恰补还了旧欠。因为尊敬先生的缘故，虽穷苦也不敢用先生的钱，亦未尝写信告贷。先生之买书画从此亦止。主要是因为柔石牺牲了，没有人为跑银行买汇票，"我现在连跑银行的'人才'也没有了"。——来信说。

……捐生喋血，固亦大地之块，足使沉滞的人间，沃跃一下，但使旁观者于悒，却大是缺点。

---

① 见《庄子》。

此外，做和尚也不行。

我常劝青年稍自足于其春华，盖为此也。

这是在人生旅程的歧路处对我的一重要指点。我当时的意思，是“入世”则当革命，虽摩顶放踵，捐生喋血，利天下则为之，否则，不如“出家”当和尚去。这正是普通湖南人的脾气，好走极端、激烈。——先生不谓然。以为革命当然是好，但要顾定目标，从容中道。譬如战场上金鼓震耳，烟尘蔽天，眼精手快的战士，却从容不迫，端起枪来打他一个正着，此之谓“中道”。气不当妄使，力不当妄用，倘失败了，又应积蓄气力，重新振作。如或一蹶，又走另一极端，行出世道，亦不可。人生在世界上，是“出”不到哪里去的。后下谈话中，屡次告诉我做和尚怎样会使神经不正常，使人乖异。先生是学过医学的，这些道理必有根据，我却无从说起。

青年时代，我于人情世故懂得很少，好问，纠缠不清，以致先生慨叹起来了，要自足于青春。这末了一句，我记不起前面还有两字没有，或者是“呜呼！……盖为此也”。

……兄诗甚佳，比前有进，想是学汉、魏，于渊明却不像。不佞所好，则卑卑在李唐。……必再阅历四十年，慢慢喝下酒去而不吃辣椒，庶几于渊明有些像了。

称谓曰“兄”，是对一般青年的客气语。信的末了，总只是两字，曰“迅上”，简单而通侻。自称则常不一定，“我”“不佞”“区区”……皆是。我的去信，则是称“鲁迅先生”，但信封上却写“周豫才先生”，稍避显露，因为知道这名字的较少。谈话中，我只称“先生”，或说“周先生”。对师母只称“师母”，说海婴只称“小弟弟”。

似乎先生对湖南人颇有好感，总说湖南人爱吃辣椒、脾气躁。又甚夸“浙东学派”，说浙东多山，民性有山岳气，与湖南山岳地带之民气相同。或者在革命运动中，湖南人的贡献也不算太小，因此外省人对之皆颇有好感。如今四海一家，地域性是不必谈了，但有些地方的人民有某些特殊性格，是自古已然的，稍治历史的人便知道，要在各个发挥其优胜性格，在大同中不妨仍其小异。我惭愧，至今阅历已不止四十年，这期间有三十几年滴酒未饮，中间也偶作旧诗。那是少年时代漫然夸口罢了，即今自视存稿，陶渊明诗的影子尚且未曾望到。未曾专意为诗，也是事实。又常吃辣椒，想来也是一原因了。

五

上面这些信中的话，究竟因为是写下的，记忆颇为真确。此外则是谈话中所记忆的了，其精确性或许差一点。还有一些零星杂事，似乎也不妨录出，或者不无意义。

先生的文集中，谈到有所谓“花生政策”者，确有其事。青年朋友来访，时常请吃点心。我国此一风俗，大概自从唐代已有，随饮茶一直保存下来。而青少年者，往往不顾点心之粗细，简单明了，全部吃完。据先生说来访者多，时时得添买，不甚方便。于是变通之法起了，代点心以花生米。花生米是价廉而物美，于主于客，两皆合宜。但那只是在北京时代的事，在上海时代，自始至终，我却没有吃到花生米。

记得我之往访，总在周日下午 3 点到 4 点之间，谈了一会，给吃点什么了。我们先拨出一部分留给海婴，我一拨，先生总说“够了，够了”。——记得吃过榧子，是浙江产品；洋桃，是广东产品，皆我的家乡所没有，我未尝吃过的。有一次吃的是秀水所产的小菱，话便谈到朱彝尊、王仲瞿皆秀水人。有一次吃凉面，便谈到唐人的槐叶冷淘。……有一次在内山书店，坐在那冬夏皆不移动的圆火缸之旁。内山先生很客气，捧出一盘糖，斜方微圆，棕色透明。我很高兴初次吃到日本点心，便取一个纳到嘴里，哪知只是糖而已。便吐掉塞进缸灰里。先生却看见了，取着夹箝将其轻轻夹出，抛开了。是的，缸灰里不应塞进杂物，以免生火时烧着出烟。我随即抱歉说我的牙齿不好，不宜吃糖。先生说：“得看看医生哪!”——牙齿不好也是真情，割龈，拔齿，在德国进过好几次医院。那里牙科医生设备多么好，手术多么精，我曾写信告诉过先生的。但那次是遁词，是嫌其糖之甜。

我去访问总是有点小事，或送稿，或领稿费，但总是有些什么疑义，去问难。谈话时，先生吸着纸烟，一支接续一支，不断地烧，却很少吸。有一趟谈话稍久，我回公寓摘下领带时，觉到衬衫上一股浓厚的烟气。我便写信去说，此之所谓“熏陶”了，先生也只好纵容这玩笑，无法可想。

但我自己也吸烟，然从来未敢在先生面前吸过一支烟。因为我出身于旧式家庭，那规矩是对长辈要恭敬。若是坐车在路上遇到，要立刻停车，下来在路旁立着，问候一番，并且虚伪地自责，说真不应该坐车云云。而且，更奇怪的，戴了眼镜若遇到长辈了，不论自己是近视也好，远视也好，便应当摘下。似乎戴眼镜只是老年人的特权，何况吸烟！好几趟在内山书店遇着了，坐了一会，随先生到寓所去，见先生总是手持新买的纸烟一长条，似乎是英国或荷兰出品，然不是什么名牌。

此外，先生也是讲究喝茶的。有一时期我往访较勤，便备有别一茶碗，搁在书房里那小架上，不弄错茶碗，比较卫生。有时不觉谈话过久了，师母便走来在先生耳旁说几句什么话。先生便微笑和我说："在我们这里吃夜饭去好不好？"——那是按规矩只得遵命的。总是有点什么特殊的菜，饭前稍稍喝一点点绍兴酒。这时先生更加谈笑风生。

这么，时常"赏饭"，我觉得不安了，劳扰太多，会成了食客。便早往早退。总是领了稿费，归途在餐馆中吃了一瓶酸牛奶，加糖，加肉桂末。回寓所总是在午后4点钟左右。

这些小事，回想起来，多么富于人生情趣，在平凡生活中是近于艺术化了。那时在上海我也没有什么朋友，只有一位老同学是医生，没有病便用不着他。可问教，可谈话者，唯有先生。先生始终也未尝给我介绍什么朋友。

六

其实和先生谈话，要异常知道分寸。

有一趟孙伏园——著名的《晨报》副刊的编辑——和先生谈话，得意忘形，说："他们不料这一下踏在炸弹上了！"——这一句话便使先生大为不悦，以为自己替人写文字，费心尽力，结果当做了人家的炸弹，而至于粉骨碎身！——我始终对先生是尊敬的，知道对着的是一伟大的人格。他人对先生的诽谤和颂扬我皆不管，而先生之大受群众的颂扬乃身后之事。举凡论文、论史、论人、论事、论书、论画……皆听到过很多精辟的见解，度过许多无比的辰光。有时说及人情物理之微，真觉惊心动魄。最寻常是论文，品评他人的文字。

论文，通常小报和杂志的文字是不谈的，对造谣和攻击之类加以反驳，也不在话下。有一次遇到蔡先生的一篇文章，是关于工艺的题词，第一句是"中国乃一善用手指之民族……"先生指着笑说："这第一句就不可解！"我也失笑了。看下去，下文也平平常常。蔡先生是前清名翰林，毕生从事革命，铸造了一时代的人物，甚为当世所尊仰。后下偶然碰到他在某处发表的一首旧诗，中有一句云"不管乘轩缘好鹤"，我方在迟疑，说："这'好鹤'

一句?”——先生立刻说:“‘卫懿公好鹤,鹤有乘轩者’,你?”——“哦!是的,我读过的。”——我惊讶先生对旧书之熟记。这话出自《左传》。蔡先生的意思,是说提倡新思想,不管付什么代价。那仍是一种革命精神,但所取之义也恰止于此,与卫懿公之战败无关。而这也表现了蔡先生气魄之博大。

谈话一涉及国学,便牵连到章太炎。先生说及听过章氏讲小学,时在东京。所作的文章,初稿给学生看,大家是懂得的,及至二稿、三稿,许多字便不认识了。原来章先生每日摩挲一部朱骏声的《说文通训定声》,将里面的通假字取来换过了,所以大家不识。——这一教示对我是有虽不大然颇远的效果的。后来我在1945年出国,便带了这部书,根据它用英文写了一本书,名《小学菁华》,意在使西人知道一点中国文字学,给南印度国际教育中心出版。结果在欧美畅销,使他们赚了一笔钱。

但是和先生谈国学是颇不容易的,有时如同遭到考学位的口试。某次我说及王湘绮——清末湖南一大学者,章氏师徒最留心的人——说其文章上追《史记》,高于明代之文。先生听了,将蜜蜡烟嘴轻轻扣着灰盘,去了纸烟的灰,从容问:“是喽!究竟你看王湘绮的文章,与太史公的又有些什么不同呢?”——这真是偌大的考试题。我便胡天胡地大发一通议论,先生听了大笑,甚以为然。

以先生于国学研究湛深,我去时时请教,有时触到了一题目是有兴趣的,先生便滔滔不绝讲去,我也忘掉了时间。于晚清的一些名家的事,似乎从来未曾在先生笔下提到过。如说俞曲园怎样玩世不恭。——以先生文学研究之深,而在当时北京大学仅居一讲师之位,在教育部则为佥事,虽“佥事也不算怎样区区”。现在我追想,这未尝是公正的。但如我所知,先生对这些地位从来没有什么不满。这是因为志趣早安,要改革社会,要拯救这民族之沉沦,非志在个人之高位。又早知其事业要从广大民众之教育入手。其提倡白话,不肯开出青年必读书的目录,及创作小说、散文,又专门于小说研究,更溯回到抛弃能救个人的医学,皆指向这一旨趣。若有所不满,则是恨不能更深入群众,了解及提高群众,给群众开辟新天地。某年,在上海夏天晚上乘凉,还和弄堂左右普通居民讲文学,便充分表露这意思。然则可揣知纵使是更高的位置,也不以为意了。晚年颇自恨未能创作一部宏大的长篇小说,由于环境的种种限制,则眼光更注到我们的后代,为了将来。

七

说来当时上海文坛上的一般出头人物，学问实皆未免浅薄。我当年是在求学时代——即至今仍是——看到许多他们所发表的言论，心里时常不以为然。某次我在报纸上看到某教授讲中国文学史、讲骈文，教人看参考书，只有一部《四六法海》，便往告诉先生，弄得先生大笑了。我颇攻击林语堂之流提倡小品文。先生曾说“党同伐异”，其时是公正的，不怎样偏袒，于此事颇以我为然。早几年我在海外谈文，又将袁中郎、何心隐（即梁允元）以及徐文长诸人的集子细看了一遍，仍是见不出应加提倡的道理。古文其实也不难读，不必上窥两汉，即在唐文，犹可窥见这民族的一点沉雄博大的气魄，文字并不艰深。一欣赏小品从而模拟，便落入小家数了，使人的精神也卑小下去。

一般而论，先生实不主张青年人读旧书。但是不主张旧书皆应毁弃，并且说过大学的文科课程还要读《易经》。我们对古物皆知道保存，难道于古之文字、文学不知道要研究？但是不要将其普遍化，只能限于少数人。而此少数人也不应当自异于社会，成了旧日的“士大夫”阶级。可是，处理古籍要有眼光。有时标点古书也盛行过一时，乱加标点又加之以校对不精，闹出过一些笑话，有些也是经先生指摘过的。这里我还记起一事：

有一部旧书，名曰《草堂之灵》，是我在湖南收到的，带到上海给先生看。先生看了颇为欣赏，说其中讲诗、文、书、画有很多正常又是很好的见解，甚为高明。我以为然。但其中又有一些非常可怪之论，如谈及神通鬼怪之事，是我所反对的，便说如将其翻印，便将那些皆芟掉。先生以为不可。说还是保存其原样好，因为那会将其书的特色抹杀了。这书终于没有翻印。即今想来，此即所谓同情的了解，做客观的主观，设身处地，以自己当做他人而设想，这态度在文学创作的人物描写中是常见的。由此一端，可见先生的眼光比我的见识深透得多了。

在文如此，在诗亦然。先生早年写文言文不论，晚年也仍偶然写骈体文。旧体诗也成了一小集。从来未尝叫我不写旧体诗，每有感兴之作，便写去呈教。但我好开玩笑。有一首写呈的，记得第一、二句是：

几度沧江话劫灰，酸梨残命有余哀。

说“几度”是不错的，因为每次过上海，必往谒。其时已经过“一·

二八”之役了，闸北一带成了瓦砾之场。所以可说“劫灰”，是古人假托东方朔的汉武故事中出现的。“酸梨”则是明代一故事，有禅师教弟子说：“上苑已无苹婆果，且留残命吃酸梨。”禅师因此下狱，那比喻也是贴切的。当年留学回来，风云得路，大吃苹婆果的人物多少！我只能在上海依先生而得些稿费，吃些酸梨而已。这还算正经话。那诗末两句是：

女娲未补唐天处，觅取芝兰次第培。

过了些时，我便去问：“上次我的诗里说的‘唐天’，先生以为是什么意思?”

“你的意思是说‘空天’?”

“不是。先生明明告诉我，曾经游了一回西安，说看到西安之天，不像‘唐朝之天’，便是那‘唐天’!”

先生听了大笑。这便不像正经话了。

另一次我又在一张花笺上题了几句歪诗，后面落款说：“豫公观察大人，雅怔。”“观察”是清代的官名，但这是另指“观看”和“考察”，通常是写“雅正”，义为“改正”“是正”。然这里是要使先生看了发怔。——一律原谅，先生容许这弟子开天真的玩笑。

先生所说“不佞所好，则卑卑在李唐”，是一谦逊之词，其实唐诗何尝是卑！先生于唐诗的研究是很深广的。某次撰文，随着笔便写出“我有一匹好东绢，已令拂拭光凌乱，请君放笔为直干”。正是杜甫的诗。然所最好的是李长吉。某次我无意模仿了李长吉，写一首短诗寄去，下一次会见了，第一句话问我；“你在读李昌谷呀!”我说：“是。”——李长吉呢，遭了时代的愚蠢的打击，毕生不得意，所作千载下往往犹得到人心的共鸣。我在德国时，先生某次来信说：“‘心事如波涛，中夜①时时惊’，我真不知道李长吉‘惊’的什么!”是说受压迫时的心境，时在“龙华五烈士”殉难以后。

八

通常先生笔下攻击对方，当然是异常尖刻，但谈话中论人，却非常平恕。论人当然是论其事业成就，通常口语中有三字曰“是好的”，或者说“不坏”。“不坏”即汉代人所谓“无害”，似乎比“是好的”还要沉着一点。

① 澄按：原文作“坐”。

如我提出某人，先生总是先下这么一句总评，然后再加分析其如何不坏。有时其人有多方面，使两者并用。说及杨仁山的佛学，先生说“是好的”。如说陈师曾的画，“是好的”，其刻图章也“不坏”。沈尹默的诗词“是好的”，其字，也“不坏”。诸如此类。

但说及某些特殊人物，则不同。说他们厉害，或说是非常厉害的。如讲某某是一阴谋家，听到良弼要组宗社党了，便立刻遣出一个刺客去炸掉了他。这刺客便是彭家珍，《清史稿》上有传，但未尝说是谁的主使。如讲袁世凯杀害了许多革命党人，非常厉害，还讲了这么一个离奇的故事，“袁世凯要做皇帝了，先使爪牙在政府各部门说，预先示意，那时正值某某当教育部长，有人在暗暗通知他，叫他上一呈文，在自己的名字上写一‘臣’字，便是表示服从了。那部长听了大惊，立刻照办。但用什么为题呢？……哦！有了，振兴大学教育。于是赶紧作了一呈大总统文，请提倡小学教育。名字上写了这一字。这呈文抄出在报纸上发表了，有人读了很高兴，和我来说：‘现在要振兴小学教育了！’……我心里想……”

先生吸着纸烟，讲到这里，停下了，缓缓说：“这就是所谓黑暗了！”

先生在民国初年曾一度辞去教育部的佥事一职，大概便是为了这一事。——不肯称“臣”。后来袁世凯做皇帝两个多月，便死了，先生在教育部便恢复了职位。

九

有许多人情世故上的事，先生讲给我听，是使我当时惊心动魄的。曾说世家子弟有三变，一变而为蠹鱼，再变则为蛀木虫，三变则为大虫。——此一说，似乎是出自某笔记。

所谓世家子弟，是自己没有什么技能，多是靠父母的余荫过活的人。俗话说，“创业难，守成不易”，若是民生休宁，社会经济情况少变化，一个承袭了先人的遗产的子弟，自己不胡作非为，还可生活下去而支持一两代。但那是极“不易”的事。因为社会变化太快，无进取只有退守，必至于“坐吃山崩”。从清末到民初，湖南是南北战争的冲要，受战祸甚惨。无战争之时，则成了军阀割据之地，平民受到种种剥削。如湖南省银行的纸币，忽然作废了，许多人便立地化为赤贫。在这种种情况之下，一个世家子弟如没有技能养活自己，必至于堕落。大致也不止湖南如此。先生在小说中写的这种情况也很多了。

第一变为蠹鱼，即是出卖先人所收藏的字画以及图书，借以维持生活。第二变为蛀木虫，则是图书字画等卖光了，只得出卖家中的木器或甚至房屋。第三变而为大虫，则是“吃人”，卖去他的奴婢。我说应当是变为大虫在先，减少家庭的粮食消耗，先生曰不然，穷大少爷还是要人伺候的。最后方出卖奴婢。婢女（即丫头）在湖南曾有，但奴子似乎到民国已经没有，皆很少听说有出卖的。那时代不止是各个旧家庭，是整个旧社会如冰川崩溃下来，任何力量也挽救不住。

三变之中，以第一变最惨。尤其是藏书，是凡读书人皆喜好的。一旦其人去世了，旧书商贩便来欺人家孤儿寡妇，高价值的书往往以低价钱换去了，这不必说，时常是从一大部书如某丛书或某全集中暗地抽去几本，使它残缺。过了些时另有人即同伙的人来买这大部书，因其不全，那价值便大量减少了，出售者也难争高价。这一落到书贩子手里，自然又配全了，他以之出卖大价钱。

字画的命运相同。往往真品借去，赝品还来，高价收入的，低价卖出去。其间种种欺诈不必说了。而且三变之后，世家子弟自己也变成了流氓骗子，又去欺骗他人。此之谓财穷之后，继以人穷，财穷犹可挣回，人穷则整个堕落了，无可救治。

这是些旧社会的人情世故，我听了是毛骨悚然的。

十

有一次谈到了山水，又牵涉到女性问题。

我年轻时有点像广东话所谓“大乡里”，是一个只知道而且好夸说自己的乡里的伧人，不知天下之大。我说我们湖南的山水，如“潇湘八景”之类，真是好哪！是自古有名，而绍兴……没有什么吧！

“唉！你莫说，到底是‘山阴道上，应接不暇’，也有些好风景！”先生说。

我便默然。

于是我又说我怎样好游山。出长沙城渡过湘江便是岳麓山，山中的风景很美。高处是云麓宫。云麓宫里一副对联，是“西南云气来衡岳，日夜江声下洞庭”，草书，异常生动。从这里到禹王碑，即宋人假造的岣嵝碑，有两条路，一条甚陡峻，然较近，一条较迂远，然颇平。有一日我游到了云麓宫，凭栏下望江水及长沙全城，又徘徊了一番，看到随着有一队小女学生，也是游山，到了这里。我便到禹王碑去，我不管道路怎样，当前直上，心里想：你们这班女孩，还是走那远一点的路吧，这条路是危险的。谁知我攀到半路，回头一看，一个个皆跟着爬上来了，因此我感觉我们中国的女性生命力，实是伟大！

“是呀！”先生说，“这种女性的生命力，稍一抬头，便被男子压下，历史上总是这样！”

诚然，女子有女儿性，有母性，无妻性，是先生讲过的。在谈话中说师母，总是称“密斯许”。师母从北京女师大南下已有志于革命，中间辅助先生的事业，又时常得看顾先生的病，抚着多病的孩子，不时也一同逃难，那生活之劬苦，是可想象的，晚年曾一度受难，竟是同抱着伟大的理想奋斗了一生。那宏大的毅力，很值得我们尊敬了。而在先生左右，以平等而论，也做到了真实平等的地步。

如我所知，先生于山水、人物，以及艺术作品的审美意识是高的。有一日我陪先生参观了一西洋油画展览会，是当时欧洲几个二三流艺术家的作品。遇到一幅背面正坐的女子裸体像，只画出了头发和背部，大概是五十多厘米宽，八十多厘米高，上下左右画面没有留下什么空白，先生看了一眼，便回过头去。我颇觉得这是习惯的拘谨。

本来在西洋参观博物院、画廊等，是要讲规矩的。艺术品固然随人细看，然若久站在一人物或神像的绘画或雕刻前，是不礼貌的。裸体表神性下至肉感，普通也只宜略一观看而已。在专家只须一眼，如同一刹那的拍照，其艺术价值之高下，便已收摄无遗。先生的审美意识甚高，超凡出俗，不待言，然于美色初无所庸心，已习惯如此。

这些事过去了几乎半世纪，历史的急进无从休止。经过无可计量的奋斗和牺牲，中国女性算是解放了，较之亚洲某些其他国家的，远过自由、开明，而且快乐。大致也做到了男女真正平等的地步。这一曾经拘禁了的伟大生命力之洪流解放出来，便没有任何势力可再压下，亦必实际服务于国家建设了。是的，“人道是沧桑”，山川佳胜皆渐重修，险峻之地也该平坦了些吧！

十一

这里，略说一点先生于佛学的见解。

先生屡次和我说过，中国文化受到佛教的影响，实在太深了。当时不过碰到就提起，没有什么系统的讨论。先生之主张革新，大量吸收西洋文化，是以汉唐为先例的。汉唐国力充盛，文化大量从西域吸收，对这民族是有裨益的，正如一健康的人，是食物便可吃，没有什么忌讳；及主衰弱的人，便这也怕吃，那也怕吃了。

然而所谓文化交流，颇是一复杂之事。有时两地相隔只一山一水，而语言、宗教、民情、风俗迥乎不同，彼此不流通。有时遥隔重山、叠嶂、广川、沙漠，学者却裹粮、负笈、担簦、履跷，来来往往，总之不辞跋涉苦辛，佛法终于传到中国了。起初与道家相合，其次相离，各自成为宗教，便势不两立。义理是彼此皆具，亦皆湛深，其在民间起信，由于见神见鬼，即古之巫术，两教没有什么不同。我起初说我看《大乘起信论》，先生说不如看《百法明门论》，因为《大乘起信论》究竟是一部伪书。其次研究诸教之斗争，先生说当先看《弘明集》和《广弘明集》。可说我于佛学的一知半解，最初是由先生启蒙的。

当年在上海买佛书是颇方便的。有金陵刻经处印行的，由有正书局代售。因为书大抵由信士捐资刻印，木版大字，书局取利不高，价廉，花几元钱便买回一大捆。有一次我买到了一部《百喻经》，是先生早年捐钱刻的，便带去给先生看。恰好师母在旁边，先生便翻出末页，指着说，“这便是那给……刻的。”师母见了也很高兴。

先生在日本留学时，已研究佛学，揣想其佛学造诣，我至今仍不敢望尘。但先生能入乎佛学，亦能出乎佛学。记得和我讲起几个禅宗的故事，当时只觉得有趣罢了。我至今尚未曾听过一次参禅。后来看些语录之类，于身心了不相干。但在先生似乎不然。是得力于那一长时期看佛经和抄古碑的修养呢，抑或是得力于道家的修养——因为先生也深通老、庄——胸襟达到了一极大的沉静境界，仿佛是无边的空虚寂寞，几乎要与人间绝缘。如诗所说“心事浩茫连广宇”，外表则冷静得可怕，尤其在晚年如此。往往我去拜访，值午睡方起，那时神寒气静，诚有如庄子所说“老聃新沐，方将被发而干，慹然似非人”。我便闹事似的讲话，过了些时，嬉笑方回复了。

这冷静境界，在思想上成就了精辟的见解，看事物异常深透，所谓“静则生明”。在另一方面，于健康也有了大帮助。晚年方查出久患肺病，医生说在西人则五年前已应去世了。又查出曾患肋膜炎而不治自愈，竟不知不觉度过了多个险关。大致平生遇身体有病痛则就医生诊治而已，不甚求药，无动于衷。方寸间没有营营扰扰如庸人怕病畏死而求治之不遑，则身体听其自在，是有其抵抗力的。稍加调治，便易恢复正常。可说能外其生，有时竟如视自己已死，真也到了庄子所谓“尸居而龙见，雷声而渊默”的地步。常时静处如尸，使神气完足，体力增强，一动则行气如龙，如所谓“龙见”了。

上面那句诗下面的一句，是“于无声处听惊雷”。这句可解释为革命爆发于不觉之处的期待。意思未必直取自“雷声而渊默”这语，然恰可相通，或倒过说“渊默而雷声”，更切合先生个人的境界。不知道晚近研究鲁迅思想的专家做过一机械的然颇有趣味的统计没有：鲁迅毕生写过多少字？那数量必然颇可观了。在性质上又是什么样的文字！如说文字是声音的记录，又是多么宏大之声！岂止“惊雷”可以为喻？其成就，表出沉雄博大的魄力，这魄力不是无所从来。其冷静、“渊默”，不能纯粹是对辛亥革命后的许多事情的失望造成的，必亦是由于一长期的修养，即内中的省察存养而致。换言之，在自己下过绝大的工夫。显然，这必是受了佛经或老、庄的影响。这只偶尔在文字中透露一点。最初对我的教言，已是不可“肆志”了。如说自己冷静，也以此冷静驱遣了旁人，或说解剖他人，先解剖了自己之类。经过在广州（或在厦门）过多社会活动后，便说“装死”，这中间也透出了一点消息。当然，“雷声”可闻，“渊默”便无可闻。没有人能窥透那渊深无底的心灵，一现则表为一时代的热烈的伟大革命者。

于佛学先生另有一高论，曰“居士起而佛法亡”。这却是颇可异议的，如说“杨仁山是好的”，则杨仁山正是居士。“不知道现在高僧大德还有没有……一般皆是行同白衣，心如俗子……”这是某次信中的话。实际当年“是好的”比丘或居士，寥若晨星。随着旧社会的崩溃，佛门亦复颓败了。——虹口的会葬我曾参加，听到一些演说，至今犹记得先生的密友内山完造说了一句切实的话。他说：“鲁迅先生，是深山中苦行的一位佛神。……”内山是日本人，他不知道华语说“佛”并不称“神”，但他这一语道着了一点先生的精神真际。

十二

其次关于尼采，也当在这里说明一下。

《苏鲁支语录》是尼采的一部名著，另译是《察拉斯屈拉图如是说》，先生说“苏鲁支”是唐时的译名，我未尝十分注意，某日问我：“你为什么不翻译苏鲁支呢?”我说郭沫若已有译本，先生说不全，要全部译出。我问可在哪里出版呢？先生说可介绍给郑振铎出版。那么，只好遵命了。——其时先生正动手译《死魂灵》。

这事不难，我有一部《尼采全集》，抽出来照译就是。某次谈到劳工，我们是专用脑经的工作者。先生说工厂中工人，下了班心思便不在机器上了，然我们放下写作之后，脑经依然在工作上转，竟不能限时间。我又说先生治小说史，当然是比较有兴味的工作了，先生叹息说：“一札一札的旧小说，看起来也够受了。”那种小说我是见过的，是巾箱本或袖珍本，一本大约不过七八厘米宽，十一二厘米长，一部章回小说便是若干本，所以说“一札一札”。总之用脑力的劳工，其消耗体力，决不下于专用体力的劳动。在翻译这部书时—— 一般当然是翻译比创作更难——我也曾着实费了一番心力。

如是，一卷一卷的《苏鲁支语录》译稿交给了郑振铎，随后在世界书局出版，收在《世界文库》内。当时的反应是在《晨报》上出现了“东方朔如是说”，皆嘲笑之词，提出一滑稽人物旁敲侧击来取笑，因为没有力量在思想上正面攻击，只得由他去了。接着又翻出了尼采的《朝霞》和《快乐的知识》两书，却皆在商务馆出版。那时因为在上海讲西洋哲学的人，多是只取外国的教科书、概论，或哲学史之类，敷衍其说，大抵缺少实质，虽不必定有错误。绍介某一家，便应当至少有几种原著翻译给人看，借以挽救那空疏浅薄之失。我的态度，当时是严肃的。

为什么在西洋许多名家中，先生甚推许尼采？想来是在工作的性质上，有些方面相同。尼采是诗人、思想家、热烈的改革者。文章朴茂，虽多是写短章而大气磅礴，富于阳刚之美，诗虽好而视为余事。然深邃的哲学，出之以诗的语言，是欧洲近古所罕有的。稍可媲美的，只有以前的一契克迦德，然仍较逊。其余的皆专重思想之质，表以自有的一系统哲学语言，往往难于普及。这些方面，皆与先生不异。譬之黄金则皆是精金，只有量之不同而已。

无可否认，在先生接受马列主义以前，受尼采的影响颇大。这可远推至以文言文写《文化偏至论》的时期，在1907年。——即如《野草》，其中如《过客》《影的告别》两篇，便甚与《苏鲁支语录》的作风相似。这很难说是偶然的巧合，或故意模仿；竟不妨假定是于尼采的作品，或原文或日文的译本，时加玩味、欣赏，而自己的思绪触发，提笔一写，便成了那形式了。《野草》可说是一部散文的诗，先生的得意之作。这只合用文学上的术语说，是受了尼采的“灵感”。

就思想的大体观之，两家皆以自然科学为基础，不异。又有一共通的特色，即两者皆具有一种推翻旧者建立新者的革命精神。在尼采是攻击基督教的文化不遗余力，自诩为“自由思想者”——这名词是纯对宗教而言——大声疾呼“上帝是死掉了”！这话虽在现代若在西洋社会里说，犹多么骇人！其前一世纪的康德，抱有同样的宗教意见，然一受到威廉二世的恫吓，便不敢发表了。而且尼采要推翻旧道德的标榜，将一切价值重新估定。要哲学家创造新价值，又要求其为行动的人，不能专从事静观默想。推崇艺术，肯定“生之意志”……凡此诸说，皆倡之以智识的勇猛，笔下喑呜叱咤，突荡无前。为人却不失其为哲学家的纯和温谨。也曾作自我批评，所说著不免热狂，而热狂主义损伤性格、口味和健康。奋斗一生，终于为一孤独者。

以态度论，鲁迅当然冷静得多，为人亦是多么温和，而笔下一样是喑呜叱咤，突荡无前，有时冷嘲，似乎更深锐一点。然所处正是一大变乱时代，我们没有基督教的传统，然旧礼教的社会，颓废腐朽，黑暗之气“如磐”，重重压在人民身上，加以帝国主义进来了，因之以经济侵略、文化侵略等等，眼见这民族快要沦亡了，于是乎大声疾呼，从事革命。那么，也要将旧道德的标榜打破，将那些伪君子——即尼采所斥的菲利士人——的假面具揭开，重新估定新的价值，也寄希望于行动性的实际革命者。当说“我在寻求大将”。而且，很早说立了简明的三句义曰：我们要生存，要温饱，要发展。这正是积极的对人生的肯定。而且奴隶有奴隶的道德，主子有主子的道德，中华民族应早脱出奴隶地位，雄强起来，自为主宰，不是在作品中屡见不鲜么？凡此诸说有很多同、似之处，难于说是因袭，只可说是易地同然。“铜山西崩，洛钟东应。”世界上既爆发了革命思潮，则不能圈禁于某一区域，而且，循历史的轨辙，只有显、隐、起、伏，而无休止，必至其达到了目标，然后在本身起了变化，方算终了。

论鲁迅和尼采的思想关系，只合终止于此。其历史上的重要性，是不可忽略的。鲁迅究竟是文学家，未曾建立一系文化哲学，如尼采之所为。将来未可知，中国庸或产生伟大哲学家，组出缜密的系统。但讲哲学史的，关于这时代必不会缺少讲鲁迅的重要的一页。至若为什么先生在完全接受马列主义以后，而犹未抛弃尼采，想必是以为其仍有可取之处吧，那一系哲学原是多方面的。

赏读

著名出版家赵家璧先生曾说："梵澄是受鲁迅先生宠爱的学生。"在复旦就读期间，一个偶然的机会让徐梵澄结识了鲁迅先生，这对他的一生产生了极其深远的影响。徐梵澄不仅与鲁迅频繁地通信，而且经常往鲁迅家里跑，他在上海前后住了不到五年，《鲁迅日记》里记录他来访就有69次，鲁迅在上海住过的三个寓所都留下了徐梵澄的足迹。作为与鲁迅过从甚密的青年友人，徐梵澄在鲁迅先生逝世后的60多年间，只写下了《星花旧影——对鲁迅先生的一些回忆》这一篇回忆文字。但这篇文章，有人这么评价："就目前所能见到的同类文字而言，这篇《星花旧影——对鲁迅先生的一些回忆》当得上神品之誉。"

全文分12节，第一节谈本文特别是回忆性作品的写作理念；第二节回忆赴德告别；第三节回忆初次往谒信件；第四节在国外收到的信札记忆；第五节回忆与鲁迅交往的零星杂事；第六节回忆与鲁迅的谈话；第七节回忆鲁迅的眼光与识见；第八节回忆鲁迅论人论事；第九节回忆鲁迅讲旧社会的人情世故；第十节回忆鲁迅谈山水与女性；第十一节谈鲁迅于佛学和道家的修养；第十二节谈鲁迅与尼采。这12节集聚在一起，一个鲜活、立体的鲁迅跃然纸上。文章每一节都可以独立成篇，可以作为回忆性散文的典范。徐梵澄对于"回忆"与"遗忘"的看法与鲁迅先生几近一致。文中他鲜明地区分"写下的"和"谈话中"的记忆，以及两者在精确上的差别。这种细腻严谨又负责的写作态度也足以从侧面反映徐梵澄的治学态度。

我们相信徐梵澄记忆中关于鲁迅的小故事一定有很多的，但他并没有一一写出，"因为回忆鲁迅，所着重仍在精神上，而细入生活琐事，有时候反而会失本求末"。"善悟者可多识文字中的'精神经验'"，《徐梵澄传》的作者孙波说。的确，我们在阅读文章每一节时都会感受到精神启迪与力量。正如留学德国临别时，“那一握，是教示，是勉励，使人精神振起，要努力，要争气，要在外国好好读书……从此先生的一切其他平日的教言，凡我所读到的，听到的，皆在我脑里醒活了”。此后在德国三年，徐梵澄“竖起脊梁”，好好地读书。这种“精神经验”正是本文不同于其他同类文章之处，难怪孙郁先生曾评价此文“文体奇崛，笔锋陡峭，开合之中，直逼历史深处的神秘……”。

作品

星斗其文，赤子其人[①]

汪曾祺

沈先生逝世后，傅汉斯、张充和从美国电传来一幅挽词。字是晋人小楷，一看就知道是张充和写的。词想必也是她拟的。只有四句：

不折不从　亦慈亦让

星斗其文　赤子其人

这是嵌字格，但是非常贴切，把沈先生的一生概括得很全面。这位四妹对三姐夫沈二哥真是非常了解。——荒芜同志编了一本《我所认识的沈从文》，写得最好的一篇，我以为也应该是张充和写的《三姐夫沈二哥》。

沈先生的血管里有少数民族的血液。他在填履历表时，“民族”一栏里填土家族或苗族都可以，可以由他自由选择。湘西有少数民族血统的人大都有一股蛮劲，狠劲，做什么都要做出一个名堂。黄永玉就是这样的人。沈先生瘦瘦小小（晚年发胖了），但是有用不完的精力。他小时是个顽童，爱游泳

① 选自《汪曾祺散文》（广西人民出版社，2006 年版），有改动。汪曾祺（1920—1997），江苏高邮人。当代小说家、散文家和戏剧家，主要代表作有《受戒》《晚饭花集》《晚翠文谈》等。

（他叫“游水”）。进城后好像就不游了。三姐（师母张兆和）很想看他游一次泳，但是没有看到。我当然更没有看到过。他少年当兵，漂泊转徙，很少连续几晚睡在同一张床上。吃的东西，最好的不过是切成四方的大块猪肉（煮在豆芽菜汤里）。行军、拉船，锻炼出一副极富耐力的体魄。二十岁冒冒失失地闯到北平来，举目无亲。连标点符号都不会用，就想用手中一支笔打出一个天下。经常为弄不到一点东西“消化消化”而发愁。冬天屋里生不起火，用被子围起来，还是不停地写。我一九四六年到上海，因为找不到职业，情绪很坏，他写信把我大骂了一顿，说：“为了一时的困难，就这样哭哭啼啼的，甚至想到要自杀，真是没出息！你手中有一支笔，怕什么！”他在信里说了一些他刚到北京时的情形。——同时又叫三姐从苏州写了一封很长的信安慰我。他真的用一支笔打出了一个天下了。一个只读过小学的人，竟成了一个大作家，而且积累了那么多的学问，真是一个奇迹。

沈先生很爱用一个别人不常用的词：“耐烦”。他说自己不是天才（他应当算是个天才），只是耐烦。他对别人的称赞，也常说“要算耐烦”。看见儿子小虎搞机床设计时，说“要算耐烦”。看见孙女小红做作业时，也说“要算耐烦”。他的“耐烦”，意思就是锲而不舍，不怕费劲。一个时期，沈先生每个月都要发表几篇小说，每年都要出几本书，被称为“多产作家”，但是写东西不是很快的，从来不是一挥而就。他年轻时常常夜以继日地写。他常流鼻血。血液凝聚力差，一流起来不易止住，很怕人。有时夜间写作，竟致晕倒，伏在自己的一摊鼻血里，第二天才被人发现。我就亲眼看到过他的带有鼻血痕迹的手稿。他后来还常流鼻血，不过不那么厉害了。他自己知道，并不惊慌。很奇怪，他连续感冒几天，一流鼻血，感冒就好了。他的作品看起来很轻松自如，若不经意，但都是苦心刻琢出来的。《边城》一共不到七万字，他告诉我，写了半年。他这篇小说是《国闻周报》上连载的，每期一章。小说共二十一章，$21 \times 7 = 147$，我算了算，差不多正是半年。这篇东西是他新婚之后写的，那时他住在达子营。巴金住在他那里。他们每天写，巴老在屋里写，沈先生搬个小桌子，在院子里树荫下写。巴老写了一个长篇，沈先生写了《边城》。他称他的小说为“习作”，并不完全是谦虚。有些小说是为了教创作课给学生示范而写的，因此试验了各种方法。为了教学生写对话，有的小说通篇都用对话组成，如《若墨医生》；有的，一句对话也没有。《月下小景》确是为了履行许给张家小五的诺言“写故事给你看”而写的。同时，当然是为了试验一下“讲故事”的方法（这一组“故事”明显地看得出受了《十日谈》和《一千零一夜》的影响）。同时，也为了试验一下把六朝译经和口语结合的文体。这种试验，后来形成一种他自己说是“文白夹杂”的独特的沈从文体，在四十年代的文字（如《烛虚》）中尤为成熟。他的亲戚，语言学家周有光曾说“你的语言是古英语”，甚至是拉丁文。沈先生讲创作，不大爱说“结构”，他说是“组织”。我也比较喜欢“组织”这个词。“结构”过于理智，“组织”更带感情，较多作者的主观。他曾把一篇小说一条一条地裁开，用不同方法组织，看看哪一种形式更为合适。沈先生爱改自己的文章，他的原稿，一改再改，天头地脚页边，都是修改的字迹，蜘蛛网似的，这里牵出一条，那里牵出一条。作品发表了，改。成书了，改。看到自己的文章，总要改。有时改了多次，反而不如原来的，以至三姐后来不许他改了（三姐是沈先生文集的一个极其细心，极其认真的义务责任编辑）。沈先生的作品写得最快，最顺畅，改得最少的，只有一本《从文自传》。这本自传没有经过冥思苦想，只用了三个星期，一气呵成。

他不大用稿纸写作。在昆明写东西，是用毛笔写在当地出产的竹纸上的，自己折出印子。他也用钢笔，蘸水钢笔。他抓钢笔的手势有点像抓毛笔（这一点可以证明他不是洋学堂出身）。《长河》就是用钢笔写的，写在一个硬面的练习簿上，直行，两面写。他的原稿的字很清楚，不潦草，但写的是行书。不熟悉他的字体的排字工人是会感到困难的。他晚年写信写文章爱用秃笔淡墨。用秃笔写那样小的字，不但清楚，而且顿挫有致，真是一个功夫。

他很爱他的家乡。他的《湘西》《湘行散记》和许多篇小说可以作证。他不止一次和我谈起棉花坡，谈起枫树坳—— 一到秋天满城落了枫树的红叶。一说起来，不胜神往。黄永玉画过一张凤凰沈家门外的小巷，屋顶墙壁颇零乱，有大朵大朵的红花——不知是不是夹竹桃，画面颜色很浓，水气泱泱。沈先生很喜欢这张画，说：“就是这样！”八十岁那年，和三姐一同回了一次凤凰，领着她看了他小说中所写的各处，都还没有大变样。家乡人闻知沈从文回来了，简直不知怎样招待才好。他说：“他们为我捉了一只锦鸡！”锦鸡毛羽很好看，他很爱那只锦鸡，还抱着它照了一张相，后来知道竟作了他的盘中餐，对三姐说“真煞风景！”锦鸡肉并不怎么好吃。沈先生说及时大笑，但也表现出对乡人的殷勤十分感激。他在家乡听了傩戏，这是一种古调犹存的很老的弋阳腔。打鼓的是一位七十多岁的老人，他对年轻人打鼓失去旧范很不以为然。沈先生听了，说："这是楚声，楚声！"他动情地听着"楚声"，泪流满面。

沈先生八十岁生日，我曾写了一首诗送他，开头两句是：

犹及回乡听楚声，

此身虽在总堪惊。

端木蕻良看到这首诗，认为"犹及"二字很好。我写下来的时候就有点觉得这不大吉利，没想到沈先生再也不能回家乡听一次了！他的家乡每年有人来看他，沈先生非常亲切地和他们谈话，一坐半天。每当同乡人来了，原来在座的朋友或学生就只有退避在一边，听他们谈话。沈先生很好客，朋友很多。老一辈的有林宰平、徐志摩。沈先生提及他们时充满感情。没有他们的提挈，沈先生也许就会当了警察，或者在马路旁边"瘪了"。我认识他后，他经常来往的有杨振声、张奚若、金岳霖、朱光潜诸先生，梁思成林徽因夫妇。他们的交往真是君子之交，既无朋党色彩，也无酒食征逐。清茶一杯，闲谈片刻。杨先生有一次托沈先生带信，让我到南锣鼓巷他的住处去，我以为有什么事。去了，只是他亲自给我煮一杯咖啡，让我看一本他收藏的姚茫父的册页。这册页的芯子只有火柴盒那样大，横的，是山水，用极富金石味的墨线勾轮廓，设极重的青绿，真是妙品。杨先生对待我这个初露头角的学生如此，则其接待沈先生的情形可知。杨先生和沈先生夫妇曾在颐和园住过一个时期，想来也不过是清晨或黄昏到后山谐趣园一带走走，看看湖里的金丝莲，或写出一张得意的字来，互相欣赏欣赏，其余时间各自在屋里读书做事，如此而已。沈先生对青年的帮助真是不遗余力。他曾经自己出钱为一个诗人出了第一本诗集。一九四七年，诗人柯原的父亲故去，家中拉了一笔债，沈先生提出卖字来帮助他。《益世报》登出了沈从文卖字的启事，买字的可定出规格，而将价款直接寄给诗人。柯原一九八〇年去看沈先生，沈先生才记起有这回事。他对学生的作品细心修改，寄给相熟的报刊，尽量争取发表。他这辈子为学生寄稿的邮费，加起来是一个相当可观的数字。抗战时期，通货膨胀，邮费也不断涨，往往寄一封信，信封正面反面都得贴满邮票。为了省一点邮费，沈先生总是把稿纸的天头地脚页边都裁去，只留一个稿芯，这样分量轻一点。稿子发表了，稿费寄来，他必为亲自送去。李霖灿在丽江画玉龙雪山，他的画都是寄到昆明，由沈先生代为出手的。我在昆明写的稿子，几乎无一篇不是他寄出去的。一九四六年，郑振铎、李健吾先生在上海创办《文艺复兴》，沈先生把我的《小学校的钟声》和《复仇》寄去。这两篇稿子写出已经有几年，当时无地方可发表。稿子是用毛笔楷书写在学生作文的绿格本上的，郑先生收到，发现稿纸上已经叫蠹虫蛀了好些洞，使他大为激动。沈先生对我这个学生是很喜欢的。为了躲避日本飞机空袭，他们全家有一阵住在呈贡新街，后迁跑马山桃源新村。沈先生有课时进城住两三天。他进城时，我都去看他，交稿子，看他收藏的宝贝，借书。沈先生的书是为了自己看，也为了借给别人看的。"借书一痴，还书一痴"，借书的痴子不少，还书的痴子可不多。有些书借出去一去无踪。有一次，晚上，我喝得烂醉，坐在路边，沈先生到一处演讲回来，以为是一个难民，生了病，走近看看，是我！他和两个同学把我扶到他住处，灌了好些酽茶，我才醒过来。有一回我去看他，牙疼，腮帮子肿得老高。沈先生开了门，一看，一句话没说，出去买了几个大桔子抱着回来了。沈先生的家庭是我见到的最好的家庭，随时都在亲切和谐气氛中。两个儿子，小龙小虎，兄弟怡怡。他们都很高尚清白，无丝毫庸俗习气，无一句粗鄙言语——他们都很幽默，但幽默得很温雅。一家人于钱上都看得很淡。《沈从文文集》的稿费寄到，九千多元，大概开过家庭会议，又从存款中取出几百元，凑成一万，寄到家乡办学。沈先生也有生气的时候，也有极度烦恼痛苦的时候，在昆明，在北京，我都见到过，但多数时候都是笑眯眯的。他总是用一种善意的、含情的微笑，来看这个世界的一切。到了晚年，喜欢放声大笑，笑得合不拢嘴，且摆动双手作势，真像一个孩子。只有看破一切人事乘除，得失荣辱，全置度外，心地明净无渣滓的人，才能这样畅快地大笑。

沈先生五十年代后放下写小说散文的笔（偶然还写一点，笔下仍极活泼，如写纪念陈翔鹤文章，实写得极好），改业钻研文物，而且钻出了很大的名堂，不少中国人、外国人都很奇怪。实不奇怪。沈先生很早就对历史文物有很大兴趣。他写的关于展子虔游春图的文章，我以为是一篇重要文章，从人物服装颜色式样考订图画的年代和真伪，是别的鉴赏家所未注意的方法。他关于书法的文章，特别是对宋四家的看法，很有见地。在昆明，我陪他去遛街，总要看看市招，到裱画店看看字画。昆明市政府对面有一堵大照壁，写满了一壁字（内容已不记得，大概不外是总理遗训），字有七八寸见方大，用二爨掺一点北魏造像题记笔意，白墙蓝字，是一位无名书家写的，写得实在好。我们每次经过，都要去看看。昆明有一位书法家叫吴忠荩，字写得极多，很多人家都有他的字，家家裱画店都有他的刚刚裱好的字。字写得很熟练，行书，只是用笔枯扁，结体少变化。沈先生还去看过他，说“这位老先生写了一辈子字！”意思颇为他水平受到限制而惋惜。昆明碰碰撞撞都可见到黑漆金字抱柱楹联上钱南园的四方大颜字，也还值得一看。沈先生到北京后即喜欢搜集瓷器。有一个时期，他家用的餐具都是很名贵的旧瓷器，只是不配套，因为是一件一件买回来的。他一度专门搜集青花瓷。买到手，过一阵就送人。西南联大好几位助教、研究生结婚时都收到沈先生送的雍正青花的茶杯或酒杯。沈先生对陶瓷赏鉴极精，一眼就知是什么朝代的。一个朋友送我一个梨皮色釉的粗瓷盒子，我拿去给他看，他说：“元朝东西，民间窑！”有一阵搜集旧纸，大都是乾隆以前的。多是染过色的，瓷青的、豆绿的、水红的，触手细腻到像煮熟的鸡蛋白外的薄皮，真是美极了。至于茧纸、高丽发笺，那是凡品了。（他搜集旧纸，但自己舍不得用来写字。晚年写字用糊窗户的高丽纸，他说：“我的字值三分钱。”）

在昆明，搜集了一阵耿马漆盒。这种漆盒昆明的地摊上很容易买到，且不贵。沈先生搜集器物的原则是“人弃我取”。其实这种竹胎的，涂红黑两色漆，刮出极繁复而奇异的花纹的圆盒是很美的。装点心，装花生米，装邮票杂物均合适，放在桌上也是个摆设。这种漆盒也都陆续送人了。客人来，坐一阵，临走时大都能带走一个漆盒。有一阵研究中国丝绸，弄到许多大藏经的封面，各种颜色都有：宝蓝的、茶褐的、肉色的，花纹也是各式各样。沈先生后来写了一本《中国丝绸图案》。有一阵研究刺绣。除了衣服、裙子，弄了好多扇套、眼镜盒、香袋。不知他是从哪里“寻摸”来的。这些绣品的针法真是多种多样。我只记得有一种绣法叫“打子”，是用一个一个丝线疙瘩缀出来的。他给我看一种绣品，叫“七色晕”，用七种颜色的绒绣成一个团花，看了真叫人发晕。他搜集、研究这些东西，不是为了消遣，是从发现、证实中国历史文化的优越这个角度出发的，研究时充满感情。我在他八十岁生日写给他的诗里有一联：

玩物从来非丧志，
著书老去为抒情。

这全是记实。沈先生提及某种文物时常是赞叹不已。马王堆那副不到一两重的纱衣，他不知说了多少次。刺绣用的金线原来是盲人用一把刀，全凭手感，就金箔上切割出来的。他说起时非常感动。有一个木俑（大概是楚俑）一尺多高，衣服非常特别：上衣的一半（连同袖子）是黑色，一半是红的；下裳正好相反，一半是红的，一半是黑的。沈先生说："这真是现代派！"如果照这样式（一点不用修改）做一件时装，拿到巴黎去，由一个长身细腰的模特儿穿起来，到表演台上转那么一转，准能把全巴黎都"镇"了！他平生搜集的文物，在他生前全都分别捐给了几个博物馆、工艺美术院校和工艺美术工厂，连收条都不要一个。

沈先生自奉甚薄。穿衣服从不讲究。他在《湘行散记》里说他穿了一件细毛料的长衫，这件长衫我可没见过。我见他时总是一件洗得褪了色的蓝布长衫，夹着一摞书，匆匆忙忙地走。解放后是蓝卡其布或涤卡的干部服，黑灯芯绒的"懒汉鞋"。有一年做了一件皮大衣（我记得是从房东手里买的一件旧皮袍改制的，灰色粗线呢面），他穿在身上，说是很暖和，高兴得像一个孩子。吃得很清淡。我没见他下过一次馆子。在昆明，我到文林街二十号他的宿舍去看他，到吃饭时总是到对面米线铺吃一碗一角三分钱的米线。有时加一个西红柿，打一个鸡蛋，超不过两角五分。三姐是会做菜的，会做八宝糯米鸭，炖在一个大砂锅里，但不常做。他们住在中老胡同时，有时张充和骑自行车到前门月盛斋买一包烧羊肉回来，就算加了菜了。在小羊宜宾胡同时，常吃的不外是炒四川的菜头，炒茨菰。沈先生爱吃茨菰，说"这个好，比土豆'格'高"。他在《自传》中说他很会炖狗肉，我在昆明，在北京都没见他炖过一次。有一次他到他的助手王亚蓉家去，先来看看我（王亚蓉住在我们家马路对面——他七十多了，血压高到二百多，还常为了一点研究资料上的小事到处跑），我让他过一会来吃饭。他带来一卷画，是古代马戏图的摹本，实在是很精彩。他非常得意地问我的女儿："精彩吧？"那天我给他做了一只烧羊腿，一条鱼。他回家一再向三姐称道："真好吃。"他经常吃的荤菜是：猪头肉。

他的丧事十分简单。他凡事不喜张扬，最反对搞个人的纪念活动。反对"办生做寿"。他生前累次嘱咐家人，他死后，不开追悼会，不举行遗体告别。但火化之前，总要有一点仪式。新华社消息的标题是沈从文告别亲友和读者，是合适的。只通知少数亲友。——有一些景仰他的人是未接通知自己去的。不收花圈，只有约二十多个布满鲜花的花篮，很大的白色的百合花、康乃馨、菊花、菖兰。参加仪式的人也不戴纸制的白花，但每人发给一枝半开的月季，行礼后放在遗体边。不放哀乐，放沈先生生前喜爱的音乐，如贝多芬的“悲怆”奏鸣曲等。沈先生面色如生，很安详地躺着。我走近他身边，看着他，久久不能离开。这样一个人，就这样地去了。我看他一眼，又看一眼，我哭了。

沈先生家有一盆虎耳草，种在一个椭圆形的小小钧窑盆里。很多人不认识这种草。这就是《边城》里翠翠在梦里采摘的那种草，沈先生喜欢的草。

一九八八年五月二十六日

载一九八八年第七期《人民文学》

赏读

汪曾祺回忆其师沈从文先生，以“星斗其文，赤子其人”为题，然而这一评价落在汪曾祺身上，也十分贴切。这一对师徒，为文为人，一脉相承。

汪曾祺回忆沈从文先生的文章，说的是“用一支笔打出了一个天下”，说的是“耐烦”。前者是文人风骨，后者是治学态度，两者结合起来，才得有星斗文章。“星斗其文”，既是说先生的文章妙，也在说先生的文章多。若无光风霁月，又怎么能写出这般干净澄澈又熨帖深刻；若无笔耕不辍，又如何有著作等身，以及后来的开拓研究。汪曾祺也有过郁郁不得志的时候，正是沈从文先生点拨了他；而正如汪曾祺所回忆的，沈从文回忆起老一辈时常带感激，“没有他们的提挈，也许就会当了警察，或者在马路旁边‘瘪了’”。我们在看这篇文章的时候，既感怀于沈从文先生的平淡又传奇的一生，也被两位文人之间的师生情谊所打动，同时也要看到背后为人为学的薪火相传，而我们，也将借此火得度茫茫黑夜。

在对汪曾祺先生的诸多评价中，有一个总绕不过去，叫“最后一个士大夫”。然而这个“士大夫”一生爱吃，爱玩，这样称呼汪曾祺先生，或许并不贴切。而在汪曾祺的笔下，沈从文先生一样有着赤子之心。沈从文先生也爱玩，他“对陶瓷赏鉴极精”，也搜集过“旧纸”和“耿马漆盒”，还研究过“丝绸”和“服饰”。汪曾祺先生专门写过一联，称玩物从来非丧志。事实上，沈从文著述的《中国古代服饰研究》至今依然是该领域，甚至整个中国历史学科当中极为重要的著述。先生在器物赏玩上颇为讲究，在衣食方面却不很在意，对学生及好友则是极尽真诚。汪曾祺将沈从文先生其人娓娓道来，我们既能看到先生赏玩时的童心，也能看到先生对学术和对他人的一片赤诚。或许相比之下，汪曾祺先生不像一个士大夫，而更像一个名士。在《闻一多先生上课》一文中，汪曾祺回忆闻一多先生的课，闻师一多开讲："痛饮酒，熟读《离骚》，乃可以为名士。"西南联大的气度风流，大概如此。

沈从文先生去世的场景，汪曾祺着墨很浅，动情很深。沈从文先生去世后，丧事从简，不放哀乐，却有哀声。文章最末，虎耳叠叠如盖，长在先生的钧窑盆里，也长在先生的不朽华章中。

作品

回忆正谊中学诸师[①]

季羡林

杜老师

提到正谊的师资，因为是私立，工资不高，请不到好教员。班主任叫王烈卿，绰号“王劣子”，不记得他教过什么课，大概是一位没有什么学问的人，很不受学生的欢迎。有一位教生物学的教员，姓名全忘记了。他不认识“玫瑰”二字，读之为“久块”，其他概可想像了。但也确有饱学之士。有一位教国文的老先生，姓杜，名字忘记了，也许当时就没有注意，只记得他的绰号“杜大肚子”。此人确系饱学之士，熟读经书，兼通古文，一手小楷写得俊秀遒劲，不亚于今天的任何书法家，听说前清时还有过什么功名。但是，他生不逢时，命途多舛，毕生浮沉于小学教员与中学教员之间，后不知所终。他教我的时候是我在高一的那一年。我考入正谊中学，录取的不是一年级，而是一年半级，由秋季始业改为春季始业。我只呆了

① 选自《季羡林谈师友》（当代中国出版社，2006 年版），有改动。季羡林（1911—2009），中国文学家、语言学家、教育家和社会活动家，主要代表作有《清塘荷韵》《牛棚杂忆》《季羡林散文选集》等。

两年半，初中就毕业了。毕业后又留在正谊，念了半年高一。杜老师就是在这个时候教我们班的，时间是1926年，我15岁。他出了一个作文题目，与描绘风景抒发感情有关。我不知天高地厚，写了一篇带有骈体文味道的作文。我在这里补说一句：那时候作文都是文言文，没有写白话文的。我对自己那一篇作文并没有沾沾自喜，只是写这样的作文，我还是第一次尝试，颇有期待老师表态的想法。发作文簿的时候，看到杜老师在上面写满了密密麻麻的字，等于他重新写了一篇文章。他的批语是："要做花样文章，非多记古典不可。"短短一句话，可以说是正击中了我的要害。古文我读过不少，骈文却只读过几篇。这些东西对我的吸引力远远比不上《彭公案》《济公传》《七侠五义》等等一类的武侠神怪小说。这些东西被叔父贬为"闲书"，是禁止阅读的，我却偏乐此不疲，有时候读起了劲，躲在被窝里利用手电筒来读。我脑袋里哪能有多少古典呢？仅仅凭着那几个古典和骈文日用的词句就想写"花样文章"，岂非是一个典型的癞蛤蟆吗？看到了杜老师批改的作文，心中又是惭愧，又是高兴。惭愧的原因，用不着说。高兴的原因则是杜老师已年届花甲竟不嫌麻烦这样修改我的文章，我焉得不高兴呢？离开正谊以后，好多年没有回去，当然也就见不到杜老师了，我不知道他后来怎样了。但是，我却不时怀念他。他那挺着大肚皮步履蹒跚地走过操场去上课的形象，将永远留在我的记忆中。

郑又桥老师

另外一个让我难以忘怀的老师，就是教英文的郑又桥先生。他是南方人，不是江苏，就是浙江。他的出身和经历，我完全不知道，只知道他英文非常好，大概是专教高年级的。他教我们的时间，同杜老师同时，也是在高中一年级，当时那是正谊的最高年级。我自从进正谊中学将近三年以来，英文课本都是现成的：《天方夜谭》《泰西五十轶事》，语法则是《纳氏文法》(Nesfield 的文法)。大概所有的中学都一样，郑老师用的也不外是这些课本。至于究竟是哪一本，现在完全忘记了。郑老师教书的特点，突出地表现在改作文上。别的同学的作文本我没有注意，我自己的作文，则是郑老师一字不改，而是根据我的原意另外写一篇。现在回想起来，这有很大的好处。我情动于中，形成了思想，其基础或者依据当然是母语，对我来说就是汉语，写成了英文，当然要受汉语的制约，结果就是中国式的英文。这种中国式的英文，一直到今天，还没有能消除。郑老师的改写是地道的英文，这是多年学养修炼成的，并不是每个人都能做到的。拿我自己的作文和郑先生的改作细心对比，可以悟到许多东西，简直可以说是一把开门的钥匙。可惜只跟郑老师学了一个学期，就离开了正谊。再一次见面已经是二十多年以后的事情了。1947 年暑假，我从北京回到了济南。到母校正谊去探望。万没有想到竟见到了郑老师。我经过了三年高中，四年清华，十年德国，已经从一个小孩子变成了一个小伙子，而郑老师则已垂垂老矣。他住在靠大明湖的那座楼上中间一间屋子里，两旁以及楼下全是教室，南望千佛山，北倚大明湖，景色十分宜人。师徒二十多年没有见面，其喜悦可知。我曾改写杜诗："人生不相见，动如参与商。今日复何日，共此明湖光。"他大概对我这个徒弟很感到骄傲，曾在教课的班上，手持我的名片，激动地向同学介绍了一番。从那以后，"世事两茫茫"，再没有见到郑老师，也不知道他的下落。直到今天，我对他仍然是忆念难忘。

徐金台老师

徐老师大概是正谊的资深的教员，很受到师生的尊敬。我没有上过他的课，但是，他在课外办了一个古文补习班，愿意学习的学生，只需每月交上几块大洋，就能够随班上课了。上课时间是下午放学以后，地点是阎公祠大楼的一间教室里，念的书是《左传》《史记》一类的古籍，讲授者当然就是徐金台老师了。叔父听到我说这一件事，很高兴，立即让我报了名。具体的时间忘记了，反正是在那三年中。记得办班的时间并不长，不知道是由于什么原因，突然结束了。大概读了几篇《左传》和《史记》，对我究竟有多大影响，很难说清楚。反正读了几篇古文，总比不读要好吧。

叔父对我的古文学习，还是非常重视的。就在我在正谊读书的时候，他忽然心血来潮，亲自选编，亲自手抄了一本厚厚的《课侄选文》，并亲自给我讲解。选的文章都是理学方面的，唐宋八大家的文章一篇也没有选。说句老实话，我并不喜欢这类的文章。好在他只讲解过几次之后就置诸脑后，再也不提了。这对我是一件十分值得庆幸的事情，我仿佛得到了解放。

鞠思敏老师

要谈正谊中学，必不能忘掉她的创办人和校长鞠思敏（承颖）先生。由于我同他年龄差距过大，他大概大我 50 岁，我对他早年的活动知之甚少，只听说，他是民国初年山东教育界的领袖人物之一，当过什么长，后来自己创办了正谊中学，一直担任校长。我 12 岁入正谊，他大概已经有六十来岁了，当然不可能引起他的注意，没有谈过话。我每次见到他，就油然起敬仰之情。他个子颇高，身材魁梧，走路极慢，威仪俨然；穿着极为朴素，夏天布大褂，冬天布棉袄，脚上穿着一双黑布鞋，袜子是布做的。现在机器织成的袜子，当时叫作洋袜子，已经颇为流行了，可鞠先生的脚上却仍然是布袜子，可见他俭朴之一斑。

鞠先生每天必到学校里来，好像并不担任什么课程，只是来办公。我还是一个孩子，不了解办学的困难。在军阀的统治之下，军用票满天飞，时局动荡，民不聊生。在这样的情况下，维持一所有几十名教员、有上千名学生的私立中学，谈何容易。鞠先生身上的担子重到什么程度，我简直无法想像了。然而，他仍然极端关心青年学生们的成长，特别是在道德素质方面，他更倾注了全部的心血，想把学生培养成有文化有道德的人。每周的星期一上午八时至九时，全校学生都必须集合在操场上。他站在台阶上对全校学生讲话，内容无非是怎样做人，怎样爱国，怎样讲公德、守纪律，怎样严以律己、宽以待人，怎样孝顺父母，怎样尊敬师长，怎样同同学和睦相处，总之，不外是一些在家庭中也常能听到的道德教条，没有什么新东西。他简直像一个絮絮叨叨的老太婆，而且每次讲话内容都差不多。事实上，内容就只有这些，他根本不可能花样翻新。当时还没有什么扩音器等洋玩意儿，他的嗓子并不洪亮，站的地方也不高，我不知道，全体学生是否都能够听到，听到后的感觉如何。我在正谊三年，听了三年。有时候确也感到絮叨，但是，自认是有收获的。他讲的那一些普普通通做人的道理，都是金玉良言，我也受到了潜移默化。

我在正谊呆了三年以后，1926 年，我 15 岁，考入山东大学附设高中。鞠思敏先生应聘担任了这里的教员，教的是伦理学，课本用的是蔡元培的《中国伦理学史》。他衣着朴素如故，威仪俨然如故，讲课慢条斯理，但是句句真诚动听。他这样一个人本身简直就是伦理的化身，其效果当时是不可能立竿见影的，但是，我相信，它将影响我们的终身。

我在山大附中呆了两年，1928 年，日寇占领了济南，我当了一年亡国奴，九死一生，躲过了那一场灾难。从 1929 年起，我在省立济南高中读了一年书，在清华读了四年，又回高中教了一年书，然后到德国去呆了十年，于 1947 年才再回到济南。沧海桑田，鞠老师早已不在人间。但是，人们并没有忘记他。他在日寇占领期间，大义凛然，不畏日寇的威胁利诱，誓死不出任伪职，穷到每天只能用盐水泡煎饼果腹，终至贫困而死，为中华民族留正气，为后世子孙树楷模。我听了这些话，不禁肃然起敬，较之朱自清先生，鞠老师似尤过之。为了纪念这一位伟大的爱国主义教育家，人民政府把正谊中学前面的一条马路改称鞠思敏街，这实在是令人敬佩之举。但是，不幸的是，正谊中学已经改了校名。又听说，鞠思敏街也已换了街名。我个人认为，这都是十分不妥的。后者，如果是真的话，尤其令人不解。难道是有关当局通过内查外调，发现了鞠思敏先生有什么对不起中国人民的行动吗？我希望，山东省的有关当局能够恢复正谊中学的建制，而且——如果真正去掉的话——能够恢复鞠思敏街的名称。现在，我国人民生活大大提高，国势日隆，真正是换了人间。但是，外敌环伺，他们不愿意看到我们中华民族的崛起。在这样的关键时刻，中央发布的公民道德建设的简短的条文中，第一就是爱国。这实在是切中要害的英明之举。在山东宣传一下鞠思敏，用身边的例子来教育人民，必然是事半而功倍。为山东人，为中国人，留下这一股爱国主义的浩然正气，是会有悠久而深远的意义的。

鞠思敏先生将永远活在我的心中。

赏读

季羡林先生为人所敬仰，不仅因为他的精湛学识，还因为他的高洁品格，以及他的本色写作，特别是体现其学识与品格的散文随笔。季先生既有广博的研究领域、深邃的学术思想，还有文字质朴、清新隽永、思想深远的散文创作风格。

季先生的散文条畅通晓，娓娓动人。无论记人、状物或摹事，其笔下流淌的是炙热的人文情怀，充满着生趣和雅韵。“修辞立其诚”“讲真话”是季先生做人为文的第一要义。他喜爱散文创作，就是因为在这种文体中最易讲真话，最能流露自己的真性情。从季先生的文字以及他人的评述中，我们常常会为其诚挚的品格所打动。

季先生的散文多带着些怀旧的色彩。怀旧是一种怎样的情愫呢？在其看来，怀旧就是有“人味”的一种表现。往事历历在昨，作为一种净化灵魂的形式，怀旧比悲剧更深刻，更能深入灵魂。因此，在他的散文作品中，常缀思着对往日师友的感念和对旧事沉浮的忆怀。

在一个人的一生中，要受到各种各样人物的影响。一个学术大师的成长更是要受到各方面的影响，其中老师的影响无疑是十分重要的。本文《回忆正谊中学诸师》就记叙了在中学阶段影响其成长的并且还活在其记忆中的恩师们。

杜老师对“我”的作文的精批细改与学习忠告给“我”留下深刻的印象。师生之间，有时仅仅“短短的一句话”，恰能“击中我的要害”，从而成为“我”生命中重要的印记。无独有偶，郑老师的细心改作也是“一把开门的钥匙”。从这个层面上说，老师治学的细谨往往体现在一些微小细节上，但却令我们感动与铭记一生。作者以他们的生活、学习交集来表达对老师的深深思念与崇敬之情，把有所顿悟有感而触的都记录了下来。更难能可贵的是，在忆怀老师的同时，作者还将他们的精神品质萃取出来，与读者共享。

在本文中，着墨最多的是鞠思敏老师，这位正谊中学的创办人和校长。所谓“学高为师，身正为范”，正是鞠思敏老师的写照。读这一节，让我们感受到，一位好的老师，不仅教给学生学识，更重要的是教学生做人。他絮絮叨叨讲的那些“普普通通做人的道理”，在一个十几岁的孩子看来“都是金玉良言”，并且能从中潜移默化，从而影响终身。特别是鞠思敏老师在日寇占领期间表现出的民族气节，的确“为中华民族留正气，为后世子孙树楷模”。季先生写到此处亦是十分动情，而这种爱国主义的浩然正气和家国情怀也于字里行间令读者悄然动容。

作品

《伍叔傥集》序①

钱谷融

沈迦先生告诉我，《伍叔傥集》就要出版了，要我为它写一篇序。如今，大陆知道伍叔傥先生的人已经不多了，我作为跟随他多年、关系又较密切的学生，当然是义不容辞的。但为伍先生的遗著写序，在我实在是很不轻松的。

我是在1939年开始认识伍先生的。当时我正在由南京内迁到重庆的中央大学国文系二年级读书，这个系属于新成立的师范学院。一年级时，不但没有自己的教师，连系主任都没有，暂时和文学院中文系的学生在一起听课。到了二年级，罗家伦校长才请了伍先生来做我们的系主任，他们俩是蔡元培先生当北大校长时的同班同学。那时中央大学本部设在重庆边上的沙坪坝，另在柏溪成立了一个分校，一年级的新生都先在柏溪就读，到二年级时才搬到沙坪坝去。柏溪离沙坪坝有十多里地，是嘉陵江的一个小山谷；一条溪流横贯其中，溪流两旁遍生翠柏，时有小鸟飞鸣其上，环境极其清幽，真像世外桃源一

① 选自《现代中文学刊》（2010年第5期），有改动。钱谷融（1919—2017），原名钱国荣，江苏武进人。现当代文艺理论家，主要代表作有《论“文学是人学”》《文学的魅力》《散淡人生》等。

样。伍先生非常喜欢柏溪，中文系以外的其他各系，一到二年级就都搬到沙坪坝去了，中文系却一直到三年级才搬到沙坪坝去。

现在回忆起七十多年前在柏溪与伍先生共同度过的那些岁月，真像神仙生活一样。那时课程不多，有些公共课，像罗家伦亲自讲授的“三民主义”之类，就很少去听过，空闲时间差不多经常和伍先生在一起，不是在他的房间里谈天，就是和他一起去野外散步。他那时孤身一人，不愿意上食堂吃包饭，一日三餐不是靠罐头食品，就是在饭店里吃的。有时他嫌一个人吃饭太无趣，还常常拉我和他一起吃。他并不善饮，但为了助兴，还常常要些酒，和我一面喝酒，一面随意闲谈。谈话都是即兴式的，想到哪里，就说到哪里，并没有一定的目的和范围。既有谈论诗文的，也有臧否人物的；天南地北，海阔天空，全凭一时的意兴；纵意所如，真是其乐无穷。他重性情，讲趣味，生活自由散漫，毫无规律，却每天洗冷水澡，虽在严冬，也坚持不变。他喜欢汉魏六朝文学，苏东坡曾称韩愈文起八代之衰，他就戏称自己治的是“衰文”。他遇事随随便便，一切都漫不经心，无可无不可，颇有一些颓唐的气息。

那时有一门课程叫“各体文习作”，每周两小时，是专门让学生练习写作的。写文章要费心思，相当伤脑筋。但学生每次作文后，伍先生都认真批阅，到第二周上课时，伍先生就选择一些进行讲评，指出文章的优缺点，并联系作者的性分、素质，勉励他应多读些什么书，如何进一步充实、提高自己。这些意见都十分切实中肯，学生都很乐于接受。中央大学在文学教学方面一向很重视传统，比较守旧，白话文是进不了课堂的。伍先生却很开明，在讲话中也常常提到一些现代作家，或褒或贬，多所议论；对学生的白话作文，也并不拒绝。他早年曾与鲁迅在中山大学同过事，对鲁迅是很敬重的；至于其他作家，就很少好评了。其实在内心深处，他还是比较重视文言，对白话文并不是同等看待的。他虽然很称赞我用白话写的作文，但当我用文言写作时，他就立即郑重其事地批示：文言好，以后多写些文言吧。他对外国文学也很重视，在与学生交谈中，也经常提到一些外国古典作家的作品。他懂英文，有时到他房间去，看到他手里拿的正是英文小说，他也常常勉励学生要多接触外国作家的作品。有一次，他还自己拿出钱来，在学生中进行英文翻译比赛，我曾得到过他发的奖金。

他是国民党党员，与朱家骅是亲戚，朱任浙江省长时，他是秘书长。解放前夕，他心怀疑惧，对于去留问题，很费踌躇。大约是1949年的5月里吧，当时我正在上海交通大学任教，有一天他忽然从南京来我家看我，还一同吃了饭，说当晚他就要乘船去香港了。后来听说他临时又把行李取了上来不准备走了，最后不知哪一天，他还是走了。20世纪80年代，我去香港讲学，在中文大学与该校中文系系主任邓仕樑先生谈起，才知道他也是伍先生的学生。伍先生当年到香港后，曾在崇基学院等校任教。最后就是在香港去世的。我们一同缅怀伍先生的言行风采，仿佛重又沐浴在伍先生的音容笑貌之中，既感到温暖，但一想到如今他已永远离开了我们，不免又为之怅然者久之。

我手头有不记得是从哪里得来的几页复印件，上面载有二三篇文章，其中就有伍先生的《穷照录自序》，略谓："层楼听雨，未息尘心，眷念昔游，婆娑旧稿，爰拾鼠啮虫蚀之余，敢怀海上名山之志，都为一集，命曰《穷照录》。……大雅通识，幸匡正焉。"接下去的话，就不免有一些遗老气息了："维是世难方殷，沧桑百变，刘孝标之家道，庾开府之平生，昔之临江有宅，藏书有楼，化为烟尘之末，夷为砾石之场，是则山阳穷巷，犹识旧居，乐安世家，早阅异本，临篇自悼，其情尤可哀也。"像伍先生这样一个洒脱旷达的人，竟也会发出如此无奈的凄其之音，读后不免很有些酸楚。

记得我初识伍先生时还不满二十岁，伍先生对待学生的亲切关爱态度，使我特别感到温暖，忘却了不少飘零异乡的思亲之苦。大学毕业后，也是由他介绍我到交通大学去任教的。多少年来我一直生活在对他的思慕之中；尽管偶尔也听到个别师辈中人对他有一些不同的议论，但我对伍先生所怀的美好感情却始终如一。我今年已经九十二岁了，却仍能有这种美好的感情陪伴着我，我感到无比欣幸。伍先生精神永在！

2010年9月10日

赏读

钱谷融曾说过，"我经常深切怀念着我的老师伍叔傥先生，他是我一生中给我影响最大的一个人"。除了学问的兴趣，其他各个方面，似乎都能在钱谷融身上看到伍叔傥先生的影响。有人评价伍叔傥，谓其一生风流倜傥，特立独行，乃魏晋间人。比如伍叔傥性格自由散漫，仰慕魏晋风度，主张不立文字，生前一部文集也没有；钱谷融刚出的文集，也只有薄薄四卷，除了信札序跋访谈，真正的“著作”大约也只有一卷，篇幅虽小却每则都很有趣。钱谷融自己也说过：“作为伍先生的弟子，我别的没学到，独独对于他懒散、随便、不以世务经心的无所作为的态度刻骨铭心，终于成为我性格中的一部分。”

正如鲁枢元所说：“中国传统文化中的师生关系并非只是知识与技能的传授，同时还有生活的关心、人格的培育、性情的陶冶、道德的熏染，这就蕴含了更多的伦理学的意味，在师道之外多了许多亲情。”也正是如此，钱谷融与伍叔傥这对师生的血脉贯通、融合在了一起。

文中除了回忆与伍叔傥先生的旧事，钱谷融更多地表达了对伍叔傥的真挚怀念。他怀念与伍先生在柏溪“共同度过的那些岁月，真像神仙生活一样”。在缅怀伍先生的言行风采的同时，“既感到温暖”，“又为之怅然”。想起伍先生的亲切关爱，特别感到温暖；读了伍先生的文章，又感怀其“无奈的凄其之音”，并“很有些酸楚”。用钱先生的话来说，“多少年来我一直生活在对他的思慕之中”，还有什么师生情谊能如此深切而动人？

用文中的话说，这是一种美好的感情，而且始终如一。更动人的是，92岁的钱谷融回望这一生的师生情谊，还依旧能够“无比欣幸”。

切磋琢磨

1. “先生之风，山高水长。”这组文章中所追忆的先生，虽各具特质，但又精神相通。请细读全文，想想这些先生（老师）有什么共同特点。

2. 文章的作者都是大师，都是大师对他们的老师的回忆。阅读这些文章能使我们明晓大师的成长经历，懂得薪火相传的道理。请利用网络或图书馆，查阅6位作者的学生对他们的追忆文章，看看治学精神是否一脉相承，延传久远。

3. 师恩难忘，难忘细节。正如钱穆在《师友杂忆》的序中所说：“其为余生命中之重要部分，务求叙述真实，亦属余对生命之自惜。纵属一鳞片爪，在余则弥自珍重。”回忆成长中教过你的老师，记录下你“自惜”与“珍重”的细节。

桃花潭水深千尺

导读

丰富多彩的人生世界，处处洋溢着情感的芬芳。其中，既有亲情、爱情的滋润，也有友情的温暖。而友情，可分为师生情、朋友情，等等。试想一想，在漫长的人生途中，谁没有承受过友谊的恩惠与慰藉？谁没有奏响过友谊的琴音？如果没有友谊相伴，一个人的人生将是枯燥寂寞的。正因友谊如此珍贵和令人难以忘怀，所以它一直是文学的重要母题：从《诗经》的“嘤其鸣矣，求其友声”，到伯牙与子期的“高山流水遇知音”的山高水长；从诸葛亮的“士为知己者死”，到王勃的“海内存知己，天涯若比邻”……美好纯真的友谊总是被世世代代的人们所称颂。它就如沙漠中的绿洲，不断地给人生带来绿荫与甘泉，让生命更加绚丽多姿、异彩纷呈。

文学是人学，以表现丰富复杂的人性、显现多姿多彩的情感世界为其主要职能。因而，对朋友之间真挚友情的书写，必然构成文学创作的重要方面。当然，不同的时代、不同的社会环境和人文氛围，以及不同作家的笔下，它所呈现出来的友谊，又是斑斓多姿、各不相同的。这正是文学和友谊的魅力之所在。

“桃花潭水深千尺”所选关于友谊的作品，均系中国现当代文学中写友谊的代表作。鲁迅先生的《范爱农》，一如他的《忆韦素园君》那样朴素真诚，作品既写范爱农的可爱正直，也写他的孤傲偏狭，并借此反思中国知识分子的命运。钱锺书的《谈交友》，从功利的朋友到精神上的朋友，连类譬喻，层层推进，于幽默风趣中诠释了朋友的真义。林徽因的《纪念志摩去世四周年》的感情是节制的，作品没有让情感放纵宣泄，也没有凄凄惨惨的哭诉，而是让深切的情感融于平朴的叙事、议论与诗句中。这是心与心、灵魂与灵魂在情感碰撞中产生的感情火花。白先勇的《树犹如此——纪念亡友王国祥君》，是被文学史遗忘的一篇佳作，此文以树喻人，以人证树，感情细腻真切，生活细节具体丰满，语言富于诗性，不愧为写友谊的上品。胡絜青、舒乙的《老舍和朋友们》，他们对老舍一生为人最了解最熟悉，他们能从历史的反思中把真正的友谊看作是社会主义新型人际关系的标志，站在历史高度正视社会、烛照人生，让友谊净化心灵。而恒平的诗《如此啊，好兄弟》以口语化的诗句，将兄弟情、朋友谊融进日常生活中，读来别有一番情趣。

作品

范爱农[1]

鲁 迅

在东京的客店里，我们大抵一起来就看报。学生所看的多是《朝日新闻》和《读卖新闻》，专爱打听社会上琐事的就看《二六新闻》。一天早晨，辟头就看见一条从中国来的电报，大概是：

“安徽巡抚恩铭被 Jo Shiki Rin 刺杀，刺客就擒。”

大家一怔之后，便容光焕发地互相告语，并且研究这刺客是谁，汉字是怎样三个字。但只要是绍兴人，又不专看教科书的，却早已明白了。这是徐锡麟，他留学回国之后，在做安徽候补道，办着巡警事务，正合于刺杀巡抚的地位。

大家接着就预测他将被极刑，家族将被连累。不久，秋瑾姑娘在绍兴被杀的消息也传来了，徐锡麟是被挖了心，给恩铭的亲兵炒食净尽。人心很愤怒。有几个人便秘密地开一个会，筹集川资；这时用得着日本浪人了，撕乌贼鱼下酒，慷慨一通之后，他便登程去接徐伯荪的家属去。

---

① 选自《鲁迅散文、诗全集》（河南人民出版社，1994 年版）。鲁迅（1881—1936），中国文学家、思想家和革命家。原名周樟寿，后改名周树人，字豫山，后改豫才。浙江绍兴人，主要代表作有《呐喊》《彷徨》《朝花夕拾》《野草》等。

照例还有一个同乡会，吊烈士，骂满洲；此后便有人主张打电报到北京，痛斥满政府的无人道。会众即刻分成两派：一派要发电，一派不要发。我是主张发电的，但当我说出之后，即有一种钝滞的声音跟着起来：

“杀的杀掉了，死的死掉了，还发什么屁电报呢。”

这是一个高大身材，长头发，眼球白多黑少的人，看人总像在渺视。他蹲在席子上，我发言大抵就反对；我早觉得奇怪，注意着他的了，到这时才打听别人：说这话的是谁呢，有那么冷？认识的人告诉我说：他叫范爱农，是徐伯荪的学生。

我非常愤怒了，觉得他简直不是人，自己的先生被杀了，连打一个电报还害怕，于是便坚执地主张要发电，同他争起来。结果是主张发电的居多数，他屈服了。其次要推出人来拟电稿。

“何必推举呢？自然是主张发电的人罗——。”他说。

我觉得他的话又在针对我，无理倒也并非无理的。但我便主张这一篇悲壮的文章必须深知烈士生平的人做，因为他比别人关系更密切，心里更悲愤，做出来就一定更动人。于是又争起来。结果是他不做，我也不做，不知谁承认做去了；其次是大家走散，只留下一个拟稿的和一两个干事，等候做好之后去拍发。

从此我总觉得这范爱农离奇，而且很可恶。天下可恶的人，当初以为是满人，这时才知道还在其次；第一倒是范爱农。中国不革命则已，要革命，首先就必须将范爱农除去。

然而这意见后来似乎逐渐淡薄，到底忘却了，我们从此也没有再见面。直到革命的前一年，我在故乡做教员，大概是春末时候罢，忽然在熟人的客座上看见了一个人，互相熟视了不过两三秒钟，我们便同时说：

“哦哦，你是范爱农！”

“哦哦，你是鲁迅！”

不知怎地我们便都笑了起来，是互相的嘲笑和悲哀。他眼睛还是那样，然而奇怪，只这几年，头上却有了白发了，但也许本来就有，我先前没有留心到。他穿着很旧的布马褂，破布鞋，显得很寒素。谈起自己的经历来，他说他后来没有了学费，不能再留学，便回来了。回到故乡之后，又受着轻蔑，排斥，迫害，几乎无地可容。现在是躲在乡下，教着几个小学生糊口。但因为有时觉得很气闷，所以也趁了航船进城来。

他又告诉我现在爱喝酒，于是我们便喝酒。从此他每一进城，必定来访我，非常相熟了。我们醉后常谈些愚不可及的疯话，连母亲偶然听到了也发笑。一天我忽而记起在东京开同乡会时的旧事，便问他：

"那一天你专门反对我，而且故意似的，究竟是什么缘故呢？"

"你还不知道？我一向就讨厌你的，——不但我，我们。"

"你那时之前，早知道我是谁么？"

"怎么不知道。我们到横滨，来接的不就是子英和你么？你看不起我们，摇摇头，你自己还记得么？"

我略略一想，记得的，虽然是七八年前的事。那时是子英来约我的，说到横滨去接新来留学的同乡。汽船一到，看见一大堆，大概一共有十多人，一上岸便将行李放到税关上去候查检，关吏在衣箱中翻来翻去，忽然翻出一双绣花的弓鞋来，便放下公事，拿着子细地看。我很不满，心里想，这些鸟男人，怎么带这东西来呢。自己不注意，那时也许就摇了摇头。检验完毕，在客店小坐之后，即须上火车。不料这一群读书人又在客车上让起坐位来了，甲要乙坐在这位上，乙要丙去坐，揖让未终，火车已开，车身一摇，即刻跌倒了三四个。我那时也很不满，暗地里想：连火车上的坐位，他们也要分出尊卑来……。自己不注意，也许又摇了摇头。然而那群雍容揖让的人物中就有范爱农，却直到这一天才想到。岂但他呢，说起来也惭愧，这一群里，还有后来在安徽战死的陈伯平烈士，被害的马宗汉烈士；被囚在黑狱里，到革命后才见天日而身上永带着匪刑的伤痕的也还有一两人。而我都茫无所知，摇着头将他们一并运上东京了。徐伯荪虽然和他们同船来，却不在这车上，因为他在神户就和他的夫人坐车走了陆路了。

我想我那时摇头大约有两回，他们看见的不知道是那一回。让坐时喧闹，检查时幽静，一定是在税关上的那一回了，试问爱农，果然是的。

"我真不懂你们带这东西做什么？是谁的？"

"还不是我们师母的？"他瞪着他多白的眼。

"到东京就要假装大脚，又何必带这东西呢？"

"谁知道呢？你问她去。"

到冬初，我们的景况更拮据了，然而还喝酒，讲笑话。忽然是武昌起义，接着是绍兴光复。第二天爱农就上城来，戴着农夫常用的毡帽，那笑容是从来没有见过的。

“老迅，我们今天不喝酒了。我要去看看光复的绍兴。我们同去。”

我们便到街上去走了一通，满眼是白旗。然而貌虽如此，内骨子是依旧的，因为还是几个旧乡绅所组织的军政府，什么铁路股东是行政司长，钱店掌柜是军械司长……。这军政府也到底不长久，几个少年一嚷，王金发带兵从杭州进来了，但即使不嚷或者也会来。他进来以后，也就被许多闲汉和新进的革命党所包围，大做王都督。在衙门里的人物，穿布衣来的，不上十天也大概换上皮袍子了，天气还并不冷。

我被摆在师范学校校长的饭碗旁边，王都督给了我校款二百元。爱农做监学，还是那件布袍子，但不大喝酒了，也很少有工夫谈闲天。他办事，兼教书，实在勤快得可以。

“情形还是不行，王金发他们。”一个去年听过我的讲义的少年来访问我，慷慨地说，“我们要办一种报来监督他们。不过发起人要借用先生的名字。还有一个是子英先生，一个是德清先生。为社会，我们知道你决不推却的。”

我答应他了。两天后便看见出报的传单，发起人诚然是三个。五天后便见报，开首便骂军政府和那里面的人员；此后是骂都督，都督的亲戚，同乡，姨太太……。

这样地骂了十多天，就有一种消息传到我的家里来，说都督因为你们诈取了他的钱，还骂他，要派人用手枪来打死你们了。

别人倒还不打紧。第一个着急的是我的母亲，叮嘱我不要再出去。但我还是照常走，并且说明，王金发是不来打死我们的，他虽然绿林大学出身，而杀人却不很轻易。况且我拿的是校款，这一点他还能明白的，不过说说罢了。

果然没有来杀。写信去要经费，又取了二百元。但仿佛有些怒意，同时传令道：再来要，没有了！

不过爱农得到了一种新消息，却使我很为难。原来所谓“诈取”者，并非指学校经费而言，是指另有送给报馆的一笔款。报纸上骂了几天之后，王金发便叫人送去了五百元。于是乎我们的少年们便开起会议来，第一个问题是：收不收？决议曰：收。第二个问题是：收了之后骂不骂？决议曰：骂。理由是：收钱之后，他是股东；股东不好，自然要骂。

我即刻到报馆去问这事的真假。都是真的。略说了几句不该收他钱的话，一个名为会计的便不高兴了，质问我道：

“报馆为什么不收股本？”

“这不是股本……。”

“不是股本是什么？”

我就不再说下去了，这一点世故是早已知道的，倘我再说出连累我们的话来，他就会面斥我太爱惜不值钱的生命，不肯为社会牺牲，或者明天在报上就可以看见我怎样怕死发抖的记载。

然而事情很凑巧，季茀写信来催我往南京了。爱农也很赞成，但颇凄凉，说：

“这里又是那样，住不得。你快去罢……。”

我懂得他无声的话，决计往南京。先到都督府去辞职，自然照准，派来了一个拖鼻涕的接收员，我交出账目和余款一角又两铜元，不是校长了。后任是孔教会会长傅力臣。

报馆案是我到南京后两三个星期了结的，被一群兵们捣毁。子英在乡下，没有事；德清适值在城里，大腿上被刺了一尖刀。他大怒了。自然，这是很有些痛的，怪他不得。他大怒之后，脱下衣服，照了一张照片，以显示一寸来宽的刀伤，并且做一篇文章叙述情形，向各处分送，宣传军政府的横暴。我想，这种照片现在是大约未必还有人收藏着了，尺寸太小，刀伤缩小到几乎等于无，如果不加说明，看见的人一定以为是带些疯气的风流人物的裸体照片，倘遇见孙传芳大帅，还怕要被禁止的。

我从南京移到北京的时候，爱农的学监也被孔教会会长的校长设法去掉了。他又成了革命前的爱农。我想为他在北京寻一点小事做，这是他非常希望的，然而没有机会。他后来便到一个熟人的家里去寄食，也时时给我信，景况愈困穷，言辞也愈凄苦。终于又非走出这熟人的家不可，便在各处飘浮。不久，忽然从同乡那里得到一个消息，说他已经掉在水里，淹死了。

我疑心他是自杀。因为他是浮水的好手，不容易淹死的。

夜间独坐在会馆里，十分悲凉，又疑心这消息并不确，但无端又觉得这是极其可靠的，虽然并无证据。一点法子都没有，只做了四首诗，后来曾在一种日报上发表，现在是将要忘记完了。只记得一首里的六句，起首四句是：“把酒论天下，先生小酒人。大圜犹酩酊，微醉合沉沦。”中间忘掉两句，末了是“旧朋云散尽，余亦等轻尘。”

后来我回故乡去，才知道一些较为详细的事。爱农先是什么事也没得做，因为大家讨厌他。他很困难，但还喝酒，是朋友请他的。他已经很少和人们来往，常见的只剩下几个后来认识的较为年青的人了，然而他们似乎也不愿意多听他的牢骚，以为不如讲笑话有趣。

“也许明天就收到一个电报，拆开来一看，是鲁迅来叫我的。”他时常这样说。

一天，几个新的朋友约他坐船去看戏，回来已过夜半，又是大风雨，他醉着，却偏要到船舷上去小解。大家劝阻他，也不听，自己说是不会掉下去的。但他掉下去了，虽然能浮水，却从此不起来。

第二天打捞尸体，是在菱荡里找到的，直立着。

我至今不明白他究竟是失足还是自杀。

他死后一无所有，遗下一个幼女和他的夫人。有几个人想集一点钱作他女孩将来的学费的基金，因为一经提议，即有族人来争这笔款的保管权，——其实还没有这笔款，——大家觉得无聊，便无形消散了。

现在不知他唯一的女儿景况如何？倘在上学，中学已该毕业了罢。

十一月十八日。

赏读

《范爱农》追叙鲁迅在日留学时和回国后与范爱农接触的几个生活片段，描述了范爱农在辛亥革命前不满黑暗社会、追求革命，辛亥革命后又备受打击迫害的遭遇，表现了对旧民主革命的失望和对这位正直倔强的爱国者的同情和悼念。

文章一开头，鲁迅就用平凡又朴素的语言，记叙了他曾经在茶馆认识范爱农的事。先抒发自己对他的憎恶，为后文写对他的亲切友善做铺垫。欲扬先抑的写作手法十分到位，朴素却又不失精练的语言，为我们展现了鲁迅先生对死难者的同学们的一种同情、一种责任感。

文中谈到，开始时，两人并非朋友，甚至有过几次争论。但鲁迅回国后，两人再次相遇，就由“敌”转友了。从此以后，他们几乎成了挚友。接着，又是一次偶然的机会，使他们成了同事。但“天下无不散之宴席”，鲁迅与范爱农因工作的原因分别了。最后，范爱农生活越来越拮据。一天晚上，在醉酒之后，范爱农失足溺死于河中。

文中有一个重要的细节，即对光复后的绍兴换汤不换药的描述。这其实已埋下了范爱农悲剧的伏笔。鲁迅对范爱农没有一句正面的赞扬，只是从他的神情“那笑容是从来没有见过的”，从他的行动“实在勤快得可以”表现了辛亥革命后的范爱农心情愉快的一面。但范爱农心里的希望越大，失望也就越大，鲁迅其后又用了很多笔墨写光复后绍兴的现实，其实就是在探讨造成范爱农悲剧命运的原因。

那么，范爱农是一个怎样的人？到底因何而死？鲁迅为什么三番五次地写诗文悼念他？

范爱农（1883—1912），字斯年，浙江绍兴黄甫庄人。他生于一个破落的幕僚家庭，三岁丧父，五岁失母，靠祖母抚养成人。在浙江绍兴府学堂求学期间，在徐锡麟的教诲下，范爱农思想进步，学习勤奋，成绩优良，是位高才生，也是徐锡麟的得意门生之一。鲁迅对范爱农有段描述：“这是一个高大身材，长头发，眼球白多黑少的人，看人总像在渺视。”其实，从这俭省的文字里，我们不难看到范爱农冷漠外表下对时势现实的焦虑、担忧、沉思甚至不满，对那些“鸡虫”小人往往报以“白眼”。

范爱农的“白眼”，实是其愤世嫉俗内心的真实写照。因为范爱农对“狐狸方去穴，桃偶已登场”（出自鲁迅的《哀范君三章》）的现实始终保持清醒头脑，所以，范爱农对“打电报到北京，痛斥满政府的无人道”不抱任何希望，自然也对“拟电稿”无兴趣。范爱农作为觉醒的知识分子，却无法在黑暗社会立足。他无法与狂人一样，最终与这个社会妥协，也无法像N先生一样忘却，所以他的内心痛苦、悲凉。当自己的理想和现实发生冲撞而无法实现，当辛亥革命遭受重创后，他所接受的资产阶级民主主义思想显得苍白无力。他那原先拥有的反帝反封建的革命热情也逐渐降温消退。觉醒的文人，生活在污浊的现实当中，只会感到痛苦——不甘与黑暗同流合污，却又苦于无力改变。于是乎，范爱农变得爱喝酒了，“醉后常谈些愚不可及的疯话”。

其实，“疯话”不疯，而是纵论天下时势的言论。爱喝酒的习惯是在受到封建势力排挤、压迫后的借酒浇愁——对当时在政治上、经济上饱受打击的范爱农而言，也许酒是他排遣郁闷心情的唯一方法。鲁迅对此是非常了解的，因为鲁迅曾和范爱农共过事，帮过范爱农的忙。鲁迅的“把酒论天下，先生小酒人。大圜犹酩酊，微醉合沉沦”的诗句已触及辛亥革命未能成功的一个重要原因，即没有真正唤醒民众。革命为酩酊的民众所不理解，“众人皆醉，唯我独醒”的真正革命志士又为黑暗的社会现实所不容。在这种情势下，范爱农到底是怎么死的已不再重要，我们再去计较范爱农死的方式已毫无意义，因为在当时浑浑噩噩的国度里，范爱农的死可能是具有不满现实、不屈不挠而又无力改变现实的心志和性格的“范爱农们”的必然结果。从这个意义上而言，范爱农的悲剧就不是孤立的，也不是个人悲剧，而是具有典型的社会意义。因为，在范爱农身上鲁迅看到了那一代处于彷徨、苦海中的知识分子的身影，也看到了另一个自己，所以三番五次地写诗文悼念。

作品

谈交友[①]

钱锺书

假使恋爱是人生的必需，那末，友谊只能算是一种奢侈；所以，上帝垂怜阿大（Adam）的孤寂，只为他造了夏娃，并未另造个阿二。我们常把火焰来比恋爱，这个比喻有我们意想不到的贴切。恋爱跟火同样的贪滥，同样的会蔓延，同样的残忍，消灭了坚牢结实的原料，把灰烬去换光明和热烈。像拜伦，像哥德，像缪塞，野火似的卷过了人生一世，一个个白色的，栗色的，棕色的情妇（une blonde châtaigne ou brune matîtresse）缪塞的妙句的血淋淋红心，白心，黄心（孙行者的神通），都烧炙成死灰，只算供给了燃料。情妇虽然要新的才有趣，朋友还让旧的好。时间对于友谊的磨蚀，好比水流过石子，反把它洗琢得光洁了。因为友谊不是尖利的需要，所以在好朋友间，极少发生那厌倦的先驱，一种餍足的情绪，像我们吃完最后一道菜，放下刀叉，靠着椅背，准备叫侍者上咖啡时的感觉，这当然不可一概而论，看你有的是什么朋友。

① 选自《写在人生边上；人生边上的边上；石语》（生活·读书·新知三联书店，2002 年版）。钱锺书（1910—1998），原名仰先，字哲良，后改名锺书，字默存，号槐聚，曾用笔名中书君。江苏无锡人。中国现代作家、文学研究家、翻译家，主要代表作有《谈艺录》《写在人生边上》《围城》等。

西谚云："急需或困乏时的朋友才是真正的朋友"，不免肤浅。我们有急需的时候，是最不需要朋友的时候。朋友有钱，我们需要他的钱；朋友有米，我们缺乏的是他的米。那时节，我们也许需要真正的朋友，不过我们真正的需要并非朋友。我们讲交情，揩面子，东借西挪，目的不在朋友本身，只是把友谊作为可利用的工具，顶方便的法门。常时最知情识趣的朋友，在我们穷急时，他的风趣，他的襟抱，他的韵度，我们都无心欣赏了。两袖包着清风，一口咽着清水，而云倾听良友清谈，可忘饥渴，即清高到没人气的名士们，也未必能清苦如此。此话跟刘孝标所谓势交利交的一派牢骚，全不相干。朋友的慷慨或吝啬，肯否排难济困，这是一回事；我们牢不可破的成见，以为我和某人既有朋友之分，我有困难，某人理当扶助，那是另一回事。尽许朋友疏财仗义，他的竟算是我的，在我穷急告贷的时节，总是心存不良，满口亲善，其实别有作用。试看世间有多少友谊，因为有求不遂，起了一层障膜，同样，假使我们平日极瞧不起，最不相与的人，能在此时帮忙救急，反比平日的朋友来得关切，我们感激之余，可以立刻结为新交，好几年积累成的友谊，当场转移对象。在困乏时的友谊，是最不值钱了——不，是最可以用钱来估定价值了！我常感到，自《广绝交论》以下，关于友谊的诗文，都不免对朋友希望太奢，批评太刻，只说做朋友的人的气量小，全不理会我们自己人穷眼孔小，只认得钱类的东西，不认得借未必有，有何必肯的朋友。古尔斯密（Goldsmith）的东方故事《阿三痛史》（*The Tragedy of Asem*），颇少人知，一八七七年出版的单行本，有一篇序文，中间说，想创立一种友谊测量表（philometer），以朋友肯借给他的钱多少，定友谊的高下。这种沾光揩油的交谊观，甚至雅人如张船山，也未能免除，所以他要怨什么"事能容俗犹嫌傲，交为通财渐不亲"。《广绝交论》只代我们骂了我们的势利朋友，我们还需要一篇《反绝交论》，代朋友来骂他们的势利朋友，就是我们自己。《水浒》里写宋江刺配江州，戴宗向他讨人情银子，宋江道："人情，人情，在人情愿！"真正至理名言，比刘孝标、张船山等的见识，高出万倍。说也奇怪，这句有"恕"道的话，偏出诸船火儿张横所谓"不爱交情只爱钱"，打家劫舍的强盗头子，这不免令人摇头叹息了：第一叹来，叹惟有强盗，反比士大夫辈明白道理！然而且慢，还有第二叹；第二叹来，叹明白道理，而不免放火杀人，言行不符，所以为强盗也！

从物质的周济说到精神的补助，我们便想到孔子所谓直谅多闻的益友。

这个漂白的功利主义，无非说，对于我们品性和知识有利益的人，不可不与结交。我的偏见，以为此等交情，也不甚巩固。孔子把直谅的益友跟“便辟善柔”的损友反衬，当然指那些到处碰得见的，心直口快，规过劝善的少年老成人。生就斗蟋蟀般的脾气，一掰一跳，护短非凡，为省事少气恼起见，对于喜管闲事的善人们，总尽力维持着尊敬的距离。不过，每到冤家狭路，免不了听教训的关头，最近涵养功深，子路闻过则喜的境界，不是区区夸口，颇能做到。听直谅的“益友”规劝，你万不该良心发现，哭丧着脸；他看见你惶恐觳觫的表情，便觉得你邪不胜正，长了不少气势，带骂带劝，说得你有口难辩，然后几句甜话，拍肩告别，一路上忻然独笑，觉得替天行道，做了无量功德。反过来，你若一脸堆上浓笑，满口承认；他说你骂人，你便说像某某等辈，不但该骂，并且该杀该剐，他说你刻毒，你就说，岂止刻毒，还想下毒，那时候，该他拉长了像烙铁熨过的脸，哭笑不得了。大凡最自负心直口快，喜欢规过劝善的人，像我近年来所碰到的基督教善男信女，同时最受不起别人的规劝。因此，你不大看见直谅的人，彼此间会产生什么友谊；大约直心肠颇像几何学里的直线，两条平行了，永远不会接合。照我想来，心直口快，无过于使性子骂人，而这种直谅的“益友”从不骂人，顶反对你骂人。他们找到他们认为你的过失，绝不痛痛快快的骂，只是婆婆妈妈的劝告，算是他们的大度包容。骂是一种公道的竞赛，对方有还骂的机会；劝却不然，先用大帽子把你压住，无抵抗的让他攻击，卑怯不亚于打落水狗。他们喜欢规劝你，所以，他们也喜欢你有过失，好比医生要施行他手到病除的仁心仁术，总先希望你害病。这样的居心险恶，无怪基督教为善男信女设立天堂。真的，没有比进天堂更妙的刑罚了；设想四周围都是无瑕可击，无过可规的善人，此等心直口快的“益友”无所施其故技，心痒如有臭虫叮，舌头因不用而起铁锈的苦痛。泰勒（A. E. Taylor）《道学先生的信仰》（*Faith of Moralist*）书里说，读了但丁《神曲·天堂篇》，有一个印象，觉得天堂里空气沉闷，诸仙列圣只希望下界来个陌生人，谈话消遣。我也常常疑惑，假使天堂好玩，何以但丁不像乡下人上城的东张西望，倒失神落魄，专去注视琵雅德丽史的美丽的眼睛，以至受琵雅德丽史婉妙的数说：“回过头去罢！我的眼睛不是唯一的天堂（Che non pur ne'miei occhi è paradiso）。”天堂并不如史文朋（Swinburne）所说，一个玫瑰花园，充满了浪上人火来的姑娘（A rose garden full of stunners），浪上人火来的姑娘，是裸了大腿，跳舞着唱“天堂不是我的分”的。史文朋一生叛教，哪知此中底细？古法文传奇《乌开山与倪高来情史》（*Aucassin et Nicolette*）说，天堂里全是老和尚跟残废的叫化子；风流武侠的骑士反以地狱为归宿。雷诺（Renan）《自传续编》（*Feuilles détachées*）序文里也说，天堂中大半是虔诚的老婆子（vieilles dévotes），无聊得要命；雷诺教士出身，说话当然靠得住。假使爱女人，应当爱及女人的狗，那末，真心结交朋友，应当忘掉朋友的过失。对于人类应负全责的上帝，也只能捏造——捏了泥土创造，并不能改造，使世界上坏人变好；偏是凡夫俗子倒常想改造朋友的品性，真是岂有此理。一切罪过，都是一点未凿的天真，一角消毁不尽的个性，一条按压不住的原始的冲动，脱离了人为的规律，归宁到大自然的老家。抽象地想着了罪恶，我们也许会厌恨；但是罪恶具体地在朋友的性格里衬托出来，我们只觉得他的品性产生了一种新的和谐，或者竟说是一种动人怜惜的缺陷，像古磁上一条淡淡的裂缝，奇书里一角缺页，使你心窝里涌出加倍的爱惜。心直口快的劝告，假使出诸美丽的异性朋友，如闻裂帛，如看快刀切菜，当然乐于听受。不过，照我所知，美丽的女郎，中外一例，说话无不打着圈儿拐了弯的；只有身段缺乏曲线的娘们，说话也笔直到底。因此，直谅的“益友”，我是没有的，我也不感到“益友”的需要。无友一身轻，威斯娄（Whistler）的得意语，只算替我说的。

多闻的“益友”，也同样的靠不住。见闻多，记诵广的人，也许可充顾问，未必配做朋友，除非学问以外，他另有引人的魔力。德白落斯（Président de Brosses）批评伏尔泰道：“别人敬爱他，无非为他做的诗好。确乎他的诗做得不坏。不过，我们只该爱他的诗（Mais ce sont ses vers qu'il faut admirer）”。——言外之意，当然是，我们不必爱他的人。我去年听见一句话，更为痛快。一位男朋友怂恿我为他跟一位女朋友撮合，生平未做媒人，好奇的想尝试一次。见到那位女朋友，声明来意，第一项先说那位男朋友学问顶好，正待极合科学方法的数说第二项第三项，那位姑娘轻冷地笑道：“假使学问好便该嫁他，大学文科老教授里有的是鳏夫。”这两个例子，对于多闻的“益友”，也可应用。譬如看书，参考书材料最丰富，用处最大，然而极少有人认它为伴侣的读物。颐德（André Gide）《日记》（*Pages de Journal* 1929—1932）有个极妙的测验；他说，关于有许多书，我们应当问：这种书给什么人看（qui peut les lire）？关于有许多人，我们应该问：这种人能看什么书（que peuvent-ils lire）？照此说法，多闻的“益友”就是专看参考书的人。多闻的人跟参考书往往同一命运，一经用过，仿佛挤干的柠檬，嚼之无味，弃之不足惜。并且，打开天窗说亮话，世界上没有一个人不在任何方面比我们知道得多，假使个个要攀为朋友，哪里有这许多情感来分配？伦敦东头自告奋勇做向导的顽童，巴黎夜半领游俱乐部的瘪三，对于垢污的神秘，比你的见闻来得广博，若照多闻益友的原则，几个酒钱，还够不上朋友通财之谊。多闻的“多”字，表现出数量的注重。记诵不比学问；大学问家的学问跟他整个的性情陶融为一片，不仅有丰富的数量，还添上个别的性质；每一个琐细的事实，都在他的心血里沉浸滋养，长了神经和脉络，是你所学不会，学不到的。反过来说，一个参考书式的多闻者（章实斋所谓横通），无论记诵如何广博，你总能把他吸收到一干二净。学校里一般教师，授完功课后的精神的储蓄，缩挤得跟所发讲义纸一样的扁薄了！普通师生之间，不常发生友谊，这也是一个原因。根据多闻的原则而产出的友谊，当然随记诵的增减为涨缩，不稳固可想而知。自从人工经济的科学器具发达以来，“多闻”之学似乎也进了一个新阶段。唐李渤问归宗禅师云：“芥子何能容须弥山？”师言：“学士胸藏万卷书，此心不过如椰子大，万卷书何处著？”记得王荆公《寄蔡天启诗》、袁随园《秋夜杂诗》也有类似的说法。现在的情形可不大相同了。时髦的学者不需要心，只需要几只抽屉，几百张白卡片，分门别类，做成有引必得的“引得”，用不着头脑更去强记。但得抽屉充实，何妨心腹空虚。最初把抽屉来代替头脑，久而久之，习而俱化，头脑也有点木木然接近抽屉的质料了。我敢预言，在最近的将来，木头或阿木林等谩骂，会变成学者们最尊敬的称谓，“朴学”一个名词，将发生新鲜的意义。

这并不是说，朋友对于你毫无益处；我不过解释，能给你身心利益的人，未必就算朋友。朋友的益处，不能这样拈斤播两的讲。真正友谊的形成，并非由于双方有意的拉拢，带些偶然，带些不知不觉。在意识层底下，不知何年何月潜伏着一个友谊的种子，咦！看它在心面透出了萌芽。在温暖固密，春夜一般的潜意识中，忽然偷偷的钻进了一个外人，哦！原来就是他！真正友谊的产物，只是一种渗透了你的身心的愉快。没有这种愉快，随你如何直谅多闻，也不会有友谊。接触着你真正的朋友，感觉到这种愉快，你内心的鄙吝残忍，自然会消失，无需说教似的劝导。你没有听过穷冬深夜壁炉烟囱里呼啸着的风声么？像把你胸怀间的郁结体贴出来，吹荡到消散，然而不留语言文字的痕迹，不受金石丝竹的束缚。百读不厌的黄山谷《茶词》说得最妙："恰如灯下故人，万里归来对影；口不能言，心下快活自省。"以交友比吃茶，可谓确当。存心要交"益友"的人，便不像中国古人的品茗，而颇像英国人下午的吃茶了：浓而苦的印度红茶，还要方糖牛奶，外加面包牛油糕点，甚至香肠肉饼子，干的湿的，热闹得好比水陆道场，胡乱填满肚子完事。在我一知半解的几国语言里，没有比中国古语所谓"素交"更能表出友谊的骨髓。一个"素"字把纯洁真朴的交情的本体，形容尽致。素是一切颜色的基础，同时也是一切颜色的调和，像白日包含着七色。真正的交情，看来像素淡，自有超越死生的厚谊。假使交谊不淡而腻，那就是恋爱或者柏拉图式的友情了。中国古人称夫妇为"腻友"，也是体贴入微的隽语，外国文里找不见的。所以，真正的友谊，是比精神或物质的援助更深微的关系。蒲伯（Pope）对鲍林白洛克（Bolingbroke）的称谓，极有斟酌，极耐寻味："哲人，导师，朋友"（philosopher，guide，friend）。我有大学时代五位最敬爱的老师，都像蒲伯所说，以哲人导师而更做朋友的；这五位老师以及其他三四位好朋友，全对我有说不尽的恩德；不过，我跟他们的友谊，并非由于说不尽的好处，倒是说不出的要好。孟太尼（Montaigne）解释他跟拉白哀地（La Boetie）生死交情的话，颇可借用："因为他是他，因为我是我"，没有其他的话可说。素交的素字已经把这个不着色相的情谊体会出来了；"口不能言"的快活也只可采取无字天书的作法去描写罢。

本来我的朋友就不多，这三年来，更少接近的机会，只靠着不痛快的通信。到欧洲后，也有一二个常过往的外国少年，这又算得什么朋友？分手了，回到中国，彼此间隔着"惯于离间的大海"（estranging seas），就极容易的忘怀了。这个种族的门槛，是跨不过的。在国外的友谊，在国外的恋爱，你想带回家去么？也许是路程太远了，不方便携带这许多行李；也许是海关太严了，付不起那许多进出口税。英国的冬天，到一二月间才来，去年落不尽的树叶，又簌簌地随风打着小书室的窗子。想一百年前的穆尔（Thomas Moore）定也在同样萧瑟的气候里，感觉到"故友如冬叶，萧萧四落稀"的凄凉（When I remember all the friends so link'd together，I've seen around me fall like leaves in wintry weather）。对于秋冬肃杀的气息，感觉顶敏锐的中国诗人自卢照邻、高蟾直到沈钦圻、陈嘉淑，早有一般用意的名句。金冬心的

"故人笑比庭中树，一日秋风一日疏"，更觉染深了冬夜的孤寂。然而何必替古人们伤感呢！我的朋友个个都好着，过两天是星期一，从中国经西伯利亚来的信，又该到牛津了，包你带来朋友的消息。

一九三七年一月三十日

赏读

无论是在中国古代还是现代，都有许多文章是写交友的。有所谓孔子直谅多闻的良友、诤友，有所谓"患难之时见真情"的挚友。钱锺书在这篇《谈交友》中，用他博学的才能，敏锐的感知力，幽默贴切的比喻，智者的独到的见解，为如何交友提供了独到的心得。

时下有"朋友多了路好走"之说，并写进了歌词。不知道这里的朋友，所指什么，但应不是钱锺书笔下所谓的朋友，也不是孔子所谓的"直谅多闻"的益友。钱锺书在这篇《谈交友》中给我们阐释了什么是真正的朋友，什么是真的友谊。他说："在我一知半解的几国语言里，没有比中国古语所谓'素交'更能表出友谊的骨髓。一个'素'字把纯洁真朴的交情的本体，形容尽致。素是一切颜色的基础，同时也是一切颜色的调和，像白日包含着七色。真正的交情，看来像素淡，自有超越死生的厚谊。"钱锺书就是强调的这种"素交"，君子之交淡如水，钱锺书的交友之道，是真正的君子之交，在他的眼中，朋友也绝不是用来"走路"的人，因此他绝不信奉"朋友多了路好走"，而是希望从友谊中找到一种情感的交谊。比如钱锺书说："我有大学时代五位最敬爱的老师，都像蒲伯所说，以哲人导师而更做朋友的；这五位老师以及其他三四位好朋友，全对我有说不尽的恩德；不过，我跟他们的友谊，并非由于说不尽的好处，倒是说不出的要好。"所以钱锺书交朋友不在于朋友对你有"说不尽的好处"，而在于有"说不出的要好"。《谈交友》全文通过层层递进，步步深入来说明钱锺书的交友之道，在驳斥传统的交友之道的基础上来显明自己的观点。

"时间对于友谊的磨蚀，好比水流过石子，反把它洗琢得光洁了。"这句话倒是印证了那句"患难得知己，日久见人心"，钱锺书在此用以提出"朋友还让旧的好"，在好朋友之间很少有厌倦的先驱。确实是虽然说"多少新朋友变成老朋友”，可又有哪个人能够永远地保持彼此间的那份友情呢？刚刚还说得如何如何好，过后便成陌路人。因此在经过许许多多的情感暴露之后，让彼此之间的友谊更纯洁，更无瑕了。钱锺书是强调这种日久的友情的。随后他又指出了几种传统交友之道的不足道之处。例如其中之一：“西谚云‘急需或困乏时的朋友才是真正的朋友’，不免肤浅。我们有急需的时候，是最不需要朋友的时候。”“试看世间有多少友谊，因为有求不遂，起了一层障膜，同样，假使我们平日极瞧不起，最不相与的人，能在此时帮忙救急，反比平日的朋友来得关切，我们感激之余，可以立刻结为新交，好几年积累的友谊，当场转移对象。”这是至理。所以友谊不是患难时候的慷慨相助，而是平时的感情积累。因此“朋友的慷慨或吝啬，肯否排难济困，这是一回事；我们牢不可破的成见，以为我和某人既有朋友之分，我有困难，某人理当扶助，那是另一回事”。因此朋友绝不是肯不肯为自己困难时候排忧解难，认为既为朋友就该在自己有困难时扶助的，这都是不对之见。君子之交淡如水，既是朋友，又何必在乎朋友是否困难时出手相助。马克思曾经就在恩格斯死去自己的爱人的时候，请求他帮忙寄钱，解决自己的生活困难，却对恩格斯失去妻子的痛苦不闻不问，恩格斯当时很生气，但是他没有在乎马克思这种无情，依然给马克思寄去了钱，后来马克思知道此事后还深表歉意，但恩格斯毫不在乎。恩格斯对马克思的宽容和帮助，马克思对恩格斯的抱歉，就是这样一种朋友间的无私奉献精神，维持了马克思与恩格斯的伟大友谊。钱锺书在这里一语道破。

谈友谊的文章我们见过许多，但《谈交友》无疑是最独出心裁的一篇；交友，这个在中国谈了几千年的话题，在钱锺书这里得到新的阐释。他在《谈交友》中给我们提出了他的交友之道，并用他精彩的笔法，否定了中国传统的交友观念，让我们对交友形成新的认识。“君子之交淡如水”，钱锺书应该也算是君子中的君子了吧。

作品

纪念志摩去世四周年[①]

林徽因

今天是你走脱这世界的四周年！朋友，我们这次拿什么来纪念你？前两次的用香花感伤地围上你的照片，抑住嗓子底下叹息和悲哽，朋友和朋友无聊地对望着，完成一种纪念的形式，俨然是愚蠢的失败。因为那时那种近于伤感，而又不够宗教庄严的举动，除却点明了你和我们中间的距离，生和死的间隔外，实在没有别的成效；几乎完全不能达到任何真实纪念的意义。

去年今日我意外地由浙南路过你的家乡，在昏沉的夜色里我独立火车门外，凝望着那幽暗的站台，默默地回忆许多不相连续的过往残片，直到生和死间居然幻成一片模糊，人生和火车似的蜿蜒一串疑问在苍茫间奔驰。我想起你的：

火车禽住轨，在黑夜里奔

过山，过水，过……

如果那时候我的眼泪曾不自主地溢出睫外，我知道你定会

① 选自《九十九度中》（江苏文艺出版社，2009 年版）。林徽因（1904—1955），福建福州人。中国建筑师、诗人、作家，主要代表作有《你是人间四月天》《莲灯》《九十九度中》等。

原谅我的。你应当相信我不会向悲哀投降，什么时候我都相信倔强的忠于生的，即使人生如你底下所说：

就凭那精窄的两道，算是轨，

驮着这份重，梦一般的累坠！

就在那时候我记得火车慢慢地由站台拖出，一程一程地前进，我也随着酸怆的诗意，那“车的呻吟”，“过荒野，过池塘，……过噤口的村庄。”到了第二站——我的一半家乡。

今年又轮到今天这一个日子！世界仍旧一团糟，多少地方是黑云布满着粗筋络往理想的反面猛进，我并不在瞎说，当我写：

信仰只一细炷香，

那点子亮再经不起西风

沙沙的隔着梧桐树吹

朋友，你自己说，如果是你现在坐在我这位子上，迎着这一窗太阳：眼看着菊花影在墙上描画作态；手臂下倚着两叠今早的报纸；耳朵里不时隐隐地听着朝阳门外“打靶”的枪弹声；意识的，潜意识的，要明白这生和死的谜，你又该写成怎样一首诗来，纪念一个死别的朋友？

此时，我却是完全的一个糊涂！习惯上我说，每桩事都像是造物的意旨，归根都是运命，但我明知道每桩事都有我们自己的影子在里面烙印着！我也知道每一个日子是多少机缘巧合凑拢来拼成的图案，但我也疑问其间的摆布谁是主宰。据我看来：死是悲剧的一章，生则更是一场悲剧的主干！我们这一群剧中的角色自身性格与性格矛盾；理智与情感两不相容；理想与现实当面冲突，侧面或反面激成悲哀。日子一天一天向前转，昨日和昨日堆垒起来混成一片不可避脱的背景，做成我们周遭的墙壁或气氲，那么结实又那么缥缈，使我们每一人站在每一天的每一个时候里都是那么主要，又是那么渺小无能力！

此刻我几乎找不出一句话来说，因为，真的，我只是个完全的糊涂；感到生和死一样的不可解，不可懂。

但是我却要告诉你，虽然四年了你脱离去我们这共同活动的世界，本身停掉参加牵引事体变迁的主力，可是谁也不能否认，你仍立在我们烟涛渺茫的背景里，间接地是一种力量，尤其是在文艺创造的努力和信仰方面。间接地你任凭自然的音韵，颜色，不时的风轻月白，人的无定律的一切情感，悠断悠续地仍然在我们中间继续着生，仍然与我们共同交织着这生的纠纷，继续着生的理想。你并不离我们太远。你的身影永远挂在这里那里，同你生前一样的飘忽，爱在人家不经意时莅止，带来勇气的笑声也总是那么嘹亮，还有，还有经过你热情或焦心苦吟的那些诗，一首一首仍串着许多人的心旋转。

说到你的诗，朋友，我正要正经地同你再说一些话。你不要不耐烦。这话迟早我们总要说清的。人说盖棺论定，前者早已成了事实，这后者在这四年中，说来叫人难受，我还未曾读到一篇中肯或诚实的论评，虽然对你的赞美和攻讦由你去世后一两周间，就纷纷开始了。但是他们每人手里拿的都不像纯文艺的天平；有的喜欢你的为人，有的疑问你私人的道德；有的单单尊崇你诗中所表现的思想哲学，有的仅喜爱那些软弱的细致的句子，有的每发议论必须牵涉到你的个人生活之合乎规矩方圆，或断言你是轻薄，或引证你是浮奢豪侈！朋友，我知道你从不介意过这些，许多人的浅陋老实或刻薄处你早就领略过一堆，你不止未曾生过气，并且常常表现怜悯同原谅；你的心情永远是那么洁净；头老抬得那么高；胸中老是那么完整的诚挚；臂上老有那么许多不折不挠的勇气。但是现在的情形与以前却稍稍不同，你自己既已不在这里，做你朋友的，眼看着你被误解，曲解，乃至于谩骂，有时真忍不住替你不平。

但你可别误会我心眼儿窄，把不相干的看成重要，我也知道误解曲解谩骂，都是不相干的，但是朋友，我们谁都需要有人了解我们的时候，真了解了我们，即使是痛下针砭，骂着了我们的弱处错处，那整个的我们却因而更增添了意义，一个作家文艺的总成绩更需要一种就文论文，就艺术论艺术的和平判断。

你在《猛虎集》“序”中说“世界上再没有比写诗更惨的事”，你却并未说明为什么写诗是一桩惨事，现在让我来个注脚好不好？我看一个人一生为着一个愚诚的倾向，把所感受到的复杂的情绪尝味到的生活，放到自己的理想和信仰的锅炉里烧炼成几句悠扬铿锵的语言（哪怕是几声小唱），来满足他自己本能的艺术的冲动，这本来是个极寻常的事。哪一个地方哪一个时代，都不断有这种人。轮着做这种人的多半是为着他情感来的比寻常人浓富敏锐，而为着这情感而发生的冲动更是非实际的——或不全是实际的——追求，而需要那种艺术的满足而已。说起来写诗的人的动机多么简单可怜，正是如你“序”里所说“我们都是受支配的善良的生灵”！虽然有些诗人因为他们的成绩特别高厚广阔包括了多数人，或整个时代的艺术和思想的冲动，从此便在人间披上神秘的光圈，使“诗人”两字无形中挂着崇高的色彩。这样使一般努力于用韵文表现或描画人在自然万物相交错时的情绪思想的，便被人的成见看做夸大狂的旗帜，需要同时代人的极冷酷地讥讪和不信任来扑灭它，以挽救人类的尊严和健康。

我承认写诗是惨淡经营，孤立在人中挣扎的勾当，但是因为我知道太清楚了，你在这上面单纯的信仰和诚恳的尝试，为同业者奋斗，卫护他们的情感的愚诚，称扬他们艺术的创造，自己从未曾求过虚荣，我觉得你始终是很逍遥舒畅的。如你自己所说：“满头血水”，你“仍不曾低头”，你自己相信“一点性灵还在那里挣扎”， “还想在实际生活的重重压迫下透出一些声响来”。

简单地说，朋友，你这写诗的动机是坦白不由自主的，你写诗的态度是诚实，勇敢而倔强的。这在讨论你诗的时候，谁都先得明了的。

至于你诗的技巧问题，艺术上的造诣，在这新诗仍在彷徨歧路的尝试期间，谁也不能坚决地论断，不过有一桩事我很想提醒现在讨论新诗的人，新诗之由于无条件无形制宽泛到几乎没有一定的定义时代，转入这讨论外形内容，以至于音节韵脚章句意象组织等艺术技巧问题的时期，即是根据着对这方面努力尝试过的那一些诗，你的头两个诗集子就是供给这些讨论见解最多材料的根据。外国的土话说“马总得放在马车的前面”不是？没有一些尝试的成绩放在那里，理论家是不能老在那里发一堆空头支票的，不是？

你自己一向不止在那里倔强地尝试用功，你还会用尽你所有活泼的热心鼓励别人尝试，鼓励“时代”起来尝试——这种工作是最犯风头嫌疑的，也只有你胆子大头皮硬顶得下来！我还记得你要印诗集子时，我替你捏一把汗，老实说还替你在有文采的老前辈中间难为情过，我也记得我初听到人家找你办《晨报副刊》时我的焦急，但你居然板起个脸抓起两把鼓槌子为文艺吹打开路乃至于扫地，铺鲜花，不顾旧势力的非难，新势力的怀疑，你干你的事，“事在人为，做了再说”，那股子劲，以后别处也还很少见。

现在你走了，这些事渐渐在人的记忆中模糊下来，你的诗和文章也散漫在各小本集子里，压在有极新鲜的封皮的新书后面，谁说起你来，不是马马糊糊地承认你是过去中一个势力，就是拿能够挑剔看轻你的诗为本事（散文人家很少提到，或许“散文家”没有诗人那么光荣，不值得注意），朋友，这是没法子的事，我却一点不为此灰心，因为我有我的信仰。

我认为我们这写诗的动机既如前面所说那么简单愚诚；因在某一时，或某一刻敏锐地接触到生活上的锋芒，或偶然地触遇到理想峰巅上云彩星霞，不由得不在我们所习惯的语言中，编缀出一两串近于音乐的句子来，慰藉自己，解放自己，去追求超实际的真实，读诗者的反应一定有一大半也和我们这写诗的一样诚实天真，仅想在我们句子中间由音乐性的愉悦，接触到一些生活的底蕴渗合着美丽的憧憬；把我们的情绪给他们的情绪搭起一座浮桥；把我们的灵感，给他们生活添些新鲜；把我们的痛苦伤心再揉成他们自己忧郁的安慰！

我们的作品会不会再长存下去，就看它们会不会活在那一些我们从来不认识的人，我们作品的读者，散在各时、各处互相不认识的孤单的人的心里的，这种事它自己有自己的定律，并不需要我们的关心的。你的诗据我所知道的，它们仍旧在这里浮沉流落，你的影子也就浓淡参差地系在那些诗句中，另一端印在许多不相识人的心里。朋友，你不要过于看轻这种间接的生存，许多热情的人他们会为着你的存在，而加增了生的意识的。伤心的仅是那些你最亲热的朋友们和同兴趣的努力者，你不在他们中间的事实，将要永远是个不能填补的空虚。

你走后大家就提议要为你设立一个“志摩奖金”来继续你鼓励人家努力诗文的素志，勉强象征你那种对于文艺创造拥护的热心，使不及认得你的青年人永远对你保存着亲热。如果这事你不觉到太寒伧不够热气，我希望你原谅你这些朋友们的苦心，在冥冥之中笑着给我们勇气来做这一些蠢诚的事吧。

二十四年十一月十九日，北平[1]

赏读

1935 年，林徽因写了《纪念志摩去世四周年》一文表达她的悼念之情。她在文中慨叹：“这是什么人生？什么风涛？什么道路？志摩，你这最后的解脱未始不是幸福，不是

① 指民国纪年。

聪明，我该当羡慕你才是。”这样的文章，当然不可能写得多么明白。过了几个月，到了夏天，她发表的诗作《别丢掉》，才是她坦诚的心声。

别丢掉
这一把过往的热情，
现在流水似的，
轻轻
在幽冷的山泉底，
在黑夜，在松林，
叹息似的渺茫，
你仍要保存那真！
一样是月明，
一样是隔山灯火，
满天的星，只有人不见，
梦似的挂起，
你问黑夜要回
那一句话——你仍得相信
山谷中留着
有那回音！

诗中“在松林”，“满天的星，只有人不见”，“山谷中留着/有那回音”，都不可能是别的意象。“回音”二字，乃“徽因”的谐音（林徽因原来就叫林徽音)。《志摩的诗》里说，“为要寻一个明星”，而这里“满天的星，只有人不见，梦似的挂起”，都婉约地表达了作者没有等到那人来寻她这颗“星”的惆怅与无奈啊。所以，林徽因只能教远方的“人”，“别丢掉/这一把过往的热情”，“仍要保存那真！”最后，她还交代，“你仍得相信/山谷中留着/有那回音！”她或是在说，“山谷”仍然留着，那过往感情的“回音”；或是在说，她那“回音”，一直在“山谷”中留着，一直没变。这“山谷”，必须就是指徐志摩葬身处——山东党家山那里的山谷吧！因为林徽因拣拾了一块失事飞机的碎片，一直珍藏到去世。

在徐志摩逝世四周年的时候，林徽因又写下了散文《纪念志摩去世四周年》，发表在《大公报》上，热情肯定了徐志摩的诗歌成就，赞扬了他的一生处处充满诗意，爱、自由和美是诗人的灵魂，对世界的真诚、对朋友的真诚、对诗歌的真诚。在林徽因的笔下，我们能感受到对于徐志摩的死，她是哀伤的，但不颓废；她是惋惜的，但又是理性的；她是怀着悲痛来写，却能让人们感受到一个活脱脱的徐志摩，在这里，我们不得不佩服林徽因的才思与理智。可以说，这是给已故友人的信，是一篇出自“才女”之手的好文章，也是一篇真实、清澈、公正、饱含着人类至真美好感情的精美文学史料。

作品

树犹如此——纪念亡友王国祥君[①]

白先勇

我家后院西隅近篱笆处曾经种有一排三株意大利柏树。这种意大利柏树（Italian Cypress）原本生长于南欧地中海畔，与其他松柏皆不相类。树的主干笔直上伸，标高至六七十尺，但横枝并不恣意扩张，两人合抱，便把树身圈住了，于是擎天一柱，平地拔起，碧森森像座碑塔，孤峭屹立，甚有气势。南加州滨海一带的气候，温和似地中海，这类意大利柏树，随处可见。有的人家，深宅大院，柏树密植成行，远远望去，一片苍郁，如同一堵高耸云天的墙垣。

我是一九七三年春迁入“隐谷”这栋住宅来的。这个地区叫“隐谷”（Hidden Valley），因为三面环山，林木幽深，地形又相当隐蔽，虽然位于市区，因为有山丘屏障，不易发觉。当初我按报上地址寻找这栋房子，弯弯曲曲，迷了几次路才发现，原来山坡后面，别有洞天，谷中隐隐约约，竟是一片住家。那日黄昏驱车沿着山坡驶进“隐谷”，迎面青山绿树，只

① 选自《白先勇散文精编》（文汇出版社，2004 年版），有改动。白先勇，1937 年生于广西桂林，中国台湾当代作家，主要代表作有短篇小说集《台北人》《寂寞的十七岁》《纽约客》等；长篇小说《孽子》；散文集《蓦然回首》《第六只手指》《树犹如此》，以及舞台剧《游园惊梦》等。

觉得是个清幽所在，万没料到，谷中一住，迄今长达二十余年。

巴萨隆那道（Barcelona Drive）九百四十号在斜坡中段，是一幢很普通的平房。人跟住屋也得讲缘分，这栋房子，我第一眼便看中了，主要是为着屋前屋后的几棵大树。屋前一棵宝塔松，庞然矗立，屋后一对中国榆，摇曳生姿，有点垂柳的风味，两侧的灌木丛又将邻舍完全隔离，整座房屋都有树阴庇护，我喜欢这种隐遮在树丛中的房屋，而且价钱刚刚合适，当天便放下了定洋。

房子本身保养得还不错，不需修补。问题出在园子里的花草。屋主偏爱常春藤，前后院种满了这种藤葛，四处窜爬。常春藤的生命力强韧惊人，要拔掉煞费工夫，还有雏菊、罂粟、木槿，都不是我喜爱的花木，全部根除，工程浩大，绝非我一人所能胜任。幸亏那年暑假，我中学时代的挚友王国祥从东岸到圣芭芭拉来帮我，两人合力把我“隐谷”这座家园，重新改造，遍植我属意的花树，才奠下日后园子发展的基础。

憧憬金色前景

王国祥那时正在宾州州立大学做博士后研究，只有一个半月的假期，我们却足足做了三十天的园艺工作。每天早晨九时开工，一直到傍晚五、六点钟才鸣金收兵，披荆斩棘，去芜存菁，清除了几卡车的藤枝杂草，终于把花园理出一个轮廓来。我与国祥都是生手，不惯耕劳，一天下来，腰酸背痛。幸亏圣芭芭拉夏天凉爽，在和风煦日下，胼手胝足，实在算不上辛苦。

圣芭芭拉附近产酒，有一家酒厂酿制一种杏子酒（Aprivert），清香甘洌，是果子酒中的极品，冰冻后，特别爽口。邻居有李树一株，枝桠一半伸到我的园中，这棵李树真是异种，是牛血李，肉红汁多，味甜如蜜，而且果实特大。那年七月，一树累累，挂满了小红球，委实诱人。开始我与国祥还有点顾忌，到底是人家的果树，光天化日之下，采摘邻居的果子，不免心虚。后来发觉原来加州法律规定，长过了界的树木，便算是这一边的产物。有了法律根据，我们便架上长梯，国祥爬上树去，我在下面接应，一下工夫，我们便采满了一桶殷红光鲜的果实。收工后，夕阳西下，清风徐来，坐在园中草坪上，啜杏子酒，啖牛血李，一日的疲劳，很快也就恢复。

圣芭芭拉（Santa Barbara）有“太平洋的天堂”之称，这个城的山光水色的确有令人流连低徊之处，但是，我觉得这个小城的一个好处是海产丰富：石头蟹、硬背虾、海胆、鲍鱼，都属本地特产，尤其是石头蟹，壳坚、肉质细嫩鲜甜，而且还有一双巨螯，真是圣芭芭拉的美味。那个时候美国人还不很懂得吃带壳螃蟹，码头上的鱼市场，生猛螃蟹，团脐一元一只，尖脐一只不过一元半。王国祥是浙江人，生平就好这一样东西，我们每次到码头鱼市，总要携回四五只巨蟹，蒸着吃。蒸蟹第一讲究是火候，过半分便老了，少半分又不熟。王国祥蒸螃蟹全凭直觉，他注视着蟹壳渐渐转红叫一声“好！”将螃蟹从锅中一把提起，十拿九稳，正好蒸熟。然后佐以姜丝米醋，再烫一壶绍兴酒，那便是我们的晚餐。那个暑假，我和王国祥起码饕掉数打石头蟹。那年我刚拿到终身教职，《台北人》出版没有多久。国祥自加大柏克莱毕业后，到宾州州大去做博士后研究是他第一份工作，那时他对理论物理还充满了信心热忱，我们憧憬人生前景，是金色的，未来命运的凶险，我们当时浑然未觉。

花园中的地标

园子整顿停当，选择花木却颇费思量。百花中我独钟意茶花。茶花高贵，白茶雅洁，红茶秾丽，粉茶花俏生生、娇滴滴，自是惹人怜惜。即使不开花，一树碧亭亭，也是好看。茶花起源于中国，盛产云贵高原，后经欧洲才传到美国来。茶花性喜温湿，宜酸性土，圣芭芭拉恰好属于美国的茶花带，因有海雾调节，这里的茶花长得分外丰蔚。我们遂决定，园中草木以茶花为主调，于是遍搜城中苗圃，最后才选中了三十多株各色品种的幼木。美国茶花的命名，有时也颇具匠心：白茶叫“天鹅湖”，粉茶花叫“娇娇女”，有一种红茶名为“爱逊豪威尔将军”——这是十足的美国茶，我后院栽有一棵，后来果然长得伟岸岩奇，巍巍然有大将之风。

花种好了，最后的问题只剩下后院西隅的一块空地，屋主原来在此搭了一架秋千，架子搬走后便留下空白一角。因为地区不大，不能容纳体积太广的树木，王国祥建议：“这里还是种 Italian Cypress 吧。”这倒是好主意，意大利柏树占地不多，往空中发展，前途无量。我们买了三株幼苗，沿着篱笆，种了一排。刚种下去，才三、四尺高，国祥预测：“这三棵柏树长大，一定会超过你园中其他的树！”果真，三棵意大利柏树日后抽发得傲视群伦，成为我花园中的地标。

十年树木，我园中的花木，欣欣向荣，逐渐成形。那期间，王国祥已数度转换工作，他去过加拿大，又转德州。他的博士后研究并不顺遂，理论物理是门高深学问，出路狭窄，美国学生视为畏途，念的人少，教职也相对有限。那几年美国大学预算紧缩，一职难求，只有几家名校的物理系才有理论物理的职位，很难挤进去，亚利桑拿州立大学曾经有意聘请王国祥，但他却拒绝了。当年国祥在台大选择理论物理，多少也是受到李政道、杨振宁获得诺贝尔奖的鼓励。后来他选柏克莱，曾跟随名师，当时柏克莱物理系竟有六位诺贝尔奖得主的教授。名校名师，对自己的研究当然也就期许甚高。当他发觉他在理论物理方面的研究无法达成重大突破，不可能做一个顶尖的物理学家，他就断然放弃物理，转行到高科技去了。当然，他一生最高的理想未能实现，这一直是他的一个隐痛。后来他在洛杉矶休斯（Hughes）公司找到一份安定工作，研究人造卫星。波斯湾战争，美国军队用的人造卫星就是“休斯”制造的。

那几年王国祥有假期常常来圣芭芭拉小住，他一到我家，头一件事便要到园中去察看我们当年种植的那些花木。他隔一阵子来，看到后院那三株意大利柏树，就不禁惊叹：“哇，又长高了好多！”柏树每年升高十几尺，几年间，便标到了顶，成为六七十尺的巍峨大树。三棵中又以中间那棵最为茁壮，要高出两侧一大截，成了一个山字形。山谷中，湿度高，柏树出落得苍翠欲滴，夕照的霞光映在上面，金碧辉煌，很是醒目。三四月间，园中的茶花全部绽放，树上缀满了白天鹅，粉茶花更是娇艳光鲜，我的花园终于春意盎然起来。

柏树无故枯亡

一九八九，岁属马斗，那是个凶年。有一天，我突然发觉后院三棵意大利柏树中间那一株，叶尖露出点点焦黄来。起先我以为暑天干热，植物不耐旱，没料到才是几天工夫，一棵六七十尺的大树，如遭天火雷击，骤然间通体枯焦而亡。那些针叶，一触便纷纷断落，如此孤标傲世风华正茂的常青树，数日之间竟至完全坏死。奇怪的是，两侧的柏树却好端端的依旧青苍无恙，只是中间赫然竖起槁木一柱，令人触目惊心，我只好教人来把枯树砍掉拖走。从此，我后院的两侧，便出现了一道缺口。柏树无故枯亡，使我郁郁不乐了好些时日，心中总感到不祥，似乎有什么奇祸即将降临一般。没有多久，王国祥便生病了。

那年夏天，国祥一直咳嗽不止，他到美国二十多年，身体一向健康，连伤风感冒也属罕有。他去看医生检查，验血出来，发觉他的血红素竟比常人少了一半，一公升只有六克多。接着医生替他抽骨髓化验，结果出来后，国祥打电话给我：“我的旧病又复发了，医生说，是‘再生不良性贫血’。”国祥说话的时候，声音还很镇定，他一向临危不乱，有科学家的理性与冷静，可是我听到那个长长的奇怪病名，就不由得心中一寒，一连串可怕的记忆，又涌了回来。

再生不良性贫血

许多年前，一九六〇的夏天，一个清晨，我独自赶到台北中心诊所的血液科去等候化验结果，血液科主任黄天赐大夫出来告诉我：“你的朋友王国祥患了‘再生不良性贫血’。”那是我第一次听到这个陌生的病名。黄大夫大概看见我满面茫然，接着对我详细解说了一番“再生不良性贫血”的病理病因。这是一种罕有的贫血症，骨髓造血机能失调，无法制造足够的血细胞，所以红血球、血小板、血红素等统统偏低。这种血液病的起因也很复杂，物理、化学、病毒各种因素皆有可能。最后黄大夫十分严肃的告诉我：“这是一种很严重的贫血症。”的确，这种棘手的血液病，迄至今日，医学突飞猛进，仍旧没有发明可以根除的特效药，一般治疗只能用激素刺激骨髓造血的机能。另外一种治疗法便是骨髓移植，但是台湾那个年代，还没有听说过这种事情。那天我走出中心诊所，心情当然异常沉重，但当时年轻无知，对这种症病的严重性并不真正了解，以为只要不是绝症，总还有希望治疗。事实上，“再生不良性贫血”患者的治愈率，是极低极低的，大概只有百分之五的人，会莫名其妙自己复原。

王国祥第一次患“再生不良性贫血”时在台大物理系正要上三年级，这样一来只好休学，而这一休便是两年。国祥的病势开始相当险恶，每个月都需到医院去输血，每次起码 500 cc。由于血小板过低，凝血能力不佳，经常牙龈出血，甚至眼球也充血，视线受到障碍。王国祥的个性中，最突出的便是他争强好胜、永远不肯服输的憨直脾气，是他倔强的意志力，帮他暂时抵挡住排山倒海而来的病灾。那时我只能在一旁帮他加油打气，给他精神支持。他的家已迁往台中，他一个人寄居在台北亲戚家养病，因为看医生方便。常常下课后，我便从台大骑了脚踏车去潮州街探望他。那时我刚与班上同学创办了《现代文学》，正处在士气高昂的奋亢状态，我跟国祥谈论的，当然也就是我办杂志的点点滴滴。国祥看见我兴致勃勃，他也是高兴的，病中还替《现代文学》拉了两个订户，而且也成为这本杂志的忠实读者。事实上王国祥对《现代文学》的贡献不小，这本赔钱杂志时常有经济危机，我初到加州大学当讲师那几年，因为薪水有限，为筹杂志的印刷费，经常捉襟见肘。国祥在柏克莱念博士拿的是全额奖学金，一个月有四百多块生活费。他知道我的困境后，每月都会省下一两百块美金寄给我接济《现代文学》，而且持续了很长一段时间。他的家境不算富裕，在当时，那是很不小的一笔数目。如果没有他长期的“经援”，《现代文学》恐怕早已停刊。

妖魔突然甦醒

我与王国祥十七岁结识，那时我们都在建国中学念高二，一开始我们之间便有一种异姓手足祸福同当的默契。高中毕业，本来我有保送台大的机会，因为要念水利，梦想日后到长江三峡去筑水坝，而且又等不及要离开家，追寻自由，于是便申请保送台南成功大学，那时只有成大才有水利系。王国祥也有这个念头，他是他们班上的高材生，考台大，应该不成问题，他跟我商量好便也投考成大电机系。我们在学校附近一个军眷村里租房子住，过了一年自由自在的大学生活。后来因为兴趣不合，我重考台大外文系，回到台北。国祥在成大多念了一年，也耐不住了，他发觉他真正的志向是研究理论科学，工程并非所好，于是他便报考台大的转学试，转物理系。当年转学、转系又转院，难如登天，尤其是台大，王国祥居然考上了，而且只录取了他一名。我们正在庆幸，两人懵懵懂懂，一番折腾，幸好最后都考上与自己兴趣相符的校系。可是这时王国祥却偏偏遭罹不幸，患了这种极为罕有的血液病。

西医治疗一年多，王国祥的病情并无起色，而治疗费用的昂贵已使得他的家庭日渐陷入困境，正当他的亲人感到束手无策的时刻，国祥却遇到了救星。他的亲戚打听到江南名医奚复一大夫医治好一位韩国侨生，同样也患了“再生不良性贫血”，病况还要严重，西医已放弃了，却被奚大夫治愈。我从小看西医，对中医不免偏见。奚大夫开给国祥的药方里，许多味草药中，竟有一剂犀牛角，当时我不懂得犀牛角是中药的凉血要素，不禁啧啧称奇，而且小小一包犀牛角粉，价值不菲。但国祥服用奚大夫的药后，竟然一天天好转，半年后已不需输血。很多年后，我跟王国祥在美国，有一次到加州圣地亚哥世界闻名的动物园去观览百兽，园中有一群犀牛族，大大小小七只，那是我第一次真正看到这种神奇的野兽，我没想到近距离观看，犀牛的体积如此庞大，而且皮之坚厚，披甲带铠，鼻端一角耸然，如利斧朝天，很是神态威武。大概因为犀牛角曾治疗过国祥的病，我对那一群看来凶猛异常的野兽，竟有一份说不出的好感，在栏前盘桓良久才离去。

我跟王国祥都太乐观了，以为“再生不良性贫血”早已成为过去的梦魇，国祥是属于那百分之五的幸运少数。万没料到，这种顽强的疾病，竟会潜伏二十多年，如同酣睡已久的妖魔，突然苏醒，张牙舞爪反扑过来。而国祥毕竟已年过五十，身体抵抗力，比起少年时，自然相差许多，旧病复发，这次形势更加险峻。自此，我与王国祥便展开了长达三年、共同抵御病魔的艰辛日子，那是一场生与死的搏斗。

时间漏斗无穷尽

鉴于第一次王国祥的病是中西医合治医好的，这一次我们当然也就依照旧法。国祥把二十多年前奚复一大夫的那张药方找了出来，并托台北亲友拿去给奚大夫鉴定，奚大夫更动了几样药，并加重分量：黄芪、生熟地、党参、当归、首乌等都是一些补血调气的草药，方子中也保留了犀牛角。幸亏洛杉矶的蒙特利公园市的中药行这些药都买得到。有一家依旧还叫“德成行”的老字号，是香港人开的，货色齐全，价钱公道。那几年，我替国祥去捡药，进进出出，“德成行”的老板伙计也都熟了。因为犀牛属于受保护的稀有动物，在美国犀牛角是禁卖的。开始“德成行”的伙计还不肯拿出来，我们恳求了半天，才从一只上锁的小铁匣中取出一块犀牛角来磨成粉卖给我们。但经过二十多年，国祥的病况已大不同，而且人又不在台湾，没能让大夫把脉，药方的改动，自然无从掌握。这一次，服中药并无速效。但三年中，国祥并未停用过草药，因为西医也并没有特效治疗方法，还是跟从前一样，使用各种激素。我们跟医生曾讨论过骨髓移植的可能，但医生认为，五十岁以上的病人，骨髓移植风险太大，而且寻找血型完全相符的骨髓赠者，难如海底捞针。

那三年，王国祥全靠输血维持生命，有时一个月得输两次。我们的心情也就跟着他血红素的数字上下而阴晴不定。如果他的血红素维持在 9 以上，我们就稍宽心，但是一旦降到6，就得准备，那个周末，又要进医院去输血了。王国祥的保险属于凯撒公司（Kaiser Permanente），是美国最大的医疗系统之一。凯撒在洛杉矶城中心的总部是一连串延绵数条街的庞然大物，那间医院如同一座迷宫，进去后，转几个弯，就不知身在何方了。我进出那家医院不下四五十次，但常常闯进完全陌生地带，跑到放射科、耳鼻喉科去。因为医院每栋建筑的外表都一模一样，一整排的玻璃门窗在反映着冷冷的青光。那是一座卡夫卡式超现代建筑物，进到里面，好像误入外星。

因为输血可能有反应，所以大多数时间王国祥去医院，都是由我开车接送。幸好每次输血时间定在周末星期六，我可以在星期五课后开车下洛杉矶国祥住处，第二天清晨送他去。输血早上八点钟开始，500 cc 输完要到下午四、五点钟了，因此早上六点多就要离开家。洛杉矶大得可怕，随便到哪里，高速公路上开一个钟头车是很平常的事，尤其在早上上班时间，10 号公路塞车是有名的。住在洛杉矶的人，生命大部分都耗在那八爪鱼似的公路网上。由于早起，我陪着王国祥输血时，耐不住要打个盹，但无论睡去多久，一张开眼，看见的总是架子上悬挂着的那一袋血浆，殷红的液体，一滴一滴，顺着塑料管往下流，注入国祥臂弯的静脉里去。那点点血浆，像时间漏斗的水滴，无穷无尽，永远滴不完似的。但是王国祥躺在床上却安安静静的接受那八个小时生命浆液的灌注。他两只手臂弯上的静脉都因针头插入过分频繁而经常乌青红肿，但他从来也没有过半句怨言。王国祥承受痛苦的耐力惊人，当他喊痛的时候，那必然是痛苦已经不是一般人所能负荷的了。我很少看到像王国祥那般能隐忍的病人，他这种斯多葛（Stoic）式的精神是由于他超强的自尊心，不愿别人看到他病中的狼狈。而且他跟我都了解到这是一场艰巨无比的奋斗，需要我们两个人所有的信心、理性，以及意志力来支撑。我们绝对不能向病魔示弱，露出胆怯，我们在一起的时候，似乎一直在互相告诫：要挺住，松懈不得。

事实上，只要王国祥的身体状况许可，我们也尽量设法苦中作乐。国祥输完血后，精神体力马上便恢复了许多，脸上又浮现了红光，虽然明知这只是人为的暂时安康，我们也要趁这一刻享受一下正常生活。开车回家经过蒙特利公园时我们便会到平日喜爱的饭馆去大吃一餐，大概在医院里磨了一天，要补偿起来，胃口特别好。我们常去“北海鱼邨”，因为这家广东馆港味十足，一道“避风塘炒蟹”非常地道。吃了饭便去租录影带回去看，我一生中从来没看过那么多大陆港台的“连续剧”，几十集的《红楼梦》《满清十三皇》《严凤英》，随着那些东拉西扯的故事，一个晚上很容易打发过去。当然王国祥也很关心世界大势，那一阵子，“苏维埃社会主义联邦共和国”土崩瓦解，我们天天看电视，看到德国人爬到东柏林墙上喝香槟庆祝，王国祥跟我都拍手喝起彩来，那一刻，“再生不良性贫血”真的给忘得精光。

生死场挣扎剧烈

王国祥直到八八年才在艾尔蒙特（Elmonte）买了一幢小楼房，屋后有一片小小的院子，搬进去不到一年，花园还来不及打点好，他就生病了。生病前，他在超市找到一对酱色皮蛋缸，上面有姜黄色二龙抢珠的浮雕，这对大皮蛋缸十分古拙有趣，国祥买回来，用电钻钻了洞，准备作花缸用。有一个星期天，他的精神特别好，我便车了他去花圃看花，我们发觉原来加州也有桂花，登时如获至宝，买了两棵回去移植到那对皮蛋缸中。从此，那两棵桂花，便成了国祥病中的良伴，一直到他病重时，也没有忘记常到后院去浇花。

王国祥重病在身，在我面前虽然他不肯露声色，但他独处时内心的沉重与恐惧，我深能体会，因为当我一个人静下来时，我自己的心情便开始下沉了。我曾私下探问过他的主治医生，医生告诉我，国祥所患的“再生不良性贫血”，经过二十多年，虽然一度缓解，已经达到末期。他用“End stage”这个听来十分刺耳的字眼，他没有再说下去，我不想听也不愿意他再往下说。然而一个令人不寒而栗的问题却像潮水般经常在我脑海里翻来滚去：这次王国祥的病，万一恢复不了，怎么办？事实上国祥的病情常有险状，以至于一夕数惊。有一晚，我从洛杉矶友人处赴宴回来，竟发觉国祥卧在沙发上已是半昏迷状态，我赶紧送他上医院，那晚我在高速公路上起码开到每小时八十英里以上，我开车的技术并不高明，不辨方向，但人能急中生智，平常四十多分钟的路程，一半时间便赶到了。医生测量出来，国祥的血糖高到八百 MG/DL，大概再晚一刻，他的脑细胞便要受损了。原来他长期服用激素，引发血糖升高，医院的急诊室本来就是一个生死场，凯撒的急诊室比普通医院要大几倍，里面的生死挣扎当然就更加剧烈，只看到医生护士忙成一团，而病人围困在那一间间用白幔圈成的小隔间里，却好像完全被遗忘掉了似的，好不容易盼到医生来诊视，可是探一下头，人又不见了。我陪着王国祥进出那间急诊室多次，每次一等就等到天亮才有正式病房。

亲往大陆访名医

自从王国祥生病后，我便开始到处打听有关“再生不良性贫血”治疗的讯息。我在台湾看病的医生是长庚医学院的吴德朗院长，吴院长介绍我认识长庚医院血液科的主治医生施丽云女士。我跟施医生通信讨教并把王国祥的病历寄给她，与她约好，我去台湾时，登门造访。同时我又遍查中国大陆中医治疗这种病症的书籍杂志。我在一本医疗杂志上看到上海曙光中医院血液科主任吴正翔大夫治疗过这种病，大陆上称为“再生障碍性贫血”，简称“再障”。同时我又在大陆报上读到河北省石家庄有一位中医师治疗“再障”有特效方法，并且开了一家专门医治“再障”的诊所。我发觉原来大陆上这种病例并不罕见，大陆中西医结合治疗行之有年，有的病疗效还很好。于是我便决定亲自往大陆走一趟，也许寻访到能够医治国祥的医生及药方。我把想法告诉国祥听，他说道：“那只好辛苦你了。”王国祥不善言辞，但他讲话全部发自内心。他一生最怕麻烦别人，生病求人，实在万不得已。

一九九〇年九月，去大陆之前，我先到台湾，去林口长庚医院拜访了施丽云医师。施医生告诉我她也正在治疗几个患“再生不良性贫血”的病人，治疗方法与美国医生大同小异。施医生看了王国祥的病历没有多说什么，我想她那时可能不忍告诉我，国祥的病，恐难治愈。

我携带了一大盒重重一叠王国祥的病历飞往上海，由我在上海的朋友复旦大学陆士清教授陪同，到曙光医院找到吴正翔大夫。曙光是上海最有名的中医院，规模相当大。吴大夫不厌其详以中医观点向我解说了“再障”的种种病因及治疗方法。曙光医院治疗“再障”也是中西医合疗，一面输血，一面服用中药，长期调养，主要还是补血调气。吴大夫与我讨论了几次王国祥的病况，最后开给我一个处方，要我与他经常保持电话联络。我听闻浙江中医院也有名医，于是又去了一趟杭州，去拜访一位辈分甚高的老中医，老医生的理论更玄了，药方也比较偏。有亲友生重病，才能体会得到“病急乱投医”这句话的真谛。当时如果有人告诉我喜马拉雅山顶上有神医，我也会攀爬上去乞求仙丹的。在那时，抢救王国祥的生命，对于我重于一切。

我飞到北京后的第二天，便由社科院袁良骏教授陪同，坐火车往石家庄去，当晚住歇在河北省政协招待所。那晚在招待所遇见了一位从美国去的工程师，原来也是台湾留美学生，而且是成大毕业。他知道我为了朋友到大陆访医特来看我。我正纳闷，这样偏远地区怎会有美国来客，工程师一见面便告诉了我他的故事：原来他太太年前车祸受伤，一直昏迷不醒，变成了植物人。工程师四处求医罔效，后来打听到石家庄有位极负盛名的气功师，开诊所用气功治疗病人。他于是辞去了高薪职位，变卖房财，将太太运到石家庄接受气功治疗。他告诉我每天有四、五位气功师轮流替他太太灌气，他讲到他太太的手指已经能动，有了知觉，他脸上充满希望。我深为他感动，是多大的爱心与信念，使他破釜沉舟，千里迢迢把太太护送到偏僻的中国北方去就医。这些年来我早已把工程师的名字给忘了，但我却常常记起他及他的太太，不知她最终恢复知觉没有。几年后我自己经历了中国气功的神奇，让气功师治疗好晕眩症，而且变成了气功的忠实信徒。当初工程师一番好意，告诉我气功治病的奥妙，我确曾动过心，想让王国祥到大陆接受气功治疗。但国祥经常需要输血，而且又容易感染疾病，实在不宜长途旅行。但这件事我始终耿耿于怀，如果当初国祥尝试气功，不知有没有复原的可能。

次晨，我去参观那家专门治疗“再障”的诊所，会见了主治大夫。其实那是一间极其简陋的小医院，有十几个住院病人，看样子都病得不轻。大夫很年轻，讲话颇自信，临走时，我向他买了两大袋草药，为了便于携带，都磨成细粉。我提着两大袋辛辣呛鼻的药粉，回转北京。那已是九月下旬，天气刚入秋，是北京气候最佳时刻。那是我头一次到北京，自不免到故宫、明陵去走走，但因心情不对，毫无游兴。我的旅馆就在王府井附近，离天安门不远。晚上，我信步走到天安门广场去看看，那片全世界最大的广场，竟然一片空旷，除了守卫的解放军，行人寥寥无几。那天晚上，我的心境就像北京凉风习习的秋夜一般萧瑟。在大陆四处求医下来，我的结论是，中国也没有医治“再生不良性贫血”的特效药。王国祥对我这次大陆之行，当然也一定抱有许多期望，我怕又会令他失望了。

王国祥的最后一个生日

回到美国后，我与王国祥商量，最后还是决定服用曙光医院吴正翔大夫开的那张药方，因为药性比较平和。石家庄医生的两大袋药粉我也扛了回来，但没有敢用。而国祥的病，却是一天比一天沉重了。头一年，他还支撑着去上班，但每天来回需开两小时车程，终于体力不支，而把休斯的工作停掉。幸亏他买了残障保险，没有因病倾家荡产。第二年，由于服用太多激素，触发了糖尿病，又因长期缺血，影响到心脏，发生心律不整，逐渐行动也困难起来。

一九九二年一月，王国祥五十五岁生日，我看他那天精神还不错，便提议到“北海鱼邨”，去替他庆生。我们一路上还商谈着要点些什么菜，谈到吃，我们的兴致又来了。“北海鱼邨”的停车场上到饭馆有一道二十多级的石阶，国祥扶着栏杆爬上去，爬到一半，便喘息起来，大概心脏荷负不了，很难受的样子，我赶忙过去搀扶他，要他坐在石阶上休息一会儿，他歇了口气，站起来还想勉强往上爬，我知道，他不愿扫兴，我劝阻道：“我们不要在这里吃饭了，回家去做寿面吃。”我没有料到，王国祥的病体已经虚弱到举步维艰了。回到家中，我们煮了两碗阳春面，度过王国祥最后的一个生日。星期天傍晚，我要回返圣芭芭拉，国祥送我到门口上车，我在车中反光镜里，瞥见他孤立在大门前的身影，他的头发本来就有少年白，两年多来，百病相缠，竟变得满头萧萧，在暮色中，分外怵目。开上高速公路后，突然一阵无法抵挡的伤痛，袭击过来，我将车子拉到公路一旁，伏在方向盘上，不禁失声大恸。我哀痛王国祥如此勇敢坚忍，如此努力抵抗病魔咄咄相逼，最后仍然被折磨得形销骨立。而我自己亦尽了所有的力量，去回护他的病体，却眼看着他的生命一点一滴耗尽，终至一筹莫展。我一向相信人定胜天，常常逆数而行，然而人力毕竟不敌天命，人生大限，无人能破。

送他走完人生最后一程

夏天暑假，我搬到艾尔蒙特王国祥家去住，因为随时会发生危险。八月十三日黄昏，我从超市买东西回来，发觉国祥呼吸困难，我赶忙打九一一叫了救护车来，用氧气筒急救，随即将他扛上救护车扬长鸣笛往医院驶去。在医院住了两天，星期五，国祥的精神似乎又好转了。他进出医院多次，这种情况已习以为常，我以为大概第二天，他就可以出院了。我在医院里陪了他一个下午，聊了些闲话，到晚上八点钟，他对我说道：“你先回去吃饭吧。”我把一份《世界日报》留给他看，说道：“明天早上我来接你。”那是我们最后一次交谈。星期六一早，医院打电话来通知，王国祥昏迷不醒，送进了加护病房。我赶到医院，看见国祥身上已插满了管子。他的主治医生告诉我，不打算用电击刺激国祥的心脏了，我点头同意，使用电击，病人太受罪。国祥昏迷了两天，八月十七日星期一，我有预感恐怕他熬不过那一天。

中午我到医院餐厅匆匆用了便餐，赶紧回到加护病房守着。显示器上，国祥的心脏愈跳愈弱，五点钟，值班医生进来准备，我一直看着显示器上国祥心脏的波动，五点二十分，他的心脏终于停止。我执着国祥的手，送他走完人生最后一程。霎那间，天人两分，死生契阔，在人间，我向王国祥告了永别。

一九五四年，四十四年前的一个夏天，我与王国祥同时匆匆赶到建中去上暑假补习班，预备考大学。我们同级不同班，互相并不认识，那天恰巧两人都迟到，一同抢着上楼梯，跌跌撞撞，碰在一起，就那样，我们开始结识，来往相交三十八年。王国祥天性善良，待人厚道，孝顺父母，忠于朋友。他完全不懂虚伪，直言直语，我曾笑他说谎话舌头也会打结。但他讲究学问，却据理力争，有时不免得罪人，事业上受到阻碍。王国祥有科学天才，物理方面应该有所成就，可惜他大二生那场大病，脑力受了影响。他在休斯研究人造卫星，很有心得，本来可以更上一层楼，可是天不假年，五十五岁，走得太早。我与王国祥相知数十载，彼此守望相助，患难与共，人生道上的风风雨雨，由于两人同心协力，总能抵御过去，可是最后与病魔死神一搏，我们全力以赴，却一败涂地。

我替王国祥料理完后事回转圣芭芭拉，夏天已过。那年圣芭芭拉大旱，市府限制用水，不准浇灌花草。几个月没有回家，屋前草坪早已枯死，一片焦黄。由于经常跑洛杉矶，园中缺乏照料，全体花木黯然失色，一棵棵茶花病恹恹，只剩得奄奄一息。我的家，成了废园一座。我把国祥的骨灰护送返台，安置在善导寺后，回到美国便着手重建家园。草木跟人一样，受了伤须得长期调养。我花了一两年工夫，费尽心血，才把那些茶花一一救活。退休后时间多了，我又开始到处收集名茶，愈种愈多，而今园中，茶花成林。我把王国祥家那两缸桂花也搬了回来，因为长大成形，皮蛋缸已不堪负荷，我便把那两株桂花移到园中一角，让它们入土为安。冬去春来，我园中六七十棵茶花竞相开发，娇红嫩白，热闹非凡。我与王国祥从前种的那些老茶，二十多年后，已经高攀屋檐，每株盛开起来，都有上百朵。春日负暄，我坐在园中靠椅上，品茗阅报，有百花相伴，暂且贪享人间瞬息繁华。美中不足的是，抬眼望，总看见园中西隅，剩下的那两棵意大利柏树中间，露出一块楞楞的空白来，缺口当中，映着湛湛青空，悠悠白云，那是一道女娲炼石也无法弥补的天裂。

赏读

在《树犹如此——纪念亡友王国祥君》里，白先勇以回忆往事为主干，通过平淡冷静的文字，记叙与挚友王国祥38年的情谊——从考大学前的一次偶遇直到王国祥因病去世。作品情真意切，感人至深。

文章开篇，先写到意大利柏树的形貌，“平地拔起，碧森森像座碑塔，孤峭屹立”。这样的描述，无端地让人想到死亡。也许，这棵意大利柏树，就是树在他心中的友人的墓碑吧。那是一座活着的墓碑，在时光的长河里，非但不曾淡忘，却日复一日随着年岁不断生长，缠绕着他的心，直到那心上遍布一片树木搭建的青冢。在这里，作者用最淡漠的文字，诉说了最刻骨的悲凉。

而后是回首往事。那年十七岁，两个赶去上课的男孩子，在学校阴暗狭窄的楼梯上，狭路相逢，也许那一刹那眼神的交会，白先勇和王国祥，从文学到科学，从少年到中年，已经注定了此后数十年的不渝如恒。

最幸福的时光也许是在圣芭芭拉的阳光下，“国祥爬上树去，我在下面接应，一下工夫，我们便采满了一桶殷红光鲜的果实。收工后，夕阳西下，清风徐来，坐在园中草坪上，啜杏子酒，啖牛血李，一日的疲劳，很快也就恢复”。还是淡淡的文字，却溢满了一种清澈的喜悦。“圣芭芭拉夏天凉爽，在和风煦日下，胼手胝足，实在算不上辛苦。”与最亲密的朋友在一起，一天劳作的辛苦，也就化作了最简单的温柔与欣喜。

然而幸福与惬意的日子总是短暂的。正当他们以为人生前景充满金色的时候，却不料遭遇了命运的凶险，王国祥旧病复发，并且情况严重，治愈的概率极低。但在这一过程中，王国祥表现得很坚强，而作者也一直为他寻医问药，希望还有一丝希望。因为在青年时代，他们也是这么互相关照的。不过这次，却没有第一次的幸运，二十多年潜伏的疾病再次复发，王国祥得每周去输血。即便如此，他们还是很乐观，有时甚至苦中作乐。

白先勇四处寻医，使人感受到朋友间一种真正的友谊和无私的付出，而接下来的描写更让人感动。文章写王国祥度过最后一个生日的时候，身体虚弱到举步维艰，但白先勇不愿扫王国祥的兴，说道：“我们不要在这里吃饭了，回家去做寿面吃。”虽然看起来平淡无奇的话语，其中却是满满的辛酸难受和心疼。他们最后一次交谈同样是那么平常：“你先回去吃饭吧。”“明天早上我来接你。”岂料，第二天意外就发生了。文中这样写道：“显示器上，国祥的心脏愈跳愈弱，五点钟，值班医生进来准备，我一直看着显示器上国祥心脏的波动，五点二十分，他的心脏终于停止。我执着国祥的手，送他走完人生最后一程。霎那间，天人两分，死生契阔，在人间，我向国祥告了永别。”这一段描写，催人泪下。尤其是“在人间”三个字，分外突出。也许，这三个字是白先勇在默默地说，我与你，只是在人间告别，心却从不曾分离过片刻。最深的情，也许常常隐藏在最平淡的文字里，因为情深，而不知该从何处说起；因为珍重，而越发无处着墨，最终只能留下这淡淡的只言片语。

白先勇的散文，深情而内敛、精致而严谨。作者在人生和艺术两方面的积淀，使这篇散文的写作技巧达到了炉火纯青的地步，感情与技巧已经浑然一体，值得我们一而再，再而三地去读、去品。

作品

老舍和朋友们①

胡絜青　舒　乙

朋友二字，对老舍有至高无上的意义。

他曾经想不结婚，到了三十而立的年岁还没有什么动静，说是不能因为结婚而疏远了朋友。朋友们可着了急，反驳他说："你要是再不结婚，会变成一个脾气古怪的人，朋友们便不再理你！"为了怕丢掉朋友，这才点了头——找女朋友结婚。不过，他说："你们去帮我找吧。"把这事又交给了朋友们。

终生大事全是为朋友、靠朋友。

老舍由十四岁起便离开了家，那一年他开始念中级师范，从此，没有再回家长住。他只是在星期日或过年、过节才回家看看母亲。他很爱他的母亲；可是，他成年累月住在学校里和同学家里。

三十岁那年老舍由英国回国之后，也没有和母亲住在一

① 选自《十月》（1985 年 8 期）。胡絜青（1905—2001），原名玉贞，笔名燕崖、胡春，号洁青，满族，北京人，中国文学家舒庆春（老舍）之夫人，主要代表作有《老赶不上趟》《老舍和朋友们》。舒乙，1935 年出生于青岛，满族，北京人，中国文学家舒庆春（老舍）之子。主要代表作有《老舍和朋友们》《老舍的爱好和关坎》《冰心心中的波澜》。

起。他当时还没有成家，直接由车站到了好友白涤洲家。

后来，老舍在济南和青岛教书，中间回北平几趟，轮流住在白涤洲、齐铁恨、罗常培三位老友家，有时回家看看母亲。

朋友的家便是他的家。

在家中，老舍不爱说话，相当严肃。

在朋友面前，老舍的话相当多，而且很幽默，判若两人。

老舍每天要写一、二千字到二、三千字，在家的时间，他都给了这一至三千字。他静静地吸烟，然后写；静静地喝茶，又写；静静地摸骨牌，再写；静静地擦桌子，还写；静静地搬水浇花，继续写；静静地看画，写，写，写……思想直接变成了文字。

一心不二用，绝对的。专心到了在家中语言似乎失去了它的功能。在老舍写作的最旺时期，甚至发生过在书桌上写个便条要家人去办事，以至一整天一句话也不说。

他结婚之后，曾对新婚的妻子恳切地宣布了他的两个“小毛病”：

一、每天早上起床之后，我从不说话，脑子里装满了要写的东西。不要奇怪，我绝不是在生气，请你原谅；二、你看见我一个人点起烟卷想事的时候，请千万别理我。

但是，只要朋友一来，废除一切戒律。一切都围绕着朋友转。不论是来谈什么，上至文学、艺术和国家大事，下至花草、小孩和风土人情，全成。舍文陪君子，而且永远笑容可掬，谈笑风生。

朋友们对老舍也十分体贴，熟朋友们一致商定，谁也别上午去打搅他，让他安静地写一个整上午，有什么事下午再说。这，也成了规律。

但也有几位三日不见便心里痒痒的老友，忍不住还是要上午乃至清晨就来看老舍。赶到见了老舍，便远远地摆手，再指点着花草，意思是“不是来看你的，你干你的，不用管我，我看看花！”他们悄悄向家人打听老舍的起居安康，然后，心满意足地“看花”归去。

不管怎么说，老舍的客厅，他的时间，他的心永远向朋友们敞开着。

写，重要；朋友，更重要。

外地文艺界朋友来京，老舍必约至小馆相聚，这也是规律。

北京不少饭馆的经理、领班和厨师都认识老舍，是老朋友了。老舍根据来客的特点，说上一、两句关照的话。厨师朋友心领神会，立刻能掂配出一桌能使客人满意的饭菜来。

巴金同志不常来北京，每次来京时，老舍总会抓起电话，兴致勃勃地通知老朋友们："老巴来了，来聚聚吧！"他愿意让更多的老朋友一齐来分享他的快乐。巴金能喝一点酒，也很能吃菜。在喧闹的朋友中间他是个安静的人，他思路敏捷，记忆力强，用乡音很重的四川话作些短短的插语，更多的时间是点头和眯着眼睛微笑。老舍爱他外貌的忠厚和爱他内心的奔放同样强烈，对老舍来说，和老友相会，是莫大的愉快，他陶然其中，其乐无穷。

欧阳山由广州来京的时候，老舍也把老朋友们都请了来。有一次还开了"预备会"，因为他想教一位北京的处在创作低潮的作家出来会会老友解解愁，"但是，今晚，谁也不准谈创作，不能再刺激他！"欧阳山带头响应，"成！咱们谈别的。"

有时，来了正在"倒霉"的朋友，他们心情不佳，躲着朋友，不愿露面。但是，只要被老舍知道，千方百计也要把他们找着，然后下函相约，正式设宴招待。见了面，并不谈那些倒霉的事。对于象石挥等等委屈遭难的朋友来说，这一餐非同小可，他们吃下去的岂止是北京的名菜，而是他们最需要的人间的温暖，朋友的温暖。

老舍常开家庭赏菊会，这是他联络朋友的一种特殊方式。

他是北京人，出生在旗人家庭。老北京旗人都爱养花。他的父亲爱养菊花，他的哥哥是养菊名手。解放后，有了条件，老舍自己在哥哥的指导下也开始种菊花。到了秋天，几百盆菊花一齐盛开的时候，老舍的心便按耐不住了，一定要分期分批地邀请朋友们共赏他的劳动成果。

来老舍处赏菊，常常尝到各种北京小吃，包括烤肉或者涮肉。于是，赏菊会常常变成了联欢会。作家们在紧张的创作之余，在这里得到了最愉快的休息。赵树理的上党梆子，欧阳予倩的清唱，老舍自己的《审李七》、《捉放曹》或者《钓金龟》相继上场，几条豪放汉子的高歌，险些儿把房顶掀掉。

告别了老舍的菊会，朋友们得到的，大概不止是婀娜多姿的菊花留下的印象。

老舍最敬佩周恩来同志，他们之间除了上下级工作关系，还保持着一种党的领袖和党外人士、同志、好朋友兼而有之的关系。

周总理曾经到迺兹府丰盛胡同十号找老舍长谈。有一次，两人由两点一直谈到六点，并一起进餐。周总理告诉老舍：对老舍来说，留在党外起的作用更大。

今年，老舍八十五岁诞辰纪念会前夕，邓颖超同志送来一张照片，是总理和她在家中照的一张合影。照片上邓颖超同志手中拿着一把大绢地团扇，扇面摆得正对镜头，扇面上工笔彩绘牡丹下有一行老舍的题字清晰可见："昔在帝王家，今供万亿人赏。颖超同志拂暑"。总理和颖超同志都在微笑，照得十分传神。颖超同志的这件生日馈赠真是选择得好。这扇，这合影，这字，都是深厚情谊的最好注解。

老舍生前最后的一封信是写给总理的。一九六六年八月初，老舍积虑成疾，大口吐血，入了北京医院。他在一个小学生用的笔记本上起草了一封给总理的信，只有两短句："我病已愈，您不用来看我。"

他想见总理，有好多话要对总理说，总理是老舍最信赖的知心人。可是，老舍没有发出这封信。

几天之后，刮起可怕的风暴，老舍以死相拚。此时，有一个坚定的信念支配着他——"人民是理解我的！总理最了解我！"他说着这句话，视死如归。

这便是力量！是多年的友谊浇灌哺育了这力量！

老舍突然去世之后，第一个出来为老舍说话的，果然是周总理，象收到老舍的那信，象听到老舍的那话……

他们的心果然相通。

如果按职业划分的话，老舍有一帮画家朋友。

老舍爱画。不算老舍自己的本行，老舍有三大爱好：看画、养花、写字。爱画大概是首位的。

老舍不是画的收藏家，也不是画的鉴赏家，他是画的爱好者和崇拜者。

爱画、崇拜画，也就爱和画家来往。

老舍患有坐骨神经痛症，腿脚不便。但是每次大小美术展览会他必到，还要当场自己掏钱买画，而且专找还没订出去的画或者少有人订的画。他愿意让每个人都不受到冷淡，他愿意让每位画家的劳动都受到社会的尊重。这些被他买下的画，当场被标上一个小红纸条，上面写着“老舍订”。

解放初，许多北京的国画家尚未被安排工作，生活比较窘迫。他们常常拿些自己的作品来，让老舍欣赏挑选。老舍绝不让他们扫兴而归，总要高高兴兴地留下一、两幅，而且一定立即付稿酬。于是，一时，老舍家中国画家们络绎不绝。到春节，老舍必定精心拟草一大份名单，然后自己出钱，分成一份一份，用红纸包好，让家人按名单给画家们一一送去。后来，老舍以北京市文联主席的身份帮助这批画家成立了中国画研究会，开办了作品展销门市部，最后，征得周总理的同意在一九五七年成立了国家正式兴办的美术创作机构——北京中国画院，老画家们纷纷走上了固定的工作岗位。

老舍还有一大帮戏剧界和曲艺界的朋友。

不知道是什么原因，这两界的朋友多数客气地叫老舍为“老师”，这么一来，带来了非同一般的影响。戏剧界和曲艺界在继续和维持师徒关系的仪礼规矩上可能是最坚定的。所以，老舍和他们的关系是一种新老兼有的奇特关系，在内容上是新式的同志式关系；在形式上还保持有老式的残迹。

刚解放时，每到老舍过生日和过春节的时候，这两界的朋友，一些颇有名气的演员一定要到家中来请安。一进门，他们就大叫一声“老师”，然后就要行叩礼，这大出老舍的意料。他恐慌地阻止，随即哈哈大笑：“都什么年月了，怎么还记着这个哪？”只见他们毕恭毕敬，垂手而立，不坐也不说话，完全是洗耳恭听的架式。老舍用双料的笑话、加倍的幽默、格外的殷勤去打消这些老规矩和老习惯。

老舍和四大名旦、名净郝寿臣、名须马连良解放后也成了好友，来往甚密。老舍对他们的艺术造诣很推崇，多次在青年文学工作者面前以他们严肃对待艺术的态度、过硬的基础功夫和不断创新的精神为例，讲解文艺上相通的规律。有一次，老舍和梅兰芳一同出国，主动要求和梅兰芳同住一屋。两位老人，彼此照应，互相搀扶，形影不离。外国记者向梅博士约稿，老舍替他开夜车，一夜赶出两篇来。

老舍曾经收到徐兰沅先生赠送的梅先生早年演《晴雯撕扇》时当场撕掉的一把扇子，扇面是梅先生自己在演出前精心画的菊花，梅先生每演一场都事先画一把，演出时当场撕一把，从不马虎。从此，老舍添了一个爱好，专门收集京戏表演艺术家画的扇面。他惊奇地发现，由清朝到民国再到解放后的著名京戏表演艺术家大部分善画。老舍花了十几年的工夫收集了一大批前几辈和当代名伶的扇面，共有一百余把。这套珍贵的“家宝”忠实地记载了老舍对京戏的特殊爱好，以及他和艺人们的特殊友谊。

可惜，不识货的抄家者只在清单上写了几个字：扇一捆，一百六十三把。大概是象小白菜一样论捆地处理了吧？老舍的在天之灵，说不定，正在为它们的失落而哭泣呢!

老舍交友，并不以有名气为准，不少名气不大的或者地道的小人物，也和他是莫逆之交。

老舍结婚时，操办者原准备请一位有名的学者证婚。老舍不同意，他要让宝乐山大哥—— 一位比他大十一岁的，被他视为兄长的、对他有过帮助和影响的普通人——为他证婚。

在重庆，百龄餐厅的老板杨作权和大鼓名手富少舫是老舍最好的朋友中的两位。他写信告诉刚到重庆的家人：有什么事为难，是借钱，是找车，不管什么事，去找他们二位，一定会帮忙的，比办自己的事还上心。

在北碚，一位北方茶叶铺老板冯玉斋是老舍的好友。老舍上街，必到冯老板的茶叶铺小坐，聊聊。

在北京，一位小酒店的经理陈默邨是老舍的好友。赶到老舍要宴请朋友，必写信给陈经理订酒，称他为“陈先生”。陈经理的小手提包里永远放着一本翻得卷了边的《骆驼祥子》或者老舍的别的什么书。

北京体育保健医师刘世森、裱画工人刘金涛也和上面提到的几位一样，是属于常来常往型的普通人当中的好朋友。他们属于各行各业，其中以警察、花匠、拳师、店员、车夫、泥瓦匠和家庭妇女为多。

老舍每次出国访问回来，总要列一份小名单，小烟碟给谁，小木偶给谁，小首饰给谁，小雕像给谁，把所有收到的个人小礼物都赠给好友。

老舍常常把朋友写进他的作品之中，比较典型的有《鼓书艺人》、《歪毛儿》、《毛博士》、《离婚》等等。

老舍常常由朋友给他讲的故事中得到启发，以这些故事为线索创作出他的作品来，比较典型的有《骆驼祥子》、《柳屯的》、《上任》等等。

不能说，他交朋友是为了把他们写进自己的作品，或者给自己的作品找些好题材。不，不是这样；如果是这样，就不易交上真朋友。

但是，老舍广交朋友和有许多知己这个事实，无疑，对他的创作有着极大的好处和方便。他的大脑中储存了无数活的人物和活的语言，到他需要的时候，他便把他们找出来，把两、三个乃至五、六个熟悉的形象，凑到一个人身上，经过再加工，便能塑造出一个新的文学上的形象，这也算是一种生活积累吧。

有这么多各行各业的朋友朝夕相处，可能用不着再拿小本本去到处给模特儿“相面”和“写生”了。

老舍不大参加写什么题材为好的争论，他经常勇气十足地跑进他本来比较生疏的行业或题材里，写出的东西有时颇失败，有时却也比较成功。其中，有一个因素不可忽视，他靠人物取胜，靠人物的性格和语言取胜。

朋友，大批的朋友，应该说，是老舍写作的取之不尽的素材源泉之一。

老舍生来好交友，又偏偏当了作家，这倒是一件妙不可言的巧合。

十年动乱摧毁的东西实在太多，“友谊”也在其中。象夺去很多人生命一样，人们的友谊也被夺去，代之而来的是恐惧、诬陷和人人自危。而且，时至今日，在几代人们的心灵上，也还没有完全抹去那场大灾难的遗迹。对旁人的关心不够、知心的话少说、日常的交往比较稀疏、生前淡漠死后评价高……凡此等等，都还要一些时日才能彻底扭转。好在，经过寒冬的考验之后，人们更知阳光和温暖的宝贵，更渴望得到那一度失去的欢乐。

让文明古国传统的友谊美德永远长存吧！

没有友谊的生活，不会是绚丽多彩的；绚丽多彩的生活，也不会没有真正的友谊。让友谊的魅力激励我们去夺取更加绚丽多彩的明天吧！

一九八四年九月十二日于北京

载《十月》1985年8期

赏读

这是一篇写真人真事的叙事散文。它以已故著名作家老舍为描写对象，是老舍一生经历中友谊交往的忠实写照。它生动地再现了老舍为朋友、为人民真诚友爱、无私奉献的优秀品格。本文作者是老舍夫人胡絜青及其子舒乙。他们对老舍一生为人最了解最熟悉，对老舍为朋友、重友情的高尚情操有独特感受，他们能从历史的反思中把真正的友谊看作是社会主义新型人际关系的标志，站在历史高度正视社会、烛照人生，提出消除十年灾难的遗迹，让友谊净化心灵，创造绚丽多彩的生活的重大社会问题。文章从这一角度抓住老舍好交友、重友谊的个性特点，立意新颖，感情奔放，不仅具有纪念意义和史料价值，而且叙事、抒情、议论和谐统一，富有哲理性，耐人品味。

这篇具有独特风格的叙事散文，在艺术表现上颇有特色。

首先，构思精巧，结构严整，形散而神凝。全文以空行间隔标明，共分十个自然段，除开头点题立意，结尾议论抒情外，可分为两部分。前半部分对老舍做历史性叙述，通过"以朋友的家为家""舍文陪君子""宴请外地文艺界朋友""家庭赏菊会""与周总理的交往"等五个方面，概括地表现老舍一生为朋友的深厚情谊；后半部分按职业划分进一步写老舍广结良友，在各行各业都有莫逆之交。大批的朋友，是老舍写作取之不尽的素材源泉之一，对形成老舍创作中靠人物取胜，靠人物性格和语言取胜的特点有重要影响。全文以叙事为主，写人写事扣紧友谊两字，围绕"让文明古国传统的友谊美德永远长存"的主旨谋篇布局，首尾呼应，纵横开阖，由表入里，结构相当严谨。写人写事扣紧心理活动，突出精神境界；在叙事基础上强化抒情、议论，做到纪实举要，寓情于事，引发议论，赋予作品深刻隽永、质朴明快的风格。

其次，以人物为中心，把叙事与写人结合起来，在特定的时代背景、环境气氛、朋友关系中，描绘了个性鲜明、对朋友真诚、对别人无私奉献的老舍的形象。散文写真人真事，不像小说那样可以虚构情节和人物，容易流于见事不见人。这篇叙事散文以"老舍与朋友们"为题，精心选择典型事件和生动细节，透过老舍交友的言行举止揭示人物的内心境界，刻画老舍的性格特点，使读者如眼见目睹一般在脑海中浮现出老舍可敬可亲的形象。譬如

“舍文陪君子”那段，描写老舍在家专心创作，以至整天不言语，对新婚的妻子恳切宣布自己的两个“小毛病”，但是，朋友一来就一切围绕着朋友转，谈笑风生。作者写道，“他的心永远向朋友们敞开着”；“写，重要；朋友，更重要”。顺着生活，饱含激情，笔底下自然而然如行云般流畅，叙事、抒情、议论浑然一体，情趣盎然，境界全出，形象栩栩如生。随着生活视野的开拓，从不同事件不同侧面进行描写，使人物形象更加丰富，性格更为鲜明。从对巴金、欧阳山的宴请，周总理登门拜访，促膝交谈到邓大姐馈赠照片，不断加深读者对老舍的了解。总理是老舍最信赖的知心人。在林彪、“四人帮”的摧残迫害下，朋友被隔绝，仇恨淹没了友谊。老舍说：“人民是理解我的！总理最了解我！”为了人的尊严，他付出了高昂的血的代价，视死如归。这篇纪实散文，把老舍形象写活，流注了人民对人民艺术家崇敬爱慕的激情，使我们想起他不禁泪下，对迫害摧残他的“四人帮”之流更加痛恨。

最后，在真诚质朴中运用各种艺术表现方法，把叙事、抒情、议论有机结合起来，创造出事、情、理和谐统一的散文意境，很有特色。其一，语言简练质朴，夹叙夹议，倾注激情，虽无华丽的辞藻，却在平易流畅中求文采、求奇警。譬如开头一句提出，“朋友二字，对老舍有至高无上的意义”，从平凡的生活中提出不平凡的见解，引起悬念，让人思索。接着提出结婚与交朋友的矛盾。他为了怕丢掉朋友才结婚，一句“你们去帮我找吧”，平淡自然，却形象全出。一个憨厚洒脱，一切为朋友、靠朋友的青年老舍，从谈笑声中浮现读者脑际。老舍被称为语言艺术大师，以幽默著称。他指出，“散文不能像诗那样创造语言，所以我们须去找那些最自然最恰当的现成的字”，“无论说什么，必须真诚”。他认为：“晦涩是致命伤，小说的文字须于清浅中取得描写的力量。”（《老牛破车·语言与风格》）这篇散文语言简练自然，清浅有力，发扬了老舍语言艺术的风格。

其二，运用对比、烘托手法突出老舍的行为品德、思想气质。写作与交朋友，宴请文坛名家与招待委屈遭难的朋友等描写，都通过对比、烘托写出老舍与朋友真诚相待，患难与共的高尚情操。在通篇结构上，前半部分写与文艺界知名人士以及和周总理的友谊；后半部分写与美术、戏剧、曲艺界及各行各业朋友的交往，突出他不以名气大小为准，甚至对地道小人物也有莫逆之交。前后对比不仅说明其交游广泛，密切联系群众，而且突出他平等待人，真诚无私，关心别人的品格。对比是揭示矛盾，描述事物的性质、特点的一种方法。作品一方面描写了“舍文陪君子”，说明勤写作与交朋友存在矛盾；另一方面又指出大批朋友成为老舍创作取之不尽的源泉，把写作与交友，为朋友与为人民统一起来，把真正的友谊建立在关心别人，搞好事业的基础上，让人间增添温暖和欢乐，让生活更美好。这就深化了作品的主题，把思想与艺术更好地统一起来。

其三，通过叙事去抒情，引发议论，富有哲理性。结尾一段是在全篇叙事写人的基础上，针砭时弊，期望未来，也是作者感情的抒发与理想的展望。它明确指出友谊是传统美德，绚丽多彩的生活，不会没有真正的友谊，赋予作品深刻的哲理性，发人深省，激发人们去夺取更加绚丽多彩的明天！

作品

如此啊，好兄弟[1]

恒　平

在肮脏的街角
我们相依而眠
呼吸那么安详
如此啊，好兄弟

纵马跃过市场
怀抱心爱礼物
爱人那么美好
如此啊，好兄弟

在古老的村庄
我们漫步而行
歌声那么瘦弱
如此啊，好兄弟

① 选自《古金兵器谱》（中国档案出版社，2002 年版）。恒平，1967 年生于福建福州，原名蔡恒平，网名王怜花，笔名恒平，主要代表作有《古金兵器谱》《谁会感到不安》《上坡路与下坡路是同一条路》《江湖外史》等。

并肩走出酒馆
双手扶住门框
阳光那么悠长
如此啊，好兄弟

赏读

这首诗选自恒平《古金兵器谱》中的《如此啊，好兄弟》一章。作者说这“是1988年大学毕业时写给范山的一首歌谣体短诗”。全诗短小浅易，却能打动人心，回荡耳畔，的确如一首可以随时哼起的歌谣。难怪范山“一直固执而自私地认为，这是我（恒平）写的最好的诗篇”。

“兄弟”“好”在哪里？“如此”的“此”又是什么？

恒平在《如此啊，好兄弟》中写道：“在汉人的精神传统中，一直有‘季札挂剑’‘雪夜访戴’‘倾盖如故’这样的情结，讲的都是男人和男人之间的故事。这也是汉人的精神中令人神往的部分。‘义’之一字，在汉语中是一个关键词，但却只可意会，不可言传。事实上，它就是通过这些故事来代代相传的。”

我们不妨把这“男人和男人之间”的情结视作友谊。本诗恰恰选择了那些关于友谊的平凡事件入诗。旅行、恋爱、聚餐这些日常生活中的细节、场景，正是青春生活中值得人们怀恋的部分。“好兄弟、心爱礼物、美好爱人、古老村庄、漫步、歌声、酒馆、悠长阳光”，这些意象即便不入诗，当我们嘴里念出这些词语，诗意就奔涌而来。因为这些词语本身就充满诗性光辉。而友谊也是通过这些诗性词句渗透到我们内心的各个角落。

诗人阿顾曾这么评价恒平的诗：“诗句是如此简单明了，或许任何解释都显得多余。读者会觉得它好，只是很难说清它好在哪儿，和其他作品有什么不同。”但或许正是这些简单明了的诗句能给年轻的读者以诗歌的启蒙。

这首歌谣体短诗承继的正是“重章迭唱”的诗歌传统。全诗四个小节，字数整齐，又体现了对诗歌结构主义的追求。在句法上，除了主句“如此啊，好兄弟”作为每个小节结句外，每个小节的第一、二两句句式交错呼应，如第一、三小节的“在肮脏的街角/我们相依而眠”和“在古老的村庄/我们漫步而行”，第二、四小节“纵马跃过市场/怀抱心爱礼物”和“并肩走出酒馆/双手扶住门框”，句式整齐又富有变化，交错呼应，共同布局了关于友谊的深刻细节；每个小节的第三句分别用了同样的句式“……那么……”，在前两句叙事的基础上完成情感的抒发与推进，再用主句的反复吟唱加以闭合与延长。我们从中能感受到一种回还往复的音韵美。这种音韵美是诗句以一种连续性的流动所产生的内在节奏来展开的。这也正是现代诗歌在音乐性上应有的追求。

诗歌的阅读应当兼顾意象与韵律两个角度。但愿恒平这首小诗的阅读体验能给我们这样的启迪。能在这些“简单明了”的诗句背后获取诗歌阅读经验，这才是读诗最好的事情。

切磋琢磨

1. 钱锺书在《谈交友》中说道：“真正的友谊，是比精神或物质的援助更深微的关系。”其他 5 篇文章能印证这个观点吗？请说说你的看法及理由。

2. 《范爱农》《纪念志摩去世四周年》《树犹如此——纪念亡友王国祥君》都是悼念亡友的文章。请你比较这 3 篇文章，提炼 3 ~5 条这类文章的共同特点。

3. 散文的情感需要精准的语言来传达。请在每一篇文章中找出一句最能打动你的句子，设计一套图文并茂的友谊书签，送给你的同学。

曾经沧海难为水

◇ 爱　张爱玲

◇ 爱是不能忘记的　张洁

◇ 橄榄　张抗抗

◇ 问青春（节选）　张闻昕

◇ 雨巷　戴望舒

◇ 双桅船　舒婷

导读

据希腊神话记载，人类曾经是一种特殊的动物，有四只手和四条腿、两副面孔，四只耳朵。这种形象使奥林匹斯山的诸神感到惊恐，于是宙斯决定把人劈为两半，成为现在的样子。自从人体被劈开的那一天起，分开的两半便开始寻找，渴望着和自己的另一半重新结合——人类的爱情从此产生。千百年来，爱情以不可抗拒的力量，顽强地占据着人类生命的重要位置，并在人类社会中导演了一幕幕悲喜剧。

什么是爱情？古今中外智者先贤曾对此做过各式各样的解释，有人将爱情划分为凡俗的爱与天上的爱，割裂爱情精神与肉体的关系；有人视它为邪恶力量，是人类的敌人；还有人从不可知论出发，认为爱情是人类关系中最神秘的领域；存在主义哲学家则否定爱的存在，将爱与“自由”对立……所有这些观点无疑都是失之片面的。爱情是人类在社会发展中男女感情的最高凝结，是男女之间精神和肉体相联结的复杂的多层次的系统。总之，爱情是人类最美好的语言。只要人类存在，爱情便不会湮灭，人类对爱情的追求就不会稍减，这是爱情的可贵和深刻性所在。很难想象，如果人类没有爱情的温润，社会将如何发展，人将如何为人？

文学艺术几乎从一开始就与爱情结下了不解之缘，且从未衰竭，因而爱情被称为文学“永恒的主题”。一部世界文学艺术史，如果从动因学和题材学的意义上抽去爱情，那么，历史肯定面目全非，世界文学艺术史也会因此变得教条僵硬、枯燥乏味。

中国现当代文学中所表现的爱情，具有总体化的现代形态和现代色彩。同时，基于爱情多彩多姿的个性化特征，它在不同作家笔下又是因人而异的。从这些作品中，我们可以感受到两情融洽的和谐美，也可以读到相思的幽婉与惆怅。有成功的快乐，有失败的怆痛。这些作品，是现当代中国社会生活的折光。通过这些爱情篇章，我们可以透视到丰富的社会时代内容。在这个意义上，也恰好印证了爱情的真正含义：爱情不是象牙塔，它是与人生、社会密切相连的，那种象牙塔中的卿卿我我，缱绻柔情固然有自己的价值，但毕竟是脆弱和苍白的。

“曾经沧海难为水”所选6篇文章反映爱情题材的作品，从不同角度诠释了“爱情”这一永恒主题的真义。张爱玲的《爱》，讲述了一个古典、感伤而凄美，如薄雾轻烟般的爱情故事。短短几百字的篇幅，写出了一个女人悲惨的一生。而支撑她坎坷一生的，竟是片片飘飞的桃花。张洁的《爱，是不能忘记的》写的是一个爱情的乌托邦：一对恋人一生在一起的时间不超过24小时，他给她的信物只是一套《契诃夫小说选集》，他们之间的亲密行为也只是一次牵手，却让女主人公爱得如此刻骨铭心，终生难忘。这种纯精神式的恋爱在今天看来不可思议，却是特定年代和特定环境下的真实。张抗抗的《橄榄》，反映的是特定年代里青年男女如橄榄般略带苦涩的爱情。正因爱情是苦中有甜，甜中有苦，才如此令人向往，且回味无穷。而张闻昕的《问青春》所呈现于我们眼前的是“90后”的爱情。他们对待爱情的观念、态度和心理，与张洁、张抗抗笔下的爱情完全不同。两篇写爱情的诗歌也各具特色。戴望舒的《雨巷》，是现代爱情诗的经典，透过“雨巷”里那位丁香般的姑娘，我们感受到了爱情的美好、孤独和惆怅。舒婷的《双桅船》，借助“船”与“岸”的对话，表达一种优美复杂的爱情心理。它是爱的倾诉，也是对美好事物的寻求。

作品

爱[①]

张爱玲

这是真的。

有个村庄的小康之家的女孩子，生得美，有许多人来做媒，但都没有说成。那年她不过十五六岁罢，是春天的晚上，她立在后门口，手扶着桃树。她记得她穿的是一件月白的衫子。对门住的年轻人同她见过面，可是从来没有打过招呼的，他走了过来，离得不远，站定了，轻轻的说了一声："噢，你也在这里吗？"她没有说什么，他也没有再说什么，站了一会，各自走开了。

就这样就完了。

后来这女子被亲眷拐子，卖到他乡外县去作妾，又几次三番地被转卖，经过无数的惊险的风波，老了的时候她还记得从前那一回事，常常说起，在那春天的晚上，在后门口的桃树下，那年轻人。

于千万人之中遇见你所遇见的人，于千万年之中，时间的

① 选自《华丽缘》（皇冠文化出版有限公司，2010 年版）。张爱玲（1920—1995），原名张煐，笔名梁京。祖籍河北丰润，生于上海。中国现代作家，主要代表作有《茉莉香片》《倾城之恋》《红玫瑰与白玫瑰》《张爱玲全集》等小说。

无涯的荒野里，没有早一步，也没有晚一步，刚巧赶上了，那也没有别的话可说，惟有轻轻的问一声："噢，你也在这里吗？"

初载于一九四四年四月上海《杂志》第十三卷第一期。

赏读

爱，这一永恒的、古往今来述说不尽的主题，张爱玲仅以几百字的袖珍篇幅，便写出了其中的真味。不同于冰心的清浅甜美，也有别于丁玲的大胆直露。《爱》展示的是一种古典含蓄、类似于"冰山风格"般的爱。

关于《爱》，有以下几种解读：

一是以"爱"悟"空"。《爱》以"这是真的"起首，最终却告诉我们"爱"都是"假""假名"或"空"，由"爱"之"空"，让我们体会到了生命本体的荒凉和虚无。

二是一个精神分析的文本。《爱》有两个结构：显在结构和潜在结构。显在结构从《爱》一文的"实生活"层面的描述中，我们看到了一个极为平凡普通的邻家女子悲惨的一生。

潜在结构从《爱》寓意的关键词之一"和谐与默契"中看出这是人与人感情萌生的基础，也是张爱玲所认定的世俗人生的安稳的"底子"。

三是一则苍凉的爱情寓言。《爱》是张爱玲于1944年写的，当时她与胡兰成正处于热恋中，但文章却丝毫没有那种热恋中人狂热、骚动不安的感情，更多的是苍凉与无奈，它不是一个美丽的爱情童话，更像一则寓言。波澜不惊中娓娓道来，告诉读者"爱究竟是什么"。情感的内敛，叙述的开放，使这则寓言式的散文意蕴极具张力。

四是男权社会里女人的悲剧。《爱》，诉说了一个凄婉的故事。作者以一个假设的身份转述了一段亦真亦幻的故事，诉说了一个男权社会里女人的悲剧。中国几千年封建社会，女人是爱情的被动者，没有选择爱情的权利，没有机会去追求爱，只有被迫处于等待爱情的处境。《爱》中蕴涵的就是这样一种悲剧。

文章大体可以分为两部分，前半部分叙述的是一个简短的故事；后半部分是一段由故事生发出来的议论。《爱》以四个字起首作一段"这是真的"，潜台词：这不是小说，更不是传奇。接下来叙述一个真的、美的、纯的，同时又是那么虚的、淡的、凄的关于"爱"的故事。张爱玲在此另起一段，六个字里用了两个“就”，就冷酷地葬送了那个在桃花盛开的春天里萌生的爱。在中国传统文化中，“桃花”意象总是与美好缠绵的爱情相联系。《诗经》中《桃夭》云：“桃之夭夭，灼灼其华。之子于归，宜其室家。”

唐代诗人崔护的《题都城南庄》：“去年今日此门中，人面桃花相映红。人面不知何处去，桃花依旧笑春风。”还有孔尚任的《桃花扇》等，也是借桃花喻爱情。

接下来的一段，寥寥数语，把以为“就这样就完了”的爱的故事平静地推向了高潮。至此，“爱”的故事结束了，张爱玲却欲罢不能，在末了一段忍不住要为她所体认的“爱”再做诠释。

这是典型的张爱玲的调子、张爱玲式的苍凉。爱是人生极其重要的篇章，不能不遭遇又难以遭遇，不能不追寻又难以追寻，它是千万人、千万年中的“刚巧”——这段话语的关键词是“刚巧”，而“刚巧”就是巧合，就是偶然，就是萍水相逢，没有必然性，哪还有什么永恒？而“于千万人之中遇见你所遇见的人，于千万年之中，时间的无涯的荒野里，没有早一步，也没有晚一步，刚巧赶上”的人只是千万分之一。不过，即使是“千万分之一”也是一种因缘。偶合的因缘成就了所谓的“爱”。潜伏的是落花流水的偶然，莺飞燕过的渺茫。尽管张爱玲在前面故事的叙述中保持着冷静，最终也不由自主地流露出她的悲音。

张爱玲曾在《自己的文章》里阐述她的创作理念：“我是喜欢悲壮，更喜欢苍凉。壮烈只有力，没有美，似乎缺少人性。悲壮则如大红大绿的配色，是一种强烈的对照。但它的刺激性还是大于启发性。苍凉之所以有更深长的回味，就因为它像葱绿配桃红，是一种参差的对照……悲壮是一种完成，而苍凉则是一种启示。”

苍凉是张爱玲作品的“底子”，无论是她的散文或是小说，无论她以素朴或是华艳的风格呈现。此篇作者对于逝水流年的敏感，对于美和爱稍纵即逝的无奈，对于女人无以把握自身命运的悲哀，也无不透着一种苍茫感、悲凉感。而令人惊叹的是，这一切都浓缩在仅仅三百多字的篇幅里，正是“妙在短——才抬头，已经完了，更使人低徊不已”。

这是一篇将“省略”之妙用到极致的大文章，将一个人从少女时代一直写到几经沧桑的老年时光，从文中，我们看到了偶然带给爱情的美好，同时也看到了偶然带给人的悲伤。

作品

爱，是不能忘记的[①]

张　洁

我和我们这个共和国同年。三十岁，对于一个共和国来说，那是太年轻了。而对一个姑娘来说，却有嫁不出去的危险。

不过，眼下我倒有一个正儿八经的求婚者。看见过希腊伟大的雕塑家米伦所创造的“掷铁饼者”那座雕塑么？乔林的身躯几乎就是那尊雕塑的翻版。即使在冬天，臃肿的棉衣也不能掩盖住他身上那些线条的优美的轮廓。他的面孔黝黑，鼻子、嘴巴的线条都很粗犷。宽阔的前额下，是一双长长的眼睛。光看这张脸和这个身躯，大多数的姑娘都会喜欢他。

可是，倒是我自己拿不准主意要不要嫁给他。因为我闹不清楚我究竟爱他的什么，而他又爱我的什么？

我知道，已经有人在背地里说长道短：“凭她那些条件，还想找个什么样的？”

在他们的想象中，我不过是一头劣种的牲畜，却变着法儿

① 选自《张洁小说剧本选》（北京出版社，1980 年版），有改动。张洁，1937 出生于北京，祖籍辽宁抚顺，生于北京。当代女作家，两届茅盾文学奖得主，主要代表作有散文集《爱，是不能忘记的》《方舟》；中短篇小说集《祖母绿》；长篇小说《沉重的翅膀》《只有一个太阳》等。

想要混个肯出大价钱的冤大头。这使他们感到气恼，好象我真的干了什么伤天害理的、冒犯了众人的事情。

自然，我不能对他们过于苛求。在商品生产还存在的社会里，婚姻，也象其它的许多问题一样，难免不带着商品交换的烙印。

我和乔林相处将近两年了，可直到现在我还摸不透他那缄默的习惯到底是因为不爱讲话，还是因为讲不出来什么？逢到我起意要对他来点智力测验，一定逼着他说出对某事或某物的看法时，他也只能说出托儿所里常用的那种词藻："好！"或"不好！"就这么两挡，再也不能换换别的花样儿了。

当我问起："乔林，你为什么爱我"的时候，他认真地思索了好一阵子。对他来说，那段时间实在够长了。凭着他那宽阔的额头上难得出现的皱纹，我知道，他那美丽的脑壳里面的组织细胞，一定在进行着紧张的思维活动。我不由地对他生出一种怜悯和一种歉意，好象我用这个问题刁难了他。

然后，他抬起那双儿童般的、清澈的眸子对我说："因为你好！"

我的心被一种深刻的寂寞填满了。"谢谢你，乔林！"

我不由地想：当他成为我的丈夫，我也成为他的妻子的时候，我们能不能把妻子和丈夫的责任和义务承担到底呢？也许能够。因为法律和道义已经紧紧地把我们拴在一起。而如果我们仅仅是遵从着法律和道义来承担彼此的责任和义务，那又是多么悲哀啊！那么，有没有比法律和道义更牢固、更坚实的东西把我们联系在一起呢？

逢到我这样想着的时候，我总是有一种古怪的感觉，好象我不是一个准备出嫁的姑娘，而是一个研究社会学的老学究。

也许我不必想这么许多，我们可以照大多数的家庭那样生活下去：生儿育女，厮守在一起，绝对地保持着法律所规定的忠诚……虽说人类社会已经进入了二十世纪七十年代，可在这点上，到也不妨象几千年来人们所做过的那样，把婚姻当成一种传宗接代的工具，一种交换、买卖，而婚姻和爱情也可以是分离着的。既然许多人都是这么过来的，为什么我就偏偏不可以照这样过下去呢？

不，我还是下不了决心。我想起小的时候，我总是没缘没故地整夜啼哭，不仅闹得自己睡不安生，也闹得全家睡不安生。我那没有什么文化却相当有见地的老保姆说我"贼风入耳"了。我想这带有预言性的结论，大概很有一点科学性，因为直到如今我还依然如故，总好拿些不成问题的问题不但搅扰得自己不得安宁，也搅扰得别人不得安宁。所谓“禀性难移”吧！

我呢，还会想到我的母亲，如果她还活着，她会对我的这些想法，对乔林，对我要不要答应他的求婚说些什么？

我之所以习惯地想到她，绝不因为她是一个严酷的母亲，即使已经不在人世也依然用她的阴魂主宰着我的命运。不，她甚至不是母亲，而是一个推心置腹的朋友。我想，这多半就是我那么爱她，一想到她已经离我远去便悲从中来的原因吧！

她从不教训我，她只是用她那没有什么女性温存的低沉的嗓音，柔和地对我谈她一生中的过失或成功，让我从这过失或成功里找到我自己需要的东西。不过，她成功的时候似乎很少，一生里总是伴着许许多多的失败。

在她最后的那些日子里，她总是用那双细细的、灵秀的眼睛长久地跟随着我，仿佛在估量着我有没有独立生活下去的能力，又好象有什么重要的话要叮嘱我，可又拿不准主意该不该对我说。准是我那没心没肺，凡事都不大有所谓的派头让她感到了悬心。她忽然冒出了一句：“珊珊，要是你吃不准自己究竟要的是什么，我看你就是独身生活下去，也比糊里糊涂地嫁出去要好得多！”

照别人看来，做为一个母亲，对女儿讲这样的话，似乎不近情理。而在我看来，那句话里包含着以往生活里的极其痛苦的经验。我倒不觉得她这样叮咛我是看轻我或是低估了我对生活的认识。她爱我，希望我生活得没有烦恼，是不是？

“妈妈，我不想嫁人！”我这么说，绝不是因为害臊或是在忸怩作态。说真的，我真不知道一个姑娘什么时候需要做出害臊或忸怩的姿态，一切在一般人看来应该对孩子隐讳的事情，母亲早已从正面让我认识了它。

“要是遇见合适的，还是应该结婚。我说的是合适的！”

“恐怕没有什么合适的！”

“有还是有，不过难一点——因为世界是这么大，我担心的是你会不会遇上就是了！”她并不关心我嫁得出去还是嫁不出去，她关心的倒是婚姻的实质。

“其实，您一个人过得不是挺好吗？”

“谁说我过得挺好？”

“我这么觉得。”

“我是不得不如此……”她停住了说话，沉思起来。一种淡淡的，忧郁的神情来到了她的脸上。她那忧郁的、满是皱纹的脸，让我想起我早年夹在书页里的那些已经枯萎了的花。

“为什么不得不如此呢？”

“你的为什么太多了。”她在回避我。她心里一定藏着什么不愿意让我知道的心事。我知道，她不告诉我，并不是因为她耻于向我披露，而多半是怕我不能准确地估量那事情的深浅而曲扭了它，也多半是因为人人都有一点珍藏起来的、留给自己带到坟墓里去的东西。想到这里，我有点不自在。这不自在的感觉迫使我没有礼貌，没有教养地追问下去：“是不是您还爱着爸爸？”

“不，我从没有爱过他。”

“他爱您吗？”

“不，他也不爱我！”

“那你们当初为什么结婚呢？”

她停了停，准是想找出更准确的字眼来说明这令人费解和反常的现象，然后显出无限悔恨的样子对我说：“人在年轻的时候，并不一定了解自己追求的、需要的是什么，甚至别人的起哄也会促成一桩婚姻。等到你再长大一些，更成熟一些的时候，你才会明白你真正需要的是什么。可那时，你已经干了许多悔恨得让你感到锥心的蠢事。你巴不得付出任何代价，只求重新生活一遍才好，那你就会变得比较聪明了。人说‘知足者常乐’，我却享受不到这样的快乐。”说着，她自嘲地笑了笑，“我只能是一个痛苦的理想主义者。”

莫非我那“贼风入耳”的毛病是从她那里来的？大约我们的细胞中主管“贼风入耳”这种遗传性状的是一个特别尽职尽责的基因。

“您为什么不再结婚呢？”

她不大情愿地说：“我怕自己还是吃不准自己到底要什么。”她明明还是不肯对我说真话。

我不记得我的父亲。他和母亲在我很小的时候便分手了。我只记得母亲曾经很害羞地对我说过他是一个相当漂亮的、公子哥儿似的人物。我明白，她准是因为自己也曾追求过那种浅薄而无聊的东西而感到害臊。她对我说过：“晚上睡不着觉的时候，我常常迫使自己硬着头皮去回忆青年时代所做过的那些蠢事、错事！为的是使自己清醒。固然，这是很不愉快的，我常会羞愧地用被单蒙上自己的脸，好象黑暗里也有许多人在盯着我瞧似的。不过这种不愉快的感觉里倒也有一种赎罪似的快乐。”

我真对她不再结婚感到遗憾。她是一个很有趣味的人，如果她和一个她爱着的人结婚，一定会组织起一个十分有趣味的家庭。虽然她生得并不漂亮，可是优雅，淡泊，象一幅淡墨的山水画。文章写得也比较美，和她很熟悉的一位作家喜欢开这样的玩笑：“光看你的作品，人家就会爱上你的！”

母亲便会接着说：“要是他知道他爱的竟是一个满脸皱纹、满头白发的老太婆，他准会吓跑了。”

到了这种年龄，她绝不会是还不知道自己到底要什么。这分明是一句遁词。我之所以这么说，是因为她有一些引起我生出许多疑惑的怪毛病。

比如，不论她上哪儿出差，她必得带上那二十七本一套的，一九五〇年到一九五五年出版的契诃夫小说选集中的一本。并且叮咛着我：“千万别动我这套书。你要看，就看我给你买的那一套。”这话明明是多余的。我有自己的一套，干嘛要去动她的那套呢？况且这话早已三令五申地不知说过多少遍了。可她还是怕有个万一的时候。她爱那套书爱得简直象是得了魔症一般。

我们家有两套契诃夫小说选集。这也许说明对契诃夫的爱好是我们家的家风，但也许更多的是为了招架我和别的喜欢契诃夫的人。逢到有人想要借阅的时候，她便拿了我房间里的那套给人。有一次，她不在家的时候，一位很熟的朋友拿了她那套里的一本。她知道了之后，急得如同火烧了眉毛，立刻拿了我的一本去换了回来。

从我记事的那天起，那套书便放在她的书橱里了。别管我多么钦佩伟大的契诃夫，我也不能明白，那套书就那么百看不厌，二十多年来有什么必要天天非得读它一读不可？

有时，她写东西写累了，便会端着一杯浓茶，坐在书橱对面，瞧着那套契诃夫小说选集出神。要是这个时候我突然走进了她的房间，她便会显得慌乱不安，不是把茶水泼了自己一身，便是象初恋的女孩子，头一次和情人约会便让人撞见似地羞红了脸。

我便想：她是不是爱上了契诃夫？要是契诃夫还活着，没准真会发生这样的事。

当她神志不清，就要离开这个世界的时候，她对我说的最后一句话是："那套书——"她已经没有力气说出"那套契诃夫小说选集"这样一个长句子。不过我明白她指的就是那一套。"……还有，写着，'爱，是不能忘记的'……笔记本、和我，一同火葬。"

她最后叮咛我的这句话，有些，我为她做了，比如那套书。有些，我没有为她做，比如那些题着"爱，是不能忘记的"笔记本子。我舍不得。我常想，要是能够出版，那一定是她写过的那些作品里最动人的一篇，不过它当然是不能出版的。

起先，我以为那不过是她为了写东西而积累的一些素材。因为它既不象小说，也不象札记；既不象书信，也不象日记。只是当我从头到尾把它们读了一遍的时候，渐渐地，那些只言片语与我那支离破碎的回忆交织成了一个形状模糊的东西。经过久久的思索，我终于明白，我手里捧着的，并不是没有生命、没有血肉的文字，而是一颗灼人的、充满了爱情和痛苦的心，我还看见那颗心怎样在这爱情和痛苦里挣扎、熬煎。二十多年啦，那个人占有着她全部的情感，可是她却得不到他。她只有把这些笔记本当做是他的替身，在这上面和他倾心交谈。每时，每天，每月，每年。

难怪她从没有对任何一个够意思的求婚者动过心，难怪她对那些说不出来是善意的愿望或是恶意的闲话总是淡然地一笑付之。原来她的心已经填得那么满，任什么别的东西都装不进去了。我想起"曾经沧海难为水，除却巫山不是云"的诗句，想到我们当中多半有人不会这样去爱，而且也没有人会照这个样子来爱我的时候，我便感到一种说不出来的怅惘。

我知道了三十年代末，他在上海做地下工作的时候，一位老工人为了掩护他而被捕牺牲，撇下了无依无靠的妻子和女儿。他，出于道义，责任，阶级情谊和对死者的感念，毫不犹豫地娶了那位姑娘。逢到他看见那些由于"爱情"而结合的夫妇又因为"爱情"而生出无限的烦恼的时候，他便会想："谢天谢地，我虽然不是因为爱情而结婚，可是我们生活得和睦、融洽，就象一个人的左膀右臂。"几十年风里来、雨里去，他们可以说是患难夫妻。

他一定是她那机关里的一位同志。我会不会见过他呢？从到过我家的客人里，我看不出任何迹象，他究竟是谁呢？

大约一九六二年的春天，我和母亲去听音乐会。剧场离我们家不太远，我们没有乘车。

一辆黑色的小轿车悄无声息地停在人行道旁边。从车上走下来一个满头白发、穿着一套黑色毛呢中山装的、上了年纪的男人。那头白发生得堂皇而又气派！他给人一种严谨的、一丝不苟的、脱俗的、明澄得象水晶一样的印象。特别是他的眼睛，十分冷峻地闪着寒光，当他急速地瞥向什么东西的时候，会让人联想起闪电或是舞动着的剑影。要使这样一对冰冷的眼睛充满柔情，那必定得是特别强大的爱情，而且得为了一个确实值得爱的女人才行。

他走过来，对母亲说："您好！钟雨同志，好久不见了。"

"您好！"母亲牵着我的那只手突然变得冰凉，而且轻轻地颤抖着。

他们面对面地站着，脸上带着凄厉的、甚至是严峻的神情，谁也不看着谁。母亲瞧着路旁那些还没有抽出嫩芽的灌木丛。他呢，却看着我："已经长成大姑娘了。真好，太好了，和妈妈长得一样。"

他没有和母亲握手，却和我握了握手。而那手也和母亲的手一样，也是冰冷的，也是轻轻地颤抖着的。我好象变成了一路电流的导体，立刻感到了震动和压抑。我很快地从他的手里抽出我的手，说道："不好，一点也不好！"

他惊讶地问我："为什么不好？"或许我以为他故作惊讶。因为凡是孩子们说了什么直率得可爱的话的时候，大人们都会显出这副神态的。

我看了看妈妈的面孔。是，我真象她。这让我有些失望："因为她不漂亮！"

他笑了起来，幽默地说："真可惜，竟然有个孩子嫌自己的妈妈不漂亮。记得吗？五三年你妈妈刚调到北京，带你来机关报到的那一天？她把你这个小淘气留在了走廊外面，你到处串楼梯，扒门缝，在我房间的门上夹疼了手指头。你哇啦哇啦地哭着，我抱着你去找妈妈？"

"不，我不记得了。"我不大高兴，他竟然提起我穿开裆裤时代的事情。

"啊，还是上了年纪的人不容易忘记。"他突然转身向我的母亲说，"您最近写的那部小说我读过了。我要坦率地说，有一点您写得不准确。您不该在作品里非难那位女主人公……要知道，一个人对另一个人产生感情原没有什么可以非议的地方，她并没有伤害另一个人的生活……其实，那男主人公对她也会有感情的。不过为了另一个人的快乐，他们不得不割舍自己的爱情……"

这时，有一个交通民警走到停放小汽车的地方，大声地训斥着司机，说车停的不是地方。司机为难地解释着。他停住了说话，回头朝那边望了望，匆匆地说了声："再见!"便大步走到汽车旁边，向那民警说："对不起，这不怪司机，是我……"

我看着这上了年纪的人，也俯首贴耳地听着民警的训斥，觉得很是有趣。当我把顽皮的笑脸转向母亲的时候，我看见她是怎样地窘迫呀！就象小学校里一个一年级的小女孩，凄凄惶惶地站在那严厉的校长面前一样，好象那民警训斥的是她而不是他。

汽车开走了，留下了一道轻烟。很快地，就连这道轻烟也随风消散了，好像什么都没有发生过，而我，不知道为什么却没有很快地忘记。

现在分析起来，他准是以他那强大的精神力量引动了母亲的心。那强大的精神力量来自他那成熟而坚定的政治头脑，他在动荡的革命时代里出生入死的经历，他活跃的思维、工作上的魄力，文学艺术上的素养……而且——说起来奇怪，他和母亲一样喜欢双簧管。对了，她准是崇拜他。她说过，要是她不崇拜那个人，那爱情准连一天也维持不了。

至于他爱不爱我的母亲，我就猜不透了。要是他不爱她，为什么笔记本里会有这样一段记载呢?

"这礼物太厚重了。不过您怎么知道我喜欢契诃夫呢?"

"你说过的!"

"我不记得了。"

"我记得。我听到你有一次在和别人闲聊的时候说起过。"

原来那套契诃夫小说选集是他送给母亲的。对于她，那几乎就是爱情的信物。

没准儿，他这个不相信爱情的人，到了头发都白了的时候才意识到他心里也有那种可以称为爱情的东西存在，到了他已经没有权力去爱的时候，却发生了这足以使他献出全部生命的爱情。这可真够凄惨的。也许不只是凄惨，也许还要深刻得多。

关于他，能够回到我的记忆里来的就是这么一小点。

她那迷恋他，却又得不到他的心情有多么苦呀！为了看一眼他乘的那辆小车，以及从汽车的后窗里看一眼他的后脑勺，她怎样煞费苦心地计算过他上下班可能经过那条马路的时间；每当他在台上做报告，她坐在台下，隔着距离、烟雾、昏暗的灯光、攒动的人头，看着他那模糊不清的面孔，她便觉得心里好象有什么东西凝固了，泪水会不由地充满她的眼眶。为了把自己的泪水瞒住别人，她使劲地咽下它们。逢到他咳嗽得讲不下去，她就会揪心地想到为什么没人阻止他吸烟？担心他又会犯了气管炎。她不明白为什么他离她那么近而又那么遥远？

他呢，为了看她一眼，天天，从小车的小窗里，眼巴巴地瞧着自行车道上流水一样的自行车辆，闹得眼花缭乱；担心着她那辆自行车的闸灵不灵，会不会出车祸；逢到万一有个不开会的夜晚，他会不乘小车，自己费了许多周折来我们家的附近，不过是为了从我们家的大院门口走这么一趟；他在百忙中也不会忘记注意着各种报刊，为的是看一看有没有我母亲发表的作品。

在他的一生中，一切都是那么清楚、明确，哪怕是在最困难的时刻。但在这爱情面前却变得这样软弱，这样无能为力。这在他的年纪来说，实在是滑稽可笑的。他不能明白，生活为什么偏偏是这样安排着的？

可是，临到他们难得地在机关大院里碰了面，他们又竭力地躲避着对方，匆匆地点个头便赶紧地走开去。即使这样，也足以使我母亲失魂落魄，失去听觉、视觉和思维的能力，世界立刻会变成一片空白……如果那时她遇见一个叫老王的同志，她一定会叫人家老郭，对人家说些连她自己也听不懂的话。

她一定死死地挣扎过，因为她写道：

我们曾经相约：让我们互相忘记。可是我欺骗了你，我没有忘记。我想，你也同样没有忘记。我们不过是在互相欺骗着，把我们的苦楚深深地隐藏着。不过我并不是有意要欺骗你，我曾经多么努力地去实行它。有多少次我有意地滞留在远离北京的地方，把希望寄托在时间和空间上，我甚至觉得我似乎忘记了。可是等到我出差回来，火车离北京越来越近的时候，我简直承受不了冲击得使我头晕眼花的心跳。我是怎样急切地站在月台上张望，好象有什么人在等着我似地。不，当然不会有。我明白了，什么也没有忘记，一切都还留在原来的地方。年复一年，就跟一棵大树一样，它的根却越来越深地扎下去，想要拔掉这生了根的东西实在太困难了，我无能为力。

每当一天过去，我总是觉得忘记了什么重要的事情，或是夜里突然从梦中惊醒：发生了什么事情！不，什么也没有发生，我清清楚楚地意识到：没有你！于是什么都显得是有缺陷的，不完满的，而且是没有任何东西可以弥补的。我们已经到了这一生快要完结的时候了，为什么还要象小孩子一样地忘情？为什么生活总是让人经过艰辛的跋涉之后才把你追求了一生的梦想展现在你的眼前？而这梦想因为当初闭着眼睛走路，不但在叉道上错过了，而且这中间还隔着许多不可逾越的沟壑。

对了，每每母亲从外地出差回来，她从不让我去车站接她，她一定愿意自己孤零零地站在月台上，享受他去接她的那种幻觉。她，头发都白了的、可怜的妈妈，简直就象个痴情的女孩子。

那些文字并没有多少是叙述他们的爱情的，而多半记载的都是她生活里的一些琐事：她的文章为什么失败，她对自己的才能感到了惶惑和猜疑；珊珊（就是我）为什么淘气，该不该罚她；因为心神恍惚她看错了戏票上的时间，错过了一场多么好的话剧；她出去散步，忘了带伞，淋得象个落汤鸡……她的精神明明日日夜夜都和他在一起，就象一对恩爱的夫妻。其实，把他们这一辈子接触过的时间累计起来计算，也不会超过二十四小时。而这二十四小时，大约比有些人一生享受到的东西还深、还多。莎士比亚笔下的朱丽叶说过："我不能清算我财富的一半。"大约，她也不能清算她的财富的一半。

似乎他在"文化大革命"中死于非命。也许因为当时那种特定的历史条件，这一段的文字记载相当含糊和隐晦。我奇怪我那因为写文章而受着那么厉害的冲击的母亲，是用什么办法把这习惯坚持下来的？从这隐晦的文字里，我还是可以猜得出，他大约是对那位红极一世，权极一时的"理论权威"的理论提出了疑问，并且不知对谁说过："这简直就是右派言论。"从母亲那沾满泪痕的纸页上可以看出，他被整得相当惨，不过那老头子似乎十分坚强，从没有对这位有大来头的人物低过头，直到死的时候，留下来的最后一句话还是："就是到了马克思那里，这个官司也非打下去不可！"

这件事一定发生在一九六九年的冬天，因为在那个冬天里，还刚近五十岁的母亲一下子头发全白了。而且，她的臂上还缠上了一道黑纱。那时，她的处境也很难。为了这条黑纱，她挨了好一顿批斗，说她坚持四旧，并且让她交代这是为了谁？

"妈妈，这是为了谁？"我惊恐地问她。

"为一个亲人！"然后怕我受惊似地解释着，"一个你不熟悉的亲人！"

"我要不要戴呢？"她做了一个许久都没有对我做过的动作，用手拍了拍我的脸颊，就象我小的时候她常做的那样。她好久都没有显出过这么温柔的样子了。我常觉得，随着她的年龄和阅历的增长，特别是那几年她所受过的折磨，那种温柔的东西似乎离她越来越远了，也或许是被她越藏越深了，以致常常让我感到她象个男人。

她恍惚而悲凉地笑了笑，说："不，你不用戴。"

她那双又干又涩的眼睛显得没有一点水份，好象已经把眼泪哭干了。我很想安慰她，或是做点什么使她高兴的事。她却对我说："去吧！"

我当时不知为什么生出了一种恐怖的感觉，我觉得我那亲爱的母亲似乎有一半已经随着什么离我而去了。我不由地叫了一声："妈妈！"

我的心情一定被我那敏感的妈妈一览无余地看透了。她温和地对我说："别怕，去吧！让我自己呆一会儿。"

我没有错，因为她的确这样地写着：

你去了。似乎我灵性里的一部分也随你而去了。

我甚至不能知道你的下落，更谈不上最后看你一眼。我也没有权利去向他们质询，因为我既不是亲眷又不是生前友好……我们便这样地分离了。我恨不能为你承担那非人间的折磨，而应该让你活下去！为了等到昭雪的那一天，为了你将重新为这个社会工作，为了爱你的那些个人们，你都应该活着啊！我从不相信你是什么三反分子，你是被杀害的、最优秀者中间的一个。假如不是这样，我怎么会爱你呢？我已经不怕说出这三个字。

纷纷扬扬的大雪不停地降落着。天哪，连上帝也是这样地虚伪，他用一片洁白覆盖了你的鲜血和这谋杀的丑恶。

我从没有拿我自己的存在当成一回事。可现在，我无时不在想，我的一言一行会不会惹得你严厉地皱起你那双浓密的眉毛？我想到我要好好地活着，好好地生活，象你那样，为我们这个社会——它不会总象现在这样，惩罚的利剑已经悬在那帮狗男女的头上——真正地做一点工作。

我独自一人，走在我们唯一一次曾经一同走过的那条柏油小路上，听着我一个人的脚步声在沉寂的夜色里响着、响着……我每每在这小路上徘徊、流连，哪一次也没有象现在这样使我肝肠寸断。那时，你虽然也不在我身边，但我知道，你还在这个世界上，我便觉得你在伴随着我，而今，你的的确确不在了，我真不能相信！

我走到了小路的尽头，又折回去，重新开始，再走一遍。

我弯过那道栅栏，习惯地回头望去，好象你还站在那里，向我挥手告别。我们曾淡淡地、心不在焉地微笑着，象两个没有什么深交的人，为的是尽力地掩饰住我们心里那镂骨铭心的爱情。那是一个没有一点诗意的初春的夜晚，依然在刮着冷峭的风。我们默默地走着，彼此离得很远。你因为长年害着气管炎，微微地喘息着。我心疼你，想要走得慢一点，可不知为什么却不能。我们走得飞快，好象有什么重要的事情在等着我们去做，我们非得赶快走完这段路不可。我们多么珍惜这一生中唯一的一次“散步”，可我们分明害怕，怕我们把持不住自己，会说出那可怕的、折磨了我们许多年的那三个字：“我爱你”。除了我们自己，大概这个世界上没有一个活着的人会相信我们连手也没有握过一次！更不要说到其它！

不，妈妈，我相信，再没有人能象我那样眼见过你敞开的灵魂。

啊，那条柏油小路，我真不知道它是那样充满了辛酸的回忆的一条小路。我想，我们切不可忽略世界上任何一个最不起眼的小角落，谁知道呢？那些意想不到的小角落会沉默地缄藏着多少隐秘的痛苦和欢乐呢？

难怪她写东西写得疲倦了的时候，她还会沿着我们窗后的那条柏油小路慢慢地踱来踱去。有时是彻夜不眠后的清晨，有时甚至是月黑风高的夜晚，哪怕是在冬天，哪怕峭厉的风象发狂的野兽似地吼叫，卷着沙石噼哩叭啦地敲打着窗棂……那时，我只以为那不过是她的一种怪僻，却不知她是去和他的灵魂相会。

她还喜欢站在窗前，瞅着窗外的那条柏油小路出神。有一次，她显出那样奇特的神情，以致我以为柏油小路上走来了我们最熟悉的、最欢迎的客人。我连忙凑到窗前，在深秋的傍晚，只有冷风卷着枯黄的落叶，飘过那空荡荡的小路的路面。

好象他还活着一样，用文字和他倾心交谈的习惯并没有因为他的去世而中断。直到她自己拿不起来笔的那一天。在最后一页上，她对他说了最后的话：

我是一个信仰唯物主义的人，现在我却希冀着天国。倘若真有所谓天国，我知道，你一定在那里等待着我。我就要到那里去和你相会，我们将永远在一起，再也不会分离。再也不必怕影响另一个人的生活而割舍我们自己。亲爱的，等着我，我就要来了——

我真不知道，妈妈，在她行将就木的这一天，还会爱得那么沉重。象她自己所说的，那是镂骨铭心的。我觉得那简直不是爱，而是一种疾痛，或是比死亡更强大的一种力量。假如世界上真有所谓不朽的爱，这也就是极限了。她分明至死都感到幸福：她真正地爱过。她没有半点遗憾。

如今，他们的皱纹和白发早已从碳水化合物变成了其它的什么元素。可我知道，不管他们变成什么，他们仍然在相爱着。尽管没有什么人间的法律和道义把他们拴在一起，尽管他们连一次手也没有握过，他们却完完全全地占有着对方。那是任什么都不能使他们分离的。哪怕千百年过去，只要有一朵白云追逐着另一朵白云；一棵青草傍依着另一棵青草；一层浪花拍打着另一层浪花；一阵轻风紧跟着另一阵轻风……相信我，那一定就是他们。

每每我看着那些题着"爱，是不能忘记的"笔记本，我就不能抑制住自己的眼泪。我哭，我不止一次地痛哭，仿佛遭了这凄凉而悲惨的爱情的是我自己。这要不是大悲剧就是大笑话。别管它多么美，多么动人，我可不愿意重复它！

英国大作家哈代说过："呼唤人的和被呼唤的很少能互相答应。"我已经不能从普通意义上的道德观念去谴责他们应该或是不应该相爱。我要谴责的却是：为什么当初他们没有等待着那个呼唤着自己的灵魂？

如果我们都能够互相等待，而不糊里糊涂地结婚，我们会免去多少这样的悲剧哟！

到了共产主义，还会不会发生这种婚姻和爱情分离着的事情呢？既然世界是这么大，互相呼唤的人也就可能有互相不能答应的时候，那么说，这样的事情还会发生？可是，那是多么悲哀啊！可也许到了那时，便有了解脱这悲哀的办法！

我为什么要钻牛角尖呢？

说到底，这悲哀也许该由我们自己负责。谁知道呢？也说不定还得由过去的生活所遗留下来的那种旧意识负责。因为一个人要是老不结婚，就会变成对这种意识的一种挑战。有人就会说你的神经出了毛病，或是你有什么见不得人的隐私，或是你政治上出了什么问题，或是你刁钻古怪，看不起凡人，不尊重千百年来的社会习惯，你准是个离经叛道的邪人……总之，他们会想出种种庸俗无聊的玩意儿来糟蹋你。于是，你只好屈从于这种意识的压力，草草地结婚了事。把那不堪忍受的婚姻和爱情分离着的镣铐套到自己的脖子上去，来日又会为这不能摆脱的镣铐而受苦终身。

我真想大声疾呼地说："别管人家的闲事吧！让我们耐心地等待着，等着那呼唤我们的人，即使等不到也不要糊里糊涂地结婚！不要担心这么一来独身生活会成为一种可怕的灾难。要知道，这兴许正是社会生活在文化、教养、趣味……等等方面进化的一种表现！"

赏读

20世纪70年代末至80年代初，中国文坛上人道主义文学思潮兴起，不仅在文学理论与创作上，而且在整个文化思想领域引发了一场大讨论。人们从科学技术等诸多学科领域对人性的概念内涵、人性与阶级性、马克思主义与人道主义、人道主义与文学等方面进行了深层次的思考。

在这一背景下，无论是伤痕文学还是反思文学，如刘心武的《爱情的位置》、张洁的《爱，是不能忘记的》、戴厚英的《人啊，人!》，对历史创伤进行揭露，对人的社会历史命运与人和人之间的关系进行反思时，从不同的思想层面，都以人的基本生存权利为基础，对人性、人情、人的价值与尊严给予了充分的肯定。

在《家庭、私有制和国家的起源》中，恩格斯断言，在消灭了资本主义生产和它所造成的财产关系，从而把婚姻中一切经济考虑消除后，建立在真正的爱情基础上的婚姻正是最牢靠的婚姻。"只有以爱情为基础的婚姻才是合乎道德的。"而女作家张洁以女性特有的敏感，认识到在当时中国社会的生活中，真正以爱情为基础的婚姻没有多少，而权衡利害的婚姻却随处可见。张洁写作《爱，是不能忘记的》，就是想用文艺形式表达出她读恩格斯的著作——《家庭、私有制和国家的起源》一书的体会，表达自己对婚姻与爱的理解。

张洁在《爱，是不能忘记的》中深切地描写了没有婚姻的爱情的痛苦与没有爱情的婚姻的不幸。作品并不是表层地批判所谓的封建传统道德对爱情的束缚，而是尖锐地揭示了社会现实与传统观念对人性、人的自由的剥夺以及在这种束缚与剥夺的语境中人的精神困境。小说还在中国时代社会变迁的广阔背景上探讨人类的情感，尤其是女性的心灵，在当代作家中较早地阐释、表现了女性意识。

女作家钟雨已经与丈夫离婚，自然有追求爱情的权利，可是她爱上的却是一个有妇之夫。老干部有自己的家庭，与妻子的关系是建立在道义之上的，他与女作家一见钟情，并深深相爱，显然是一种婚外恋。因此，他们必然要陷入道义与爱情的矛盾痛苦中。用传统的伦理道德观念来看，他们的爱情是不道德的，违背了世俗的伦理准则，而用理想的或现代的爱情婚姻观念来看，合理的婚姻应以爱情为基础，没有爱情的婚姻应该解体。这种婚外恋虽不合道义，却合乎人性。同样善良、理智的钟雨和老干部，他们的悲剧恰恰在于：为了道义，为了不对老干部的妻子造成伤害，他们就在现实面前止步了。她以牺牲自己的爱情为代价，维系了老干部的道义婚姻。

《爱，是不能忘记的》具有浓厚的理想主义色彩。作者张洁在此看重的不是爱情的结果，而是对理想爱情追求的过程。钟雨与老干部的爱情是理想化的爱情，二人追求的不是肉体的结合，而是精神情感上的相通。为此，作品揭示了人在现实生活中的一种无奈。正因为有这么多现实人生的残缺，才有了理想美好的追求，并以理想的精神追求，来填补现实情感上的残缺，从而获得精神上的满足与超越。作者通过人物的爱情悲剧，反映了一种普遍存在的异常现象：没有爱情的婚姻和不被尊重的爱情。作者以人文知识女性的情怀，探寻着理想的爱情、婚姻，以及这种理想与现实人生境遇的矛盾冲突。合理的婚姻应该以爱情为基础，精神相通、真心相爱的婚姻才是合乎人性本质的。而现代意义上的爱情又是建立在具有独立个性、自我肯定、自由平等基础之上的。现实的悲剧在于：符合人性本质的爱情在现实中无法变成婚姻事实，而违背人性、没有爱情的婚姻，却不仅成为现实，而且还以社会伦理道德的名义得到肯定和维护。小说透过爱情与现实的悖谬，使人们看到：人要实现自我解放是何等艰难；同时，作家向人们展示了一种合理的、符合人性的理想婚姻。

《爱，是不能忘记的》发表后曾引起观点针锋相对的评论。王蒙认为，《爱，是不能忘记的》写的是“人的感情，人的心灵中的追求、希冀、向往、缺憾、懊悔和比死还强烈的幸福与痛苦”。老作家黄秋耘在1980年第1期《文艺报》上发表《关于张洁作品的断想》一文，指出该作品探讨的是社会学问题，启发读者认真思索“我们的道德、法律、舆论、社会风气等等加于我们身上和心灵上的精神枷锁是那么多……而这当中又究竟有多少合理成分。等到什么时候人们才有可能按照自己的理想和意愿去安排自己的生活”。

而以李希凡为代表的反对者认为作品格调不高，在思想上存在弱点，离开充满浓厚的抒情气息的语言外壳，小说的思想本质是极为贫弱和渺小的，“被作者表现为给男女主人公带来爱情痛苦的传统道德标准，不仅不是我们社会在人类情感生活上所造成的难以弥补的缺陷，而且是真正的无产阶级战士必应具备的精神道德和思想情感境界”（见《“倘若真的有这样的天国……”》，《文艺报》1980 年第 5 期）。读者中也存在着两种截然不同的意见，绝大部分读者和评论者对钟雨和老干部怀有深切的同情，但也有的读者认为，作品是在宣扬男人背弃妻子另觅新欢。

作品

橄榄[①]

张抗抗

冬天从这里夺去的，
新春会交还给你。
——海　涅

那一片密集的橄榄树林，伫立在黄褐色的山坡上，树梢上似乎挂着几片低低的灰色浮云。虽值冬令，树叶儿仍是青苍葱郁。然而在那油绿的叶片背后，秋天的缀满了枝头的尖尖的小果，却早已被采摘得一干二净，连一颗也不曾剩下。它们真是一颗也不曾剩下么？我愿走遍这橄榄林来找到它们……可是，我知道，我是再也不可能找到他了。因为“我没有看见过他的脸，也没有听见过他的声音，我只听见过他轻蹑的足音，从我房前的路上走过”。我到哪儿去寻觅他呢？实在我连他的模样也记不得了啊。在我纷繁的记忆中，他很像崇山峻岭中的一条小溪流，隐没在遮天蔽日的林木深处，只在偶尔的一瞥中，能看见溪水的闪烁，却找不到它的来源，也寻不见它的去路。有

① 选自《中国散文精品分类鉴赏辞典》（南京出版社，1992 年版）。张抗抗，1950 年出生于浙江杭州。女作家，第七、八届中国作家协会副主席。曾获“全国优秀短篇小说奖”“优秀中篇小说奖”“庄重文文学奖”“第二届全国鲁迅文学奖”，主要代表作有《隐形伴侣》《赤彤丹朱》《情爱画廊》《作女》《张抗抗自选集》等。

时候，他好像在我的生活中永远地消失了。可是，在那意想不到的记忆的瞬息闪电中，他又清清楚楚地站在我的面前。想要忘掉他是不可能的。尽管至今我并不知道他的名字……

我徘徊在这一片生机勃勃的林中，于是，那多年前尝过的橄榄——小小的、生脆的青果，那甜津津的苦味，又从嘴边汩汩地流进了心底……

“给！”他的一只大手掌摊开在我的面前，手掌上似乎滚动着什么。我不想看，我正在伤心地哭泣，没完没了地抽动着肩膀，泪珠儿沾湿了胸口的红领巾，又掉落到化妆室的地板上。

“给！”他重复说，一只手颇有耐心地伸在那里。我不想理他，我也不认识他，大概是业余广播剧团新来的学员。他也想和大伙儿一起来嘲笑我么？我今天上台朗诵诗时，就算念错了几个地方，能怪我吗？导演昨天才给我的诗稿。我继续哭着，似乎要让全团的人都知道我的委屈……

“哎哟，小姑娘，你的眼泪是咸的，我的果子是苦的，可你的眼泪不会变甜哩，……”

他说什么？嗓音像低沉的巴松。

我抬起头来，面前是一个细高个的男青年，穿一件洗得发白的旧拉链衫。他的手掌上有几颗绿色的、椭圆形的小果。

“生橄榄？”我摇摇头，它太苦啦……

“苦，是吗？”他耸了耸肩膀，叹了口气。“大人们都不喜欢苦的东西，小姑娘也不喜欢。……可是，苦和甜难道是可以截然分开的吗？你吃橄榄，好像苦，一会儿就变甜了，它会变，懂吗？”

我啧啧舌头，好像上头流过了一种甜丝丝的味道。我不情愿地把橄榄塞进嘴里去。多奇怪呀，它真的会变哩，它比眼泪的涩味好多了。我为什么要哭呢？多没出息。下次演出，我不也会变出一首顶漂亮的诗来么？我嚼着果，瞧着他，破涕笑了起来，他也笑了，像一个温和的大哥哥。

演出结束了，汽车送我们到电台门口。电台离我家两站路，每次我都自己走回去。

“不害怕吗？小姑娘。”他跳下车，朝我走过来。

怎么不害怕呢？今天太晚，都十点多钟了。

“我正好和你同路！”他说。

我在他旁边蹦蹦跳跳地走着，哼着歌，已经忘记了几小时前的不快。那橄榄真好。可他这会儿为什么变得这么严肃了呢？

“你的诗一共十六行，念错了三个字，漏掉了一句。”他说。

我吐吐舌头。

“教室的室，应念 shì，不是 shí；蜘蛛的蜘，应念 zhī，不是 zī，南方人总是 zhi——zi 不分的。”

“shì——shí，室。”我愁眉苦脸地念道。“怎么能把所有的字都记住呢？”

“查字典呀，一个一个地查。”他的口气，好像在大提琴的弦上用了加倍的力气。

我不作声了，冬夜的风，钻进我的纱巾里，我弯腰去拣路灯下的一片梧桐树叶，像一片透明的细网，边上缀着珍珠似的梧桐籽儿……

“不过，你朗诵时感情是真挚的。我喜欢这个。”他补充说。

梧桐叶随风飘落了，像一只弯弯的小船，要去远航。梧桐籽留在我的手心里。

冬天从这里夺去的，

新春会交还给你。……

他低低地念起诗来。庄严得像一位童话中的王子。他的诗，像一首委婉而优美的大提琴奏鸣曲，从我的心上缓缓流过。那旋律，仿佛要把我整个儿包围起来。寂静的马路上，好像寒冷的冬天过去了，蝴蝶在街心公园的绿草地上翩翩起舞……

“海涅，知道海涅吗？这是海涅的诗。”

我点点头。呵，莫非他也想当海涅那样的诗人吗？

“你长大干什么呢？”他忽然问。

“考重点中学呀，再考重点大学。”我一本正经地回答。我当然不敢告诉他，我如何崇拜一个当时最出名的女作家。

“和我一样，我也想考最好的大学。可是总考不上。”他笑了笑。“不过不要紧，会考上的，明年就会考上。到时候我请你吃糖，吃巧克力，好不好？考不上也没关系，就像生橄榄，有人觉着是苦，有人却以为是甜。苦和甜，人和人的感觉还不一样哩。……”

那天晚上，我还来不及把他的话很好地想一想，就看见了爸爸妈妈在小巷口的路灯下朝我走来。他们来接我了。我欢喜地扑上去，忘记了和他说再见。

下一个星期六，再一个星期六，他照例对我说："走吧，咱们同路。"我们照例在马路上念诗。……他像每次那样，纠正我的发音，不知不觉就走到我家的那条小巷，爸爸妈妈又在那儿等我。我总是迫不及待地跑上去，即刻把他忘得一干二净。回到家里，才想起来没有同他再见。他好像并不生气，下一次，他仍然送我。他每次对我说的话，总和别人不一样。可他到底是干什么的呢？他叫什么名字？那时好像还没有懂得大人们交朋友的习惯，我总没有想起来问他。

过了很久，又是一个星期六，没有我的节目，我在电台大楼的走廊里闲逛，忽然听见从一个空屋子里传出叮咚的钢琴声，是我最喜欢的儿童歌曲《是谁吹起金唢呐》，我推门一看，竟然是他在弹，弹得那么专心。我悄悄溜进去，站在一边听着。听着听着，我也跟着唱起来："……李花像云朵呀，桃花像朝霞，牵牛花爬上了小篱笆。……"

外面街上走过几个青年，把脸贴着玻璃看了一会，怪声怪气地唱道："哎哟——小妹妹唱歌郎弹琴，……"

那一曲正好终了，我便好奇地问他："他们唱什么狼弹琴，狼难道会弹琴吗？狼弹琴，我才不唱哩！"

他忽然脸红了，呆呆看着我，很快站起身，"砰"地合上琴盖，走了出去。那琴键还在跳跃着，欢乐的曲子在地毯上飞舞，一会儿便消失在那关闭的琴盖里，无声无息了，只留下我一个人，莫名其妙，惶惑不安地站在那里。

晚上出来，他不再送我了。那琴盖"砰"的一声响，好像把我们之间的一种什么打断了。我难过了好几天。好在不久功课紧张了，准备升学考试，我一连好几个星期没去电台，也就把这件事忘了。升学考试以后，我又生了病，一直到八月中旬拿到了录取通知单，我才欢天喜地地出现在星期六的播音室门口。

我的眼睛在急切地转动，搜寻着他。我要告诉他，我考上了全市最好的中学。而他呢？还在生我的气吗？他考上最好的大学没有呢？他说他要考中央戏剧学院导演系，他没在这儿，一定是考取了，去北京了。他说过要请我吃巧克力的呀。

“考上了吗？考上哪儿了？”大伙七嘴八舌地问我。

“一中，重点学校。”我心不在焉地答道。

“给你。”突然一双白皙的手，递过来一包东西。

“你的哥哥走啦。”有人同我开着玩笑。“这是他留给你的糖。”

“他，他去北京了吗？”我快活得喘不过气来。

“去新疆建设兵团了。……又没考上。……一连三年，文学、外语、口试、小品，都是第一，每次参加复试，都在前三名。可是，又没录取……”

我的心，好像一下子掉入了冬天的西湖，冰凉冰凉。“为什么，为什么不录取他呢？”我叫起来。

“他父亲……啊，我也不清楚。……”他们没有说下去。

我明白了。默默走出去。我想哭。我想到了自己。将来，是否也是同样的命运在等着我呢？他送了我那么多次，竟然一句也没对我说过他自己，他一定是把我当成天底下最傻的小姑娘了。现在我到哪儿去找他呢？我连他的名字都不知道呵！

我悄悄走进了那间他弹过钢琴的房间，一个人打开了那个纸包，并不是什么巧克力，而是乌溜溜的几只橄榄，扑来一种奇异的香味。橄榄上有一张小纸条，写着两行小诗：

冬天从这里夺去的，

新春会交还给你。……

没有名字，也没有地址，就这样走了，走到谁也不知道的地方去了。我到哪儿去找他呢？我再也见不到他了。

我哭起来。成串的泪珠从脸颊上滚落下来。不知为什么，我心里觉得很悲伤。在我那尚未受过挫伤的童稚心灵里，第一次充满了一种对人的深深的同情，也有对我自己未来的恐惧。可是他，为什么还喜欢吃橄榄呢？生的橄榄，苦涩的青果，说什么对苦和甜，人和人的感觉是不一样的，苦和甜是会变的。他是多么奇怪的一个人呵！

我长久地哭泣着。为他，也为我自己。他说过，咸的泪水不会变成甜的。可是橄榄为什么不是生来就甜呢？也许那样的话，大人和小姑娘们都会喜欢它了，……我要哭，也为橄榄。……

我徘徊在这一片密集的橄榄林中，寻觅着那枝头也许会侥幸留下的小小的青果。仿佛要找到自己的过去。后来的这些年中，命运像对待他一样，也无情地把我抛出了西湖那温暖的摇篮。我当然是没有再考上什么最好的“重点大学”，而是像他一样，毅然别家而去，远走天涯。在那漫长的艰苦岁月中，我常常想起他来，想起他的发白的拉链衫，也想到那颗橄榄。

有时我觉得，他是从我的生活中永远地消逝了。可是不知什么时候，他像亮晶晶的小溪流一般，从千折百回的山岩里转出来，在我面前倏地一闪，又欢欢乐乐地奔向密密的丛林里去了。那时候我才体会到，一个似乎很平常的人说过的一句似乎很平常的话，常常会对一个人的一生发生不平常的影响，它留在我记忆仓库的一角里多年，而说不上什么时候，当你也面临一种相同的处境的时候，你才会真正理解它。尽管你也许根本想不出这句话来自哪里，也记不起那个陌生人是谁。……

然而，我还是渴望着能够找到他。我幻想着他现在已经是一个出色的导演，带着一台最轰动的戏，从新疆来到北京的舞台上。我坐在观众席上看戏，看着看着就像孩子一样哭起来。那时候他就会说：“哎哟，小姑娘，眼泪是咸的，橄榄是苦的，可眼泪不会变甜的呀！……”

也许就因为这神妙的、会由苦变甜的橄榄，我们才使自己止息了哀叹和哭泣，从那阴暗的小屋里走到了开阔的原野上；我们才度过了那些没有太阳的日子，寻找着我们期待的光明。生活从来就不是一成不变的，勇气和信念带给我们无穷的希望。他在十八年前就懂得了这一点，他是多么幸福啊。也许这本来是一个简单的道理，只是还没有很多人懂得或者愿意像他那样去做。

我终于在一株瘦弱的橄榄树下，拣到了一颗尖尖的黄褐色的小果，它的皮已经变得很皱，要不了多久，它就会化为泥土，融进深厚的大地中去，它将不复存在，只留下一粒坚硬的橄榄核。然而，这又有什么呢？

“冬天从这里夺去的，新春会交还给你。”

我多想再尝尝那苦滋滋、甜丝丝的生橄榄啊。

1980 年 12 月于哈尔滨

赏读

《橄榄》是张抗抗早年的作品，如同文中的象征物“橄榄”一样，其思想、叙述、语言多少还有一点生涩稚嫩，但作品内容集中，线索清晰，文笔清新自然，处处透出青春的萌动，吸引读者一口气读下去。

作品写的是20世纪70年代末至80年代改革开放初期，一个情愫懵懂的小姑娘和一个陌生却热心温和、乐于助人的大哥哥之间的一段青涩爱情。作品从偶遇到相识交谈，再到匆匆而别。他几次参加高考均落榜。若干年后，“我”又来到初次遇见他的地方，并由“橄榄”引发出对人生和爱情的思考。作品的故事并不复杂，却让读者沉浸在这对年轻人的真诚来往，以及初恋的纯真美好之中。这种回忆是美好的、淡淡的，却难忘。

作品最为成功之处，就是借助“橄榄”这一象征物来比喻爱情和人生，而且这个比喻贯穿作品的始终。作品的对话不但精彩，而且大多与“橄榄”有关：

“哎哟，小姑娘，你的眼泪是咸的，我的果子是苦的，可你的眼泪不会变甜哩，……”

“生橄榄？”我摇摇头，它太苦啦……

“苦，是吗？”他耸了耸肩膀，叹了口气。“大人们都不喜欢苦的东西，小姑娘也不喜欢。……可是，苦和甜难道是可以截然分开的吗？你吃橄榄，好像苦，一会儿就变甜了。它会变，懂吗？”

简简单单的对话，揭示了爱情和人生的哲理。曾看到过另一个比喻，说人生是两杯酒。一杯是苦的，另一杯是甜的。你选择是先喝苦酒呢，还是喝甜酒？如果先喝了甜酒，年轻时过于甜蜜顺利；那么，你的爱情和人生就会充满苦涩与艰难。而如果先品尝那杯苦酒，那么，之后便有幸福的生活和甜蜜的爱情相随。这同样富含爱情与人生的哲理——无论爱情和人生，总要一分耕耘才有一分收获。只有先努力，也就是先品尝那杯苦酒，才有之后幸福的生活和甜蜜的爱情。张抗抗的《橄榄》，与上述的比喻有异曲同工之妙。

欣赏《橄榄》，还要看到，爱情虽像“橄榄”，略带苦涩，但它应是人生的推进器。它的本质不仅是美好的，而且应是积极的、进取的。显然，作者意识到了这一点，所以在结尾，作品这样写道：也许就因为这神妙的、会由苦变甜的橄榄，我们才使自己止息了哀叹和哭泣，从那阴暗的小屋里走到了开阔的原野上；我们才度过了那些没有太阳的日子，寻找着我们期待的光明。

是的，生活从来就不是一成不变的，勇气和信念带给我们无穷的希望。正是抱着理想和希望，“我终于在一株瘦弱的橄榄树下，拣到了一颗尖尖的黄褐色的小果”。尽管它很小，而且皮已变皱，但这又有什么关系呢？

“冬天从这里夺去的，新春会交还给你。”

这就是《橄榄》留给我们的人生启示：人生就是一颗硕大的橄榄，需要不停地咀嚼。不管是苦是甜，都要无时无刻不含在嘴中。不管是儿童、少年、青年，还是老年，一生中都是充满着苦与甜交杂的味道。没有什么纯粹的苦与甜，只有交杂的感觉。或许此时是那么苦，可多“嚼”一会儿，是不是就会变甜了呢？

作品

问青春（节选）[1]

张闻昕

“顾非、曹苑、唐政阳、张洛，出来一下。”

四人陆续走出教室，语文老师递给他们几份资料，“N 大今年暑假会举办语文夏令营，夏令营考核成绩和 N 大的自主招生挂钩。你们几个语文不错，要不要考虑一下？”

四人面面相觑，都在观察其他人和老师的神色。

“没事，不着急做决定。你们回家问一下父母的意见，下周把情况汇总给曹苑，曹苑再来和我汇报。”

四人是一水儿的语文尖子生，被叫出去，肯定有什么好事。钟济凑上来，笑嘻嘻：“洛洛，什么好事？”

“洛洛！”顾非没憋住，扑哧笑了出来，“怎么给他取这名儿，太损了。”曹苑本来也想笑，眼瞅着张洛脸都黑了，觉得应该给他留个面子，笑声硬生生地咽回胃里。

“夏令营，怎么，你有兴趣吗……诶诶，张洛。”顾非回答。张洛本来站在她身后，被钟济的玩笑一逗，直接上手了。

① 选自《问青春》（花城出版社，2017 年版），有改动。张闻昕，1997 年出生于广州市，祖籍广东省饶平县。在校大学生。曾在《文艺报》《中国作家》《西湖》《中国校园文学》等刊发表作品多篇，主要代表作有长篇童话《细菌国王秘密日记》，长篇小说《问青春》。

两个人扭打成一团。唐政阳还嫌不热闹似的，做起了现场解说："观众朋友们，现在你们看到的是全国扭打联赛。一号种子选手钟济和二号种子选手洛洛……"

"看吧。"顾非无奈摊手，"男生总是像小朋友一样。"曹苑却盯着一片混乱的男孩子们出了神。"回神。"顾非一拍曹苑的背，见她眼神仍然愣愣的，笑道："你也变成小朋友了？"

"什么意思？"

"爱情使人愚钝。"

这段时间被开玩笑的次数过多，导致曹苑听到指向性这么明显的调侃，都只是微微红了脸，没做其他的表示。顾非看看墙上的时钟，还有五分钟上课，索性把好友拉到走廊拐角的僻静处。

"上次问你的那个问题，考虑得怎么样了？"

"什么问题？"

"篮球赛前，我问你，这份感情，要断还是要留。"

曹苑将呆愣的状态进行到底，面无表情，只有不停在裤面上摩挲的手透露出她思考的痕迹。顾非不急，心知这事急不来。两人只是站在风口，默默地让风撩动头发。

上课铃响了，曹苑还说不出个所以然来。顾非摸摸她的背，"别想了，先上课。"一切以学习为重，曹苑明白，再大的事也得排在学习后面。然而，她没法把情感当成一个物件，一股脑地塞进学习后方的空位。情感这事，说大不大，说小不小。它似蚕丝，薄且轻，柔弱无形，难为人所察觉；它也似蚕丝，一团柔软随风飘开，框住天一般大的空间。

袁平老师在黑板上书写数学题，下面一片杂乱的"唰唰"声，身边的同学或快或慢地抄写题目。曹苑脑子里一片乱麻，望着黑板上的题目，就像看着一幅抽象派的美术作品——每一种色彩都是似曾相识的，凑在一起却变幻出无数种难解的意向。"五分钟，做完我们讲题。"袁老师慢条斯理地在班里踱步，时不时停下，看看哪个得意门生的答题，指点两句。曹苑如坐针毡，只好在草稿纸上画来又画去，做出一副苦思冥想的样子。

"嗯……你最开始的思路是对的，但你后面怎么做到这里来了呢？"袁平路过她时果然停下了，再仔细看看她的作答，袁平给出了他的建议：

"你平时多向张洛学习一下，看一下他怎么答题，好吧？顾非的思路跳跃性太强，你不一定能够理解……顾非，把你的本子给我看一下。”

两人的眼神暗暗一递——老师，你怎么哪壶不开提哪壶？

中午放学的音乐一响起，顾非的手机提示音也相应响起——有微信。手指轻轻一推，顾非挑眉，“政阳问我们打不打算去 N 大的夏令营。你觉得呢？”

这是个好机会。按她现在的成绩，绝无可能高攀得上 N 大这样的学校。如果能获得自主招生的机会，那么她的高考就非常有保障。更何况，自己不是一心想读中文系吗？

只是——

N 大所在的 T 市离家好远。去了那里，大概每年只有寒暑假时才能回家吧？顾非、政阳、安定……和张洛，他们的第一志愿都是同省的 A 大。从往年的录取率来说，平行班里大概能有五到六人够得到 A 大的录取分数线。自己的语文和英语虽说排在前列，但终究无法弥补数学带来的巨大漏洞。

唉，要是能和朋友们读同一所学校，就好了。

“你又发呆？”顾非眯眼看她，“不是真的生病了吧？”说着手就探过来。

“没没没。”曹苑甩甩脑袋，“想入神了。今天也确实有点累。夏令营的事我再想想，你怎么想？”

“说实话，我比较想出去散散心。”

“……你真的有作为准高三的觉悟吗？”

“正是因为要上高三了，所以才想‘偷欢一晌’。”

“您真行。”

唐政阳往楼下跑去的时候，正见张洛手里攥着几本辅导书，一看就知道要去找老师。“洛洛，这么勤奋啊！跟我去吃饭吧！”

“去你的！”张洛无语地看着眼前兀自乐呵的朋友，“我找老师。”

“这个点，你要是没提前预约，肯定找不到人！”

“是吗……但这个问题是我刚刚想到的，来不及约老师。”

“废话那么多，你动作快点，下去看看。”

情况果然如唐政阳所料，老师早走了。“哦……那我上去放书。”张洛迟疑一下，转身要走。

“诶诶诶，你今天怎么这么不活泼啊？”唐政阳一把拉住他，“蔫啦？反应慢吞吞的。”

张洛一只手遮住眼睛，长叹。

“啧，真有事啊?”唐政阳深知张洛从来只在女生面前故作深沉，在好友面前表现得如此失落可是不多见。他的语气中不由得掺杂了几分真诚的担心。

一抹脸，张洛的眼睛瞪得老大，“唬你的。”

两人又笑又骂地走进食堂一层，正赶上人山人海的盛况：打饭窗口的队伍排到座位区，等着充饭卡的队伍则直接排出了门口。一上午的课过后，饥肠辘辘的学生们在午饭时间也是各有去处：食堂里，手拿铁餐盘呼朋唤友的多是稚气未脱的高一生；高二生则是用饭盒打了菜，再将饭盒装进不透明的袋子里，以逃过宿管老师的法眼，“暗度陈仓”回宿舍用餐；高三这一勤奋的群体里，有下课了就一路狂奔而来，吃完了再一路狂奔回教室学习的；也有耐着饥肠先学习片刻，等过了高峰时段，再慢条斯理地走来食堂的；正赶上饭点的，见了这情形，便二话不说奔三层吃小炒。也有滑头的，吃腻了食堂供应的各式菜点，又闻着外面的饭香，便早在课间就预定了外卖。学校对外卖问题管得严，每天中午总派一两位老师把守门关，然而饭菜当头，学生们总能想出各式解决的办法：这里拿不到，就去那里拿；这个时间拿不到，就换个时间拿。游击战打了一回又一回。同学们笑言校园“校境线”太长而老师太少，根本发挥不了什么作用。老师们也只好怀揣着一番苦心，苦笑不已了。

准高三生唐政阳料想今天中午是别想吃到一层的饭菜了，索性一拉张洛：“三楼吃去!”

两人坐定后，都沉默不语，各自风卷残云扫荡完饭菜，待饮料足饭饱后，唐政阳提起一茬：

“哦，夏令营的事。”

“嗯?”

“去不去?”

“顾非去吗?”

“哗……上来就提顾非。”唐政阳笑，一不小心说漏嘴，“不怕曹苑知道啊?”

“嗯?”

“……呃……没什么。”政阳和曹苑的交情挺深，所以他虽然和张洛关系铁，但一直没把曹苑的心事告诉张洛。

张洛心中有点异样，说实话，女生那边每天闹出那么大动静，他不可能不有所察觉。但他总不愿意往深处想。毕竟，要完成自己的梦想，就必须要专心致志地完成好学习这一第一要务。

短暂的沉默后，唐政阳又问：

“你怎么想啊？到底去不去？”

这一问又触碰到张洛的心事。N 大夏令营的自主招生名额是面向语文成绩优秀的学生的，仅在文学院管用。自己的兴趣不在中文，按理说不必参加，但，也许越是成绩优异的人就越害怕失败，总想给自己设置一张安全网。他也把这次机会看作一张安全网，分数高，他仍有自主选择的机会；分数不够，他不至于掉下万丈深渊。

刚才他提到顾非，实际上是下意识的行为。高二一年以来，第一名的王座基本上没脱离过他俩的手。他对她还是有种对手间惺惺相惜的感情，所以潜意识里，渴望知道这一次，他俩是否还能同台竞技。

“去吧。我应该会去。”

“太好了，那我也去。”唐政阳眉开眼笑。

“有没有搞错，”张洛故作嫌弃，“我去你也去，有没有主见啊你？”

“我去玩的。如果不去夏令营，我这个假期就全泡在补习班里了！”唐政阳撇嘴，“说到玩，我和顾非在微信上已经把路线谋划好了，到时候你跟曹苑就跟着我俩走吧！”

“……顾非也打算去玩吗？”听闻心中的对手居然如此“丧失斗志”，张洛有点哭笑不得。

“是啊。你吃完没？吃完就回教室了。”

“走起。”

“线报，张洛说他去 N 大的夏令营。好了，现在你怎么想？”将手机放到一旁，顾非盘起腿，问对面床的曹苑。

“嗯。”曹苑表情严肃地对问顾非，“我说不去你信吗？”

“不信！”顾非飞扑过去掐曹苑的腰，把她掐得直求饶。笑闹过后，顾非长出一口气：“好了好了。这次就跟我和政阳好好地玩，然后制造一段和男神的美好回忆，好吧？”

“好好好。”曹苑眼睛弯弯，笑意掩都掩不住，“诶，说得我都不想期末考试了。”

时间瀑布一般地从此端滑向彼端，然后顷刻间，“哐!”一声巨响。N大夏令营就是他们四人平静的暑假生活中的那声巨响：意料之中，淡定之外。

顾非急急地将网络连载文的最新一章传上贴吧，尔后潇洒地一甩“停更一年”的牌子，赶她的暑假作业去也；唐政阳细致地将桌上的历史资料分门别类整理好，锁进珍爱的手提箱，然后叹着气去赴补习老师的约；张洛做好暑假计划，有条不紊地向他的目标迈进；曹苑摊着书发呆，发完呆学习，学习完再继续发呆，畅游在她罗曼蒂克的幻想中。

期待是像潮水的。心岸上，清晨涨潮，深夜退潮：醒来之后，一想到离出发日又近了一点，潮水就满满地涨起，愉悦地冲刷着岸；睡去之前，长时间学习带来的倦感一阵阵地压来，这时想起夏令营的事情，便如同想起一件再稀松平常不过的事情。潮水慢慢地退下，露出柔软的沙面，湿乎乎地将疲惫却满足的情感与人一同包裹起来，沉沉地沉入睡眠。

出发的前一天晚上，曹苑拖着顾非，从晚上十点聊到深夜两点，通信工具由微信到电话，拖得顾非哈欠连天，搞不懂好友怎么会有这么多废话好说：“苑苑，我告诉你，我们明天早上六点就得起床赶飞机，现在是两点，我们只有四个小时可以睡觉了。”

“哈！那干脆就不要睡觉了嘛!”曹苑的兴致颇高，听着像是还有长段的高谈阔论没有发表。顾非叫苦不迭，只好再次使出撒手锏：

“我不能让你明天带着黑眼圈去见张洛。”

“滴。”

连句“再见”也没有，曹苑乖乖地挂掉了电话。顾非一翻白眼，侧身掩掩被子，进入梦乡。

闹钟响了，张洛迷迷糊糊地从被窝里挣出来，摸索着放在床头柜上的眼镜。洗漱完，走进厨房，母亲已经忙开。他坐在饭桌前，打开手机查看新消息。过了一会儿，他终于忍不住说：

“妈，别忙了。我吃点儿就走。”

“哦哦，没事儿。你先把鸡蛋吃了。”

做儿子的在早餐问题上从来没有发言权，张洛认命地敲起鸡蛋。一顿早餐完毕，比他预计出发的时间要晚了一点儿。他再次检查背包，发现自己忘了拿记事本，跑回房间拿时，正碰上刚起床的父亲。

“到点儿没？你怎么还往房间跑？”

“哦，我拿点儿东西。”他边翻找东西，边心有戚戚地答。父亲对自己这做独生儿子的特别严格。记忆中，稍有不对便是吹胡子瞪眼。长大后，许是应对的方式增多了，纵然心里还是凉风阵阵，但面上已不会再现出明显的慌张。

出乎意料地，父亲没再说什么。大概是出远门前的异常宽容吧，张洛暗自揣度，悄悄松下一口气来。

“儿子，要不让你爸送你去吧？”临出门前，母亲还在门口担心地问。

“妈！我都快成年了，我有能力自己去机场！”青春期少年最不满自己被母亲当作没有完全行动能力的孩子看待，头也不回地喊。

走到楼下，他又感到一阵愧疚。毕竟，母亲是在担心自己，自己的回答未免过于生硬。望着楼上的窗户，他顿了顿，又掏出手机来看看时间，一咬牙，还是出了小区门。

天已然大亮，马路上的车却不多。空气还算清新，他大口大口地呼吸，就像要把内里那股沉郁的情绪当作废气交换出去一般。出租车一招即停，师傅下车来帮他搬行李。倒是他，偏要印证方才那句“我都快成年了！”似的，执拗地要独自一人将行李箱抬上后备厢。

“去哪儿？”

“机场。”

顾非从床上爬起来，看见闹钟上的时间时，当真是两眼一黑。这个点，就算不吃早餐，也铁定会迟到。不知为何，顾非笃定曹苑不会迟到，于是她直接打给唐政阳：

“你出发了吗？”

“抱歉，我要迟到了。”那边唐政阳的声音听上去有点儿头疼，“我爸的车坏了，我现在打算坐地铁过去。你跟另外两位解释一下吧。”

“……我起晚了，我也要迟到了。”

听筒里是一阵默契的沉默。几秒钟后，顾非率先笑出声来：

“好了好了，我打电话给曹苑，让她自己把握情况。”

这边的曹苑果然不出顾非所料，早早就起床准备了。只睡了四个小时的她，却出乎意料地容光焕发，这状况只能让人感叹身体自我调节机制的神奇。正整装待发地准备上车时，顾非来电。

听顾非如此这般地解释了一通后，曹苑屏气问：

“所以等会儿只有我和张洛两个人吗?”

“是。”

“你和唐政阳这是什么居心?!”

“不敢不敢，我俩真的是突发状况……你先稳住他。”

“我现在连自己都稳不住，你让我稳住他?!”

情况摆在面前，曹苑是不得不面对了。此刻她是又激动又忐忑，手指微颤地拨通了张洛的电话。

“喂，您好。”

“张洛，我是曹苑。那个……就是……顾非和政阳他们有事，可能得晚点再过来。你现在在哪儿?”

“我还没到，你到了?”

“没……我也没有……呃……就是提前打个电话告知你。”

“行。那我等会儿到机场了再联络你好吗?”

“……行。”

到了机场，曹苑就开始懊恼：懊恼毛躁的头发；懊恼丝袜上的一个小洞；懊恼衣服与鞋子的糟糕配色。总之，懊恼一切的不完美。哪怕他根本不会注意，根本不会发现。

正胡思乱想着，远处走来一个穿着便服的熟悉身影——自然是张洛。他的脸和身材很熟悉，他的衣着却很陌生，生生地把他和平时的那个他隔离出来。曹苑当然想象过心上人穿便服的模样，只是她心中，他就算身着便服也必然是一丝不苟的。现在他随随便便地套件衣服，见了她也只是随随便便地抬了抬手示意，叫她有种隐秘的失望。

两人站着，隔开一段距离。曹苑平日里健谈，这时只矜持得哑口无声；张洛恰恰又是个不擅长主动开始交谈的人。相对无言，唯有低头玩手机，各自催促着那对乌龙搭档。

待到乌龙搭档以救火速度抵达现场时，这一男一女已经站成了望穿秋水的模样，看到顾非、政阳皆是眼前一亮。顾非无暇顾及两人间的气氛如何，只问“你们领了登机牌没?”

自然是没有。

心慌意乱之曹苑，漫不经心之张洛。顾非认命地一挥手：“跟我走!”

急急忙忙地办理好登机手续，四人落座候机室。唐政阳掏出手机，招呼几人将脑袋聚拢在一块儿，开始分享他在网上找到的资料。花费这么多时间去参加夏令营，当然不能打无准备之仗。唐政阳嘴上说着去玩，做事时还是很认真踏实的。N大的夏令营已经举办了好几年，难免有人在网上分享考试经验，泄露出些流程和试题来。作为全国知名的学府，N大夏令营试题的难度自是不低——然而即便是这“不低”，也超出了几人现有的知识水平。

为难的神色不约而同地浮现在彼此的脸上。这其中，曹苑最先反应过来，提议大家以讨论的形式来推测今年的试题。果不其然，聊着聊着，都各自卸下了顾虑，开始大胆地发表自己的见解。谈的是层次较深的话题，又身着便服，现场的其他旅客们把他们错认成了大学生。一位婆婆领着孙子路过，小男孩看上去对这边的高声笑语很有兴味似的，停下来瞅着四人“呵呵”直乐。婆婆搂着孙子的肩膀，边哄他离开，边喃喃自语地念叨：“乖孙，长大后要学哥哥姐姐们，好好学习，上个好大学……”

四人一笑，没人去揭穿这份误解。高中生对“大学生”这个称谓总有一种超乎寻常的向往，特别是高三生，逢言必出“等我上大学后……”。除去校服，准高三生们也提前体会一回大学生的滋味：志同道合的朋友，理想化的高谈阔论，攥着机票的旅行……自由，欢笑与爱。

不知是有意无意，四人的座位竟然是两两分开的——曹苑、张洛，顾非、唐政阳。曹苑心里别别扭扭的。谁不想和喜欢的异性独处呢？然而刚刚那一出整的他们两人……不，或许只有她自己，觉得很尴尬。

张洛一直冷漠地摆弄自己的手机，许是为考试做准备，连政阳搭话也是随意地应两声。“张洛，我们俩的位置在一块哦。”曹苑找了个机会插话。“知道，随意吧。”他头也不抬地说。

她一瞬间哑口无言。心知“随意”是他的口头禅，如此回答也无可厚非。只是心底泛开一点点酸楚，勾起一点点涟漪，就逼出那句赌气似的话：“我想我还是和顾非坐吧。”

张洛终于抬眼看了她一眼，似乎有点摸不着头脑，“行啊，你和政阳说咯。”

“跟我换座位?”唐政阳看着眼前这张苦哈哈的脸，一乐，“你还会害羞呢?”

说出口的话覆水难收，做到这一步是自己绊了自己一脚。算了算了，就让我矜持一回。曹苑推推唐政阳，“别贫，你点头就行。”

上了飞机，两男生一离开视野，顾曹二人就叽里呱啦地开始聊天。“诶，你刚才怎么表现得那么害羞啊？这多好的机会!”顾非拍拍曹苑的额头。

“不知道……我说什么都怕错，又怕表现得太积极。”

“傻瓜，是你喜欢他，又不是他喜欢你，积极点怎么了?”

“……男生不是不喜欢积极的女生吗?”

“看情况吧。”

“你之前让我想清楚要不要继续喜欢他，现在又跟政阳神助攻我俩，这是你的态度?”

“不是。我俩这次纯属意外。关键在你。”

有一搭没一搭地聊了几句，曹苑就表示自己要开始睡觉了。顾非便走到前排去找唐政阳借 MP3。刚走到位置，她就笑起来。

张洛明显是累了，不知不觉睡着了。这家伙睡相不佳，东倒西歪地，一半身子在自己座位上，一半身子在政阳座位上。唐政阳看起来手足无措，整个人都是僵硬的。“拍醒他嘛。”顾非掩嘴偷笑。

“算了，他看起来挺累的，爱睡就睡吧。”

“真是恩爱啊，你们俩。”

“……我知道你是腐女，但在我面前麻烦收敛点。”唐政阳严肃地说，半分玩笑都容不下的样子。顾非吐吐舌头，这幅面貌可难见，想来是真积蓄了点怒气。平时自己没少开他俩玩笑，张洛是不露喜怒的微笑，而唐政阳每次都作势要打她。她当时以为是玩笑对玩笑，并不在意。现在想来，自己是不是无意中惹了他好多次了?

顾非和唐政阳没有隔夜仇，下了飞机又好得像穿一条裤子似的。这倒显得旁边的两人越发冷落，一个听歌，一个望天，各做各的事。

到了酒店后，原本提出要玩的两人却是没了动静。四个人端坐在沙发上，拿起各式各样的复习资料开始阅读。自主招生考试不比高考，试卷中的题有中规中矩的，也有天马行空的。中规中矩的好说，不过是平时测验练习的题再翻过一个版子；天马行空的就拿不准了，题既可能深，也可能泛。大学教授脑子里的弯弯绕绕，凭高中生的功力，怎么可能完全参透呢？

无头苍蝇一样地复习了半天，四人明显疲了。若说复习的是已经圈定范围的知识，纵然苦纵然累，爬着爬着总能看见边界和结束的日子；但复习未圈定范围的知识，就如同经历着宇宙暴胀一般，踏出一步，踏出无数步，见到的都是无边无际。真正是“知道越多越知道自己的无知”。

话虽如此，却没有人提出要休息。也是，看着别人都这么努力，自己要是在这里停下脚步，不是太丢脸了吗？作为班里语文学科的佼佼者，他们都有非同寻常的好胜心——场下朋友场上对手。最好的情况当然是大家携手共进，但……如果必定会面临淘汰，自己不应该成为那个被落下的人。

时针飞速地转向十点，曹苑终于忍不住提出：“嘿，我们下楼去买点夜宵，然后回来洗澡吧。大家都该休息了。”

第二天是各种活动：游览校园，结识朋友。朋友来自五湖四海，面容是各地塑造的不同，语言是各地和着的乡音。四人在广州时，并不十分“广州人作派”，然而到了外面，发现地域竟是一道先于外貌与内在的分辨符时，也不自觉地拣起一些显示地域特征的行为：说粤语，讲早茶，谈论南方报系……平日里，行走在同一城市里的两个陌生人，是不会和对方打招呼的；而在异地，如果发现了来自同一城市的同学，经常是高兴得又叫又跳，没几分钟就能谈天说地了。这也不得不说是道奇景。

每个人都藏着好奇心与偏见，所以交流就成了件特别有意思的事情。

“嗯，我从呼和浩特来的。”

“那你平时经常能骑马吧？”

“……不太能。”

“南方人？那你们那边冬天不愁哈，是不是特别暖和？”

“你过来呆两天试试……”

“你们俩长得真高啊，是东北的吧？”

“不是，我们都是广东人。”

“广东人?! 广东人都长这么高啦?”

身高 170 cm 的曹苑和身高 185 cm 的张洛不知该做何表情，只好面无表情。唐政阳同学则全然不顾朋友的窘境，在张洛背后笑得“花枝乱颤”。说的同学也明显觉察出自己话语中的不妥之处，连忙歉意地笑笑，躲到另一边去了。

曹苑微微抬头，看站在身边的张洛。两人不约而同地笑起来。“其实这挺有趣的。”张洛挠挠头，笑说，“我本来只是想来考试的，但能够认识来自全国各地的人，算是意外之喜吧。”

“是啊。”她眼睛上瞟，不知想到什么，俏皮地一笑。

“嘿，你早上怎么这么冷漠?”他问。

冷漠，姑且算是个带着情绪的评判词。你也很在意吗? 她深深地眨眨眼，把眼睛里藏不起来的急迫与窃喜欲盖弥彰起来。“哪有? 明明你先开始‘冷漠’的好吗? 别把责任推到我身上啊。”她丝毫没有察觉到自己的语气有多么像在撒娇。

顾非侧过身，看到的就是某人和某人正相谈甚欢的景象。“聊得还真是开心……”顾非嘴角翘起，“政阳啊……政阳?”唐政阳看上去正在发呆，目光牢牢地锁定着远处的两人。顾非在他眼前挥挥手，“怎么了?”

“啊……没事。”

考试如他们所料，有相当一部分题目是让人抓耳挠腮的超纲题，然而也有一部分题，例如“请写出二十四节气及天干地支”，是基础但容易令人忽略的。一味地好高骛远，去复习些偏知识、怪知识的四人，面对试卷也只能是连蒙带猜，冷汗涟涟了。

下午的面试分为四人一组，一组内再各自抽签决定自己的试题。顾非、曹苑和唐政阳三人经过模拟联合国社团的磨炼，表现得还算从容淡定。其中以唐政阳的条理最清晰，顾非的内容最详细，曹苑的仪态最得体。出人意料的是，在考场上向来是一路过关斩将的张洛，在面试场上却犯了难。倒不是说他的答题颠三倒四，让人摸不着头脑；而是这答案平平无奇，被他平时过人的成绩一衬，就显得像是发挥失常。

曹苑坐在座位上听张洛答题，他背对着她，所以她可以放心地将眉头越皱越深。张洛平时读的书不少，但也许是紧张的缘故，现在的他颇有点捉襟见肘的窘迫模样。从内容上看，他答到的基本上都是课堂上老师提及过的最普通不过的点；从表述上看，他的表达并不够流利，断句不是按照意群断，而是在一些词语的中间断裂。毫不留情地说，就像一个初中男生磕磕巴巴地背诵一篇他并不熟悉的课文。

战况不佳的张洛明显心情也不佳，其他三人纵然狂喜于考试终于结束，也不好张牙舞爪地表现出来。四人默默地走在校园的林荫道上，去往食堂。

正午的阳光是亮而白的，刺眼、张狂，令人难以招架；黄昏的阳光却是浓稠的金黄色，蜜糖一般浇洒在行人身上。曹苑不晓得是这份甜蜜的景象让她心情飞扬，抑或是前面那个垂头丧气的身影，给予她一点不能言说的喜悦。说实话，张洛没表现好，她挺高兴的。诚然，他表现得好，获得了自主招生名额，她依然会为他高兴。只是这份高兴是那么地表面化，那么地出于“同学之谊”。内心里，追不上他的恐惧和自卑会凝结起来，在某一个特殊的时间点袭击她。而现在，好歹他们站在同一条起跑线上，拥有对望和互相攀谈的机会。

这边厢的小女儿曹苑满腹心眼，那边厢的小伙子张洛却没那么多心思去考虑别的事。丢脸，确实有，但并不占大头。他心知自己能答得更好，只是未尽全力，答题前又被扰了心神。

他自认是个目标明确的人，初中接触过一些金融方面的书籍后，就对这一行充满兴趣，遂确定为自己的志向。高一时本来立志要进理科重点班，阴差阳错却来到了文科普通班。无妨，金子在哪儿都能发光。身处文科普通班的张洛毫无悬念地名列前茅，即使名次有波动，也从未跌出过前三。因着这个原因，老师们都对他青眼有加，亲戚们听说他的志向是在金融业工作，纷纷表示赞赏。毕竟金融业算是热门行业，“以后找工作总是不愁的”。他表面上微笑点头，内心还是有些不屑与不忿：从理想的高度下降到养家糊口的低位，少年的自负心是不允许这样的荒谬对比出现的。

父亲对此事，一向持赞成态度。张洛很高兴在这件事上，父子俩能够保持一致。从小到大，父亲总是用严厉的目光制止他，又用敦促的目光去要求他。这目光是权威，神圣不可动摇，他别无他法，只好一次次地遵从。初中时，他第一次出现逆反心理，不再等父亲来告诉他应该做什么，而是自己去决定自己应该做什么，特别是，自己长大后，应该做什么。

他想从事金融业。这份决心，在一次谈话中被他小心翼翼地传达给父亲。“很好，你这份理想很不错。”父亲在第一时间就下了论断，这让他欣喜、感动。那以后，对于父亲的要求，虽然时有“阳奉阴违”的现象出现，但在父亲面前，他还是担当着一个沉着、听话的儿子的形象。

直到暑假开始前，老师给予他一个参加语文自主招生夏令营的机会。对语文学科没有太多兴趣的他，出于“保底”这个功利性较强的目的，选择了参与。他没太看重这件事，回家也只是在饭桌上草草提了两句。然而正是这两句话，让父亲勃然大怒。

“你搞什么?！快要上高三的人了，还不明白自己的目标吗?这种没用的活动参加它干吗?”父亲脸色阴沉地将筷子重重放下。“你就努力学习，然后去A大学金融就好了!”

他正要开口辩解，忽然浑身一冷。眼前的中年男人一脸的不容置疑，这么多年，他从来没变过。

如果，如果一切只是，我的理想，恰好与爸爸的期望相一致呢?

“我要去。”他轻轻地放下筷子。那一脸的坚定，恰恰从父亲处遗传而来。儿子少见又冷静的反抗，让做母亲的担忧不已。“诶，张洛，把饭吃完再回房间啊……”

他关上房门。

“老张，你也真是的。孩子要上高三，压力本来就大，你还要故意刺激他。再说了，咱儿子要求去夏令营，又不是啥坏事……”

“哼，我看他就是翅膀硬了。别管他，肚子饿了自然会出来。”

后来他来到了这里，为了一个不喜欢的专业，为了一个纯粹功利的目的。他一方面逆反父亲，一方面又在逆反自己。所以，当老师开始问问题时，他所有准备好的答案，都流逝得干干净净。

有什么意思呢?去争一个也许根本就无关紧要的名额。有什么意思呢?去学一个自己没有半点兴趣的专业。一想到这种可能性，张洛感觉眼前的天空都灰了，对于高考的那份满满斗志也烟消云散。

真没意思。

最后，他自己抹杀掉了这份可能性。

唐政阳越走越慢，落到了队伍后头。他的目光掉落在前方的某个人身上，再脱不出去。少年心事谁人知？他默诵这几个字，又不由得偷偷笑话自己这酸得掉牙的腔调。这份感情从一开始就是失控的，每每看着那个人，海浪翻涌，火山喷发，他都要极尽全身的力量去压制，去吐出“正常”的话语，挤出“若无其事”的笑容。

“唉……男人要有更大的抱负，怎么可以被小情小爱扰乱心神。”他正正心神，开始思考自己的“抱负”。思考了没一会儿就开始垂头丧气。不同于张洛，他的志向从一开始就遭到全家人的反对。“考古？你是不是小说看多了?!”母亲没听两句就板起脸，换上质问的语气，“我跟你说啊唐政阳，志愿这事儿你要慎重考虑，别给我整出些乱七八糟的回答来。”

“妈，我是认真的。”他无奈地说。

“这事儿没这么容易下结论。”母亲说着，忽然又心思一动，“再说，你现在的首要任务是好好学习，志愿我们可以等考完高考后再决定。”傻儿子，现在一时半会的说服不了你，一年还说服不了你吗？

政阳眼睛一眯，他妈最喜欢整这套，延缓战略。外人不知道，他这个做儿子的要是也不知道，就太不合格了。没关系，以彼之道还施彼身，我也有一年的时间来说服你呢，妈。

桌下暗潮涌动，桌上似是达成了和解的母子俩各行其是，互相渗透。奈何势均力敌，对方都是油盐不进。出发前的车上谈话，母亲又开始以长辈的身份对他进行“镇压”。平日的他面对这种架势，一般还是能从容面对的。今天却情绪剧烈波动，忍不住爆发了出来。母子俩闹了个不欢而散。

矛盾摆在台面上，要再想不动声色地进行渗透就难了。现阶段，唐政阳也只能像他妈说的那样，“先把你的学习搞好”。分数是硬基础，没有分数，一切都是白说。

四人中看上去最无忧无虑的当属顾非。顾姑娘做完作业，考完自主招生测试，想必一身轻松。她领头走得飞快。一段路后回头，三个一脸若有所思的伙伴都落在后面。“走快点啊！”她用力地挥挥手，“我们去玩儿！”

三个人迷迷糊糊地跟着顾非上了车，开始了一段目的地不明的旅程。T市是座海滨城市，城市外围围着海，积起沙滩。落日将尽，余晖遍地。海上的夕阳景是最美的，天上光耀一片，水中浮起晕染。景色让他们将烦恼抛向脑后，奔跑着冲向沙滩，冲向天际。

有什么比得上自然的磅礴绚丽。张洛想起他曾有两次感受到世界的广阔。一次是初接触科幻文学时，看见科幻作家构造出的庞大时空；一次是去云南大理旅游，行车经过苍山时，望见绿脉遮挡着阳光，金色在山的边缘涂出一条柔和的边。他作为“张洛”生存了许久，唯独在这两个不起眼的时刻萌发出作为“人类”的好奇心。好奇动物有几种生活方式，好奇人有多少种性格；好奇身边的细微变化，好奇另一块陆地上的滔天巨变；好奇细胞能蜷缩得多小，好奇世界能舒展得多大。

如同此刻，他看着身前的夕阳，嘴大张地像从没见过它。迸发的好奇心让他蠢蠢欲动，让他热泪盈眶。这是种原始的感动。多年来他追逐着那一个个永远不会终结的目标，像一头奔跑的驴子，企图啃食用线吊在他头上的胡萝卜，而忽略了飞逝而过的风景。

他成长得多么快，跑，跑，跑。过去，现在，未来，他跑着去迎接考试，跑着去抢夺工作，跑着去承担房贷，跑着去亲吻伴侣。他当然抱怨过，面对作文课上出的浙江高考作文题，“中国作家丰子恺说，孩子的眼光是直线的，不会转弯的。英国作家说，为什么人的年龄在延长，少男少女的心灵却在提前硬化？美国作家说，世界正在失去伟大的孩提王国，一旦失去这个王国，那就是真正的沉沦。”而张洛列出提纲，这样写道：

总论点：中国少年的心少有青春的、柔软的。

分论点一：童年，孩子们被要求“乖点”，最好是坐正站直，行为成熟，装扮成“小大人”的模样。

分论点二：少年。毫无疑问地淹没在考试的海洋中。

分论点三：青年到中年。沉重的生活压力早已让人无暇回顾青春。

过去他总是把自己放在一个悲惨的境地里，即使生活中他应有尽有。如同一个近乎圆满的圆，那阻止它成为“完全圆满”的一点破损常常会变得不可原谅。现在他开始重新思考，自己对于生活是否过于苛刻。至少，他对于生活仍保留许多柔软，否则他怎么会让一次普通的夕阳带出真实的自己呢？他并不如自己感受得那么悲惨，只是出于一种想要吸引别人注意的想法，“为赋新词强说愁”，固执地让自己的情绪偏离了正常线。

他又想起父亲那严肃的、不容置疑的面孔。有时，当他十分丢脸地掉眼泪，露出软弱一面时，上过战场的父亲总是摇摇头：“你是没见过真正的痛苦。”他想父亲或许也有那软弱的一面，而这一面只暴露在比他痛苦千万倍的生离死别上。当一个人经历过最极端的痛苦，你很难再拿其他的痛苦去打动他。张洛一直觉得“不够善解人意”是父亲的一个缺陷，也是他们关系中的一个疙瘩。但这一刻，做儿子的选择迈出他的漫漫长征第一步，企图去理解父亲的种种。他在贴近夕阳的同时贴近了父亲。

曹苑回过头去时，张洛脸上就是这样柔软的微笑。带着稚童的天真，少年的好奇和青年的释然。她曾在密友间细碎的话语中爱慕过他，但从未像此刻一般怦然心动。一位少女窥见了一位少年的蜕变，他们的急速成长过程中，绚烂变幻的时光隧道里，她投来惊鸿一窥。

他像个男孩，他像个男人。

她悄悄地挪过去，让影子悄悄倚靠着他影子。尔后害怕被发现似的，微微倾斜了坐姿，刻意地在两块黑色间留出一道细长的亮隙。她的影子随呼吸轻轻颤动，亮隙也随之忽隐忽现。她缓下神来看落日，才发现落日并非她那篇优秀作文里描写的那样，“咸鸭蛋黄渗出浓油，整片天空都漂浮着令人陶醉的咸香气”。落日的红同样是浓重的，但不应被食物的俗气所侵染。非要说的话，那是一种很沉很沉的红，沉得拉动天幕坠往无边无际的色彩之中去，所以天从赭红深红到玫瑰红橘红粉红一个层次一个层次地展现着她的深度。

人们常用母性来形容包容一切的事物，所以天是“她”。那么，落日的红便是雄性的红了。沉重，不可渗透，侵袭着他的四周。他烙刻在她身上，极强，极有力，极美。动人心魄。曹苑惯用“壮美”来形容试卷上作家描绘出的一幅幅景象。但那些景象总像隔着匹白纱布，模模糊糊描出个影，让人似懂非懂，只能含糊其辞地胡诌些好话上去。而现在那匹白纱布抽离了，她惊讶痴迷地睁大眼睛看他们，看她们，看这个世界如文章多彩，看这篇文章不如世界丰富。隐隐地她感觉到，这些或许才是她这次旅途中的最大收获。一位真实的少年，一个真实的世界。她要极尽所能去描绘这些人和物，用笔把这些都记录下来。这就是她学习语文的意义，这就是她选择中文系的意义。

顾非枕着书包，睡在沙滩上。她侧躺着读书，听海浪发出的自然的喧嚣。这能让她平静下来，从那份对于高三的急切与恐惧中脱离出来——没错，在朋友面前她习惯性地表现出轻松的一面，但这并不代表她无忧无虑。手中的书是一本著名的科幻小说，让她在身体处于广阔自然中的同时，思想也游荡在空旷宇宙中。当别人面对考试感到恐惧时，她发现自己对考试更多的是一种躁动。最开始她以为那是期待的变种，就像猎手面对唾手可得的猎物时，嘴里都会不自觉地分泌口水。后来她发现这种躁动更近似于慌乱，明明什么都准备好了，仍然害怕功亏一篑。所以每每这种感觉浮现时，她都要竭尽全力地让自己平静下来。想象自己是一颗浮尘——在宇宙中，本是如此。浮尘的些许波动，对宇宙毫无影响。既然宇宙不变，浮尘想必也不会有什么大事发生。这种奇怪的逻辑给了她很大的安慰，至少，让她的情绪波动不再那么剧烈。

顾非旁边坐着个边听歌边哼唱的唐政阳。两人靠得近，看上去就像对自得其乐的小情侣，人们都识趣地绕开走。于是这个漫长的黄昏，两人都得以安静地度过。沉浸于科幻小说的顾非好半天才发现旁边没声儿了，她抬头瞥了眼，见唐政阳以一种极复杂的神情望着远方。

“怎么了？”

“嗯……有点事吧。”

今天的政阳和平时的政阳不太一样，更别提他还毫无顾忌地在顾非面前表现了出来。顾非一骨碌坐起身，问：

“什么事？”

“感情上的事。”

顾非思考了半秒钟，然后顺着他的视线望过去……她猛一拍唐政阳的肩膀，表情惊悚地问：“你你你……不会……”

“不是不是不是。”唐政阳被她吓到了，连连摆手。

“哦……”顾非怀疑地瞟他一眼，唐政阳根本不敢同她对视，“真的？”

“嗯。”唐政阳索性一躺，枕着她的书包，“顾非，必要的时候，我会告诉你的。”

拽着一个问题不放明显不是顾非的作风，她撇撇嘴就放弃了追问。一想到明天回广州，下午就要进行摸底考试，顾非自暴自弃地捡起科幻小说，决定在宇宙的狂欢中再放纵一次自己。

就让落日和小说都留在今天吧。今天结束后，我们就是高三生了。青春最五味杂陈的旅程，终于要开始了。

赏读

这是另外一种“青春”书写。“我”本以为会看见阴郁、孤独、冷酷、愤怒，书店里有太多此类拒绝走出青春期的“青春文学”，其中文化的、社会的、心理的、市场的复杂机制，此处也不必细表。而《问青春》的青春却不是被指认、被订制的“青春”，不是姿态和表情的“乌托邦”，它越出了大众文化的成规，它被张闻昕还原为生活。

《问青春》里，给人印象最为深刻的，正是那些孩子们之间、他们和成人之间热烈的对话，“问”青春，也是“问”世界，没有什么现成的答案，甚至也不会有终极的答案，问答的过程也正如小说所写，充满了困难、误解和伤痛，但是，正在这热烈的对话中，青春成为向着更广大世界、向着未来的探索和成长，也充满欢欣和希望。

很多小说空旷无人。而《问青春》里有那么多的人，有名有姓的几十个，性格鲜明的十几个。张闻昕似乎不太费力，她兴致勃勃，她是一个受过传统训练的肖像画家，她确信，人和人不一样。这种使人间变得如此有趣的差异，既是出于天性，更是出于家庭、环境，出于种种个别条件的复杂作用。一个作家或一个画家面临的考验，正在于把“这一个”、把一个个的“这一个”辨认出来、刻画出来。

说来容易做到难，张闻昕竟然做到了。她表现出在这个年龄很少能够达到的准确和娴熟。可能是，她的心里本来就有这么多的人，她对他们满怀兴趣，用显微镜仔细研究他们。与此同时，掌握显微镜并没有使她变得骄傲专横，她爱他们，分享每一个人的“秘密”和“真理”，怀着惊喜、敬意。

（李敬泽）

《问青春》中有三次引用了著名科学家霍金的名言：“即使把我关在果壳中，仍然自以为是无限宇宙之王。”我以为这就是《问青春》的主题。也只有永葆青春的生命，才能发出如此气吞山河的人生感慨。这里，“果壳”与“宇宙之王”间构成的无限张力，就是青春的神韵，而这种神韵正是《问青春》的最核心的内在逻辑。首先，不像熟悉的长篇小说，《问青春》没有贯穿始终、大起大落的故事情节，但小说中所有的人和事又都被“青春”所统领。其次，虽然有顾非、曹苑、唐政阳、张洛等几个出场较多的主角，但我以为作者并不太多地去塑造他们作为“这一个”的个性与特点，而是更多地书写他们共有的青春品质，求的是同，不是异。第三，作为长篇小说，《问青春》没有复杂的空间转换，除了一次外出去T市参加N校的夏令营外，小说的故事和场景几乎都发生在小小的校园里，这就是“果壳”，但我们读来并不觉得压抑沉闷，因为果壳里的青春都在成长，都在一天天长成院墙外的“宇宙之王”。请问，还有什么比这更吸引人的呢。因此，这部小说的主人公就是“青春”本身。（马绍玺）

还有描述情窦初开，她的表达如此克制，羞涩，而非一泻千里，像观一部中国版的《情书》，因而真实。作品里完全看不到她对小说的顾虑、犹豫、文学套路、创作羁绊，由着自己最想表达、最想记录的，把它们叙述出来。文学反映时光，张闻昕记录的，是自由的、放开的、明快的“90后”一代的青春。（文珍）

作品

雨巷①

戴望舒

撑着油纸伞，独自
彷徨在悠长，悠长
又寂寥的雨巷，
我希望逢着
一个丁香一样地
结着愁怨的姑娘。

她是有
丁香一样的颜色，
丁香一样的芬芳，
丁香一样的忧愁，
在雨中哀怨，
哀怨又彷徨；

① 选自《望舒草》（江苏文艺出版社，2009 年版）。戴望舒（1905—1950），浙江杭州人。中国现代派象征主义代表诗人、翻译家，主要代表作品有《我的记忆》《望舒草》《望舒诗稿》《灾难的岁月》等。

她彷徨在这寂寥的雨巷，
撑着油纸伞
像我一样，
像我一样地
默默彳亍着，
冷漠，凄清，又惆怅。

她静默地走近
走近，又投出
太息一般的眼光，
她飘过
像梦一般地，
像梦一般地凄婉迷茫。

像梦中飘过
一枝丁香地，
我身旁飘过这女郎；
她静默地远了，远了。
到了颓圮的篱墙，
走尽这雨巷。

在雨的哀曲里，
消了她的颜色，
散了她的芬芳，
消散了，甚至她的
太息般的眼光，
她丁香般的惆怅。

撑着油纸伞，独自
彷徨在悠长，悠长
又寂寥的雨巷，

我希望飘过
一个丁香一样地
结着愁怨的姑娘。

赏读

《雨巷》是戴望舒的成名作和前期的代表作，他曾经因此诗而赢得了“雨巷诗人”的雅号。这首诗写于1927年夏天。当时全国正处于白色恐怖之中，戴望舒其时避居于友人家中，他在孤寂中咀嚼着大革命失败后的幻灭与痛苦，内心充满了迷茫的情绪与朦胧的希望。《雨巷》正是这种心情的表现，其中交织着失望和希望、幻灭和追求的双重情调。这种情怀在当时有相当的普遍性。

关于此诗的不同观点：

第一种，李科平在《雨巷》意境中认为，《雨巷》朦胧但不晦涩，“我”是一个梦的追寻者。忧郁的基调是基于对有限生命的自我认识、对感性存在的有限性的超脱。丁香姑娘是诗人理想中的自我——超越现实的自我，是对未来的希冀，也是对“同龄人”的呼唤。

第二种，凡尼在《戴望舒诗作试论》中认为，《雨巷》是诗人用美好的“想象”来掩盖丑恶的“真实”的“自我解脱”，诗人“用一些泡沫般的华美幻想来欺骗自己和读者，除了艺术上的象征和音律和谐外，《雨巷》在内容上并无可取之处”。

第三种，卞之琳在《〈戴望舒诗集〉序》中认为，《雨巷》读起来像某些旧诗名句的现代白话版的扩充。诗中采用了常用的意象和用滥了的辞藻，“却使这首诗的成功显得浅易、浮泛”。

《雨巷》在艺术上一个重要的特色是运用了象征主义的方法抒情。象征主义是19世纪末法国诗歌中崛起的一个艺术流派。他们用世界末的颓废反抗资本主义的秩序。在表现方法上，强调用暗示隐喻等手段表现内心瞬间的感情。这种艺术流派于“五四运动”退潮时期传入中国。第一个大量利用象征主义方法写诗的是李金发。戴望舒早期的创作也明显受了法国象征派的影响。他的创作的一个重要特点，就是注意挖掘诗歌暗示隐喻的能力，在象征性的形象和意境中抒情。《雨巷》就体现了这种艺术上的特点。诗里那撑着油纸伞的诗人，那寂寥悠长的雨巷，那像梦一般地飘过有着丁香一般忧愁的姑娘，并非真实生活本身的具体写照，而是充满象征意味的抒情形象。我们不一定能够具体说出这些形象所指的全部内容，但我们可以体味这些形象所抒发的朦胧的诗意。那个社会现实的气氛，那片寂寞徘徊的心境，那种追求而不可得的希望，在《雨巷》描写的形象里，是既清晰又朦胧的，既确定又飘忽地展示在读者眼前。想象创造了象征，象征扩大了想象。这样以象征方法抒情的结果，使诗人的感情心境表现得更加含蓄蕴藉，也给读者留下了驰骋想象的广阔天地，感到诗的余香和诗歌艺术的幽微精妙。

《雨巷》创设了一个富于浓重象征色彩的抒情意境和优美朦胧的意境。在这里，诗人把当时黑暗而沉闷的社会现实暗喻为悠长狭窄而寂寥的“雨巷”。这里没有声音，没有欢乐，没有阳光。而诗人自己就是在这样的雨巷中彷徨的孤独者。他在孤寂中怀着一个美好的希望，希望有一种美好的理想出现在自己面前。诗人笔下的“丁香一样的姑娘”，就是这种美好理想的象征。然而诗人知道，这美好的理想是很难实现的。她和自己一样充满了愁苦和惆怅，而且又是倏忽即逝，像梦一样从身边飘过去了。留下来的，只有诗人自己依然在黑暗的现实中彷徨，和那无法实现的梦一般飘然而逝的希望。

《雨巷》最初为人称道，一个重要的方面是它的音节的优美。叶圣陶盛赞这首诗“替新诗的音节开了一个新的纪元”，虽然未免有些过誉，但首先看到了它的音节的优美这一特点，不能不说是有见地的。《雨巷》全诗共七节。第一节和最后一节除“逢着”改为“飘过”之外，其他语句完全一样。这样起结复见，首尾呼应，同一主调在诗中重复出现，加强了全诗的音乐感，也加重了诗人彷徨和幻灭心境的表现力。整首诗每节六行，每行字数长短不一，参差不齐，而又大体在相隔不远的行里重复一次韵脚。每节押韵两次到三次，从头至尾没有换韵。全诗句子都很短，有些短的句子还切断了词句的关联。而有些同样的字在韵脚中多次出现，如“雨巷”“姑娘”“芬芳“惆怅”“眼光”，有意地使一个音在人们的听觉中反复。这样就形成了一种回荡的旋律和流畅的节奏。读起来，像一首轻柔而沉思的小夜曲。一个寂寞而痛苦的旋律在全曲中反复回响，萦绕在人的心头。

作品

双桅船[①]

舒 婷

雾打湿了我的双翼
可风却不容我再迟疑
岸啊，心爱的岸
昨天刚刚和你告别
今天你又在这里
明天我们将在另一个纬度相遇

是一场风暴、一盏灯
把我们联系在一起
是一场风暴、另一盏灯
使我们再分东西
不怕天涯海角
岂在朝朝夕夕
你在我的航程上
我在你的视线里

① 选自《中国当代文学作品选》（华东师范大学出版社，1999 年版）。舒婷，原名龚佩瑜，1952 年出生于福建石码镇。中国当代女诗人，朦胧诗派的代表人物，主要代表作品有《双桅船》《舒婷顾城抒情诗选》《会唱歌的鸢尾花》《心烟》《秋天的情绪》等。

赏读

《双桅船》是舒婷著名的爱情抒情诗作品。作品通过对"双桅船"与雾、风、岸、风暴、灯的联系，在象征的层面书写对爱情、理想的不倦追求，以及对祖国和民族的爱。

诗的中心是"双桅船"与岸构成的"我们"的关系。"岸"是"你"，"双桅船"是"我"。"岸"是"心爱的岸"，又可理解为心中的恋人，也可理解为诗人所追求的理想目标。诗正是通过"双桅船"向连绵的海岸倾诉心中的情思，通过"双桅船"与"岸"的告别、结合、再分别、再结合的相互依存关系表达了一种深刻的爱情观和人生观。因为，"岸"是"双桅船"得到休息和抚慰的点；同时，"岸"又是下一次航行的起点。

在这里，从"告别""相遇"到"再分东西"，既暗示着复杂曲折的爱情经历和人生，也体现出追求理想的人生境界的艰辛。所以，"雾打湿了我的双翼/可风却不容我再迟疑"。同时，"是一场风暴、一盏灯/把我们联系在一起/是一场风暴、另一盏灯/使我们再分东西"。诗的感情沉郁而凝重，但忧伤之中并不悲观绝望。因为，"你在我的航程上/我在你的视线里"。

在艺术上，《双桅船》的一个重要特点是象征。在朦胧诗中，象征多是用某种具体的事物和人们能直感的形象来替代人的某种主观情绪和某种社会态度。简言之，就是用具象来表达抽象。诗题"双桅船"，就是一种象征。全诗的目的不在于描写一只客观的双桅船，而是借用双桅船这一具体形象来表现诗人自己，表现诗人双重的心态与复杂的情感；或者说，诗人觉得，"我"就像一只双桅船。双桅船中的"双桅"又暗示着某种深层的含义。双桅并在，意味着诗人心目中爱情与事业并立又相区别的心理。另外，诗中的"岸""风""风暴""灯"等都具有明显的象征性。

意象的运用，是本诗的另一个重要艺术特点。所谓意象，就是借用外在的景致来表现诗人的主观心态。它与传统诗歌中的"意境"不同，意境一般是触景生情并借景抒情，从而达到景中含情的艺术目的；而在朦胧诗中，诗人多以主观情绪和人的各种心态为表现对象，从主观情绪出发，想象并构造成某种具体的画面与景致，从而使抽象的情感形象化，以达到艺术表达的效果。诗人在《双桅船》中所要表达的是一种心态、一种情绪、一种感情历程。而落在语言上，却是"船""岸""风暴""灯"等具体形象，并把这些具体形象加以组合，形成一幅完整的有动态过程的画面。而在画面之下，隐含并跳动着作者的心、作者的真情实感。全诗意象清新，组合自然，使诗人内在强烈的情绪得以自如地表达。

另外，本诗的语言自然流畅，诗中所蕴含的情感凝重而又细腻，既有浓浓的个人感叹，又有开阔的时代情怀。诗的最后四句："不怕天涯海角/岂在朝朝夕夕/你在我的航程上/我在你的视线里"，被人们当作警句加以广泛流传和引用。

舒婷是朦胧诗派的代表作家之一。她的诗注重自我表现，追求心灵的自由，诗作贯穿着以个性和人道主义为核心的人生忧患意识和社会批判意识，表达了对现代社会人的处境的关怀。她的诗富于想象，而且刻意有新的创造，能在一些常常被人漠视的常规现象中发现尖锐深刻的诗化哲理，在艺术表现上往往采用暗示、局部或整体象征的手法，注重诗歌意象的组合，由意象群构成整体性的诗歌象征结构，给读者留下广阔的想象和阐述的余地，从而给诗歌带来了朦胧美、含蓄美、弹性美。

切磋琢磨

1. 读完了6篇文章。心情是否有淡淡的喜悦，又有难言的失落，或者深深的惋惜……爱情，就是这样的滋味。而恰恰也是这些聚散分合、悲欣交集，构成爱情主题作品的巨大张力。

请回想你读过的以爱情为主题的作品，或自选一篇来读一读，再次体验一下这种艺术张力，尝试去推敲这种矛盾在作品中如何表现，学会在欢欣与疼痛、喜悦与忧伤中理解爱情。

2. 有人说，初恋时我们不懂爱情；有人说，爱情如海，极目不见一叶风帆。很多爱情作品都表达了这种对过往的追悔与对未知的焦虑。

如果你是《爱》中"那个青年"，是《爱，是不能忘记的》中的"母亲"，是《橄榄》中的"男青年"，是《雨巷》中的"姑娘"，是《双桅船》中的"你"，看到这篇作品（任选其一），穿越回那个时代和情境，给对方写一封回信。

3. 爱情，往往在一些物象与细节里闪亮。《爱》中的"桃树"、《爱，是不能忘记的》中的"笔记本"、《问青春》中的"篮球赛前"、《橄榄》中的"生橄榄"、《雨巷》中的"雨伞"、《双桅船》中的"岸"，都是爱情的印记与见证。

如果让你写一篇爱情作品，你会选择什么样的物象或细节来让人刻骨铭心？去拍一幅或找一幅关于这个物象或细节的图片，分享在你的朋友圈或QQ空间上，并用150字左右来表达你所选这一物象或细节的爱情寓意。